건물지로 본 사비고고학

● 지은이

이건일
한국전통문화대학교 고고학연구소 선임연구원

심상육
백제고도문화재단 책임연구원

임종태
백제문화재연구원 연구원

정훈진
한국문화재재단 책임연구원

조원창
한얼문화유산연구원 원장

건물지로 본
사비고고학

초판인쇄일   2015년 6월 10일
초판발행일   2015년 6월 15일
지 은 이   이건일·심상육·임종태·정훈진·조원창
발 행 인   김선경
책 임 편 집   김윤희, 김소라
발 행 처   도서출판 서경문화사
            주소 : 서울시 종로구 이화장길 70-14 105호
            전화 : 743-8203, 8205 / 팩스 : 743-8210
            메일 : sk8203@chol.com
인   쇄   바른글인쇄
제   책   반도제책사
등 록 번 호   제 300-1994-41호
ISBN   978-89-6062-178-7   93900
ⓒ이건일·심상육·임종태·정훈진·조원창, 2015

 정가 16,000

건물지로 본 사비고고학

이건일 · 심상육 · 임종태 · 정훈진 · 조원창 지음

서경문화사

不積跬步, 無以至千里. 不積小流, 無以成江河.
(부적규보. 무이비천리. 부적소류. 무이성강하)
騏驥一躍. 不能十步. 駑馬十駕. 功在不舍.
(기이일약. 불능십보. 돈마십가. 공재불사)

반걸음을 쌓지 않으면 천리에 이를 수 없고 작은 물을 모으지 않으면 강과 바다를 이룰 수 없다. 천리마도 한 번 뛰어 열 걸음을 갈 수 없고 노둔한 말도 열 번 수레를 끌면 천리마에 미치는 것은 쉬지 않고 노력한 공이다. 《荀子 권1 勸學》

여기서 跬步(규보)는 반걸음인데 이는 발 하나를 내디디는 것입니다. 요즘의 한 걸음이죠. 예전에 一步(일보)는 왼발과 오른발을 각각 한 번 디디는 것을 말합니다. 즉, 한걸음 한걸음 나아가지 않으면 이런 뜻입니다.* 駑馬十駕의 十駕는 열흘, 혹은 열 번 수레를 끄는 것인데, 그렇게 하면 천리마가 한 번 뛰어오르는 데에는 도달할 수 있다는 말입니다. 이 구절 뒤에 천리마의 한 번 뛰어 오르는 것이라는 말이 누락되었다고 순자의 주석에 보입니다.

천리 길도 한걸음부터입니다. 부여지역 백제 사비기에 대한 연구는 상당히 오래되었지만 굴립주건물지에 관해서는 2000년대 이후에야 비로소 본격화되었다. 그만큼 조사예가 많지 않은 탓도 있었겠지만 최근 들어 크고 작은 구제발굴이 부여읍내에서 이루어지면서 자연히 굴립주건물지에 관한 조사보고도 비례하여 증가하고 있다. 또한 자료가 증가함에 따라 이미 알려진 굴립주건물지 자료 외에 특수한 기능이나 형태 및 구조를 가진 굴립주건물지의 사례가 속속 추가되기에 이르렀다. 즉, 웅진시기 빈전터로 추정되고 있는 공주 정지산유적의 것과 흡사한 대벽건물지가 발굴된 동남리 202-1번지 유적, 평지에 입지한 굴립주건물지에 전형적인 형태의 주구가 돌려진 쌍북리 207-5번지와 314-5번지 유적 등이 그것이다.

이와 같이 굴립주건물지에 관한 실물자료가 양적으로 풍부하게 됨으로서 이미 축적된 자료를 토대로 새로 추가된 자료들을 초보적으로나마 1차 정리할 필요성을 느끼게 되었다. 이는 특히 복권위원회 복권기금의 지원을 받아 문화재청에서 시행하고 있는 소규모 국비지원사업의 일환으로 한국문화재재단에서 실시 중인 부여지역 소규모 발굴조사에 보다 전문성을 기하고자 했던 의도와 부합되는 것이었다. 1차 작업의 초점은 주구부를 포함한 굴립주건물지의 심층연구였으며, 실제적인 추진은 제37회 한국고고학전국대회의 자유패널 발표일정에 따라 진행을 계획하였다. 다행히 이러한 계획에 평소 친분이 깊은 조원창원장님과 심상육부장님의 적극적인 동참과 조언을 통해 전체적인 추진계획을 수립하여 진행하게 되었다. 연구의 체제는 굴립주건물지를 중심으로 수혈주거지와 기와건물지를 전후에 배치하여 모두 5개 주제로 세분하는 전체적인 틀을 마련하였으며, 우연하게도 주제별 발표자가 5개의 서로 다른 기관, 즉 당시 부여지역의 고고학 발굴조사를 실시하고 있었던 5개 기관(백제문화재연구원, 백제고도문화재단, 한국문화재재단, 한국전통문화대학교 고고학연구소, 한얼문화유산연구원)으로 배분되어 은연중에 일종의 대표성도 띠게 되었다. 이어 자유패널도 '부여지역 백제 사비기 건축유구의 특성과 변화'라는 제목으로 새로이 결성한 '사비고고학연구회'의 명의로 신청하였으며, 이 모임, 이 작업을 부여지역 백제 사비기 연구의 발화점으로 생각하고 앞으로 한걸음씩 나아가 본격적인 사비고고학연구의 토대로 삼고자 하였다.

결국 이러한 사비고고학의 기초연구는 예정대로 2012년 11월 3일 한국고고학회의 자유패널 발표로 진행되었으며, 이후 사비고고학연구회의 꾸준한 모임을 통해 학회 발표자료를 보완하여 단행본으로 출간하자는 뜻에 따라 후속작업을 진행한 끝에 근 3년 가까이 걸려 비로소 그 노력의 결실을 보게 되어 감회가 남다르다.

돌이켜 보건대, 학회 자유패널 추진과 단행본 기획 및 모임장소 제공 등에는 백제문화재연구원 박태우 당시 원장님과 정해준실장님의 전폭적인 지원이 있었으며, 본 연구의 실질적인 장을 마련해준 한국고고학회, 荀子의 권학 시구를 엄선해 주신 한국고전번역원 김종태선생님, 그리고 바쁘신 와중에도 이번 단행본 출간을 흔쾌히 맡아주신 서경문화사 김선경사장님께도 다시한번 감사의 말씀을 드립니다.

특히 무엇보다도 이번 사비고고학연구에 대한 기초작업의 시작부터 끝까지 함께 애써주신 네분의 선생님들(조원창 · 심상육 · 임종태 · 이건일)께 무한한 감사와 영광을 돌립니다.

2015년 6월

당귀의 눈꽃이 만발한 현도면 노산리에서   정 훈 진

● 차 례

부여지역 백제 수혈식주거지

이건일

1. 머리말

부여는 538년부터 660년까지 약 120여 년간 三國時代 백제의 수도로 자리매김하여 泗沘期의 다양한 문화상을 보여주고 있는 중요한 지역이다. 특히 부여 官北里 일대는 王城으로서의 가능성을 염두에 둔 연구와 조사가 지속적으로 진행되고 있고, 陵山里古墳群은 泗沘遷都 후의 王室 墳墓로 비정되어 古都로서의 입지를 확고히 하게 했다. 이외에도 사비도성과 도성내부구조에 대한 연구를 통해 계획도시로서의 구조와 기능에 대한 다각적인 검토가 진행되고 있다. 능산리사지를 비롯한 다양한 寺刹遺蹟들은 당시의 다양한 문화상을 보여주고 있는데, 특히 불교의 보급과 발전 뿐 만 아니라, 建築·製瓦·造景 등 당시 최고의 건축 기술들을 보여주고 있어 현재의 연구분야 중 가장 활발한 논의가 진행되고 있다. 이러한 고도관련의 다양한 연구 중 聚落연구의 일환인 주거지 연구가 차지하는 비중은 아직 미진한 상태이다. 특히 부여지역 수혈식주거지의 경우는 上記한 왕실관련 연구와는 일정거리가 있고, 漢城期 말부터 熊津·泗

泚期에 이르는 동안 건물의 지상화가 두드러져 수혈식주거지가 조사된 사례가 적은 것도 그 이유 중 하나이다.

부여지역 고고학조사의 경우 그 초점이 대부분 백제 사비기에 집중되어 있는 편이고, 사비기 이전의 原三國時代와 관련된 조사 자체가 양적인 면에서도 적어, 앞서 살핀 바와 같이 사비기 왕실관련 유적이 연구의 핵심이 될 수밖에 없을 것이다. 사비도성 내부를 중심으로 한 조사에서는 수혈식주거지들이 미미하게 관찰되고 있는 것은 사비기 이전 시점부터 건물의 지상화가 더욱 가속화되어 도성내부에서는 더 이상 수혈식의 건물들이 조성되지 않았을 가능성이 높을 것으로 판단된다.

따라서 부여지역의 수혈식주거지를 검토하기 위해서는 시기별·지역별 자료들을 정리하여 백제 주거지의 전반적인 변화상을 관찰하고, 특히 건물의 지상화와 관련한 검토를 필요로 하게 된다. 하지만 본고에서는 부여라는 지역에서 나타나는 수혈식주거지에 초점을 맞춰야 하므로 총체적인 검토보다는 주거지의 유형별 검토를 통해 시기별·지역별검토를 대신하기로 한다. 다음으로는 백제 주거지의 지상화과정을 검토하여 수혈식주거지의 변천과정을 이해하고, 부여지역에서 확인되고 있는 수혈식 주거지·건물지에 대한 기능적 변화와 도성내부의 수혈식주거지에 대한 나름의 일견을 제시하고자 한다.

2. 百濟 竪穴式住居址의 類型檢討

백제 수혈식주거지는 선사시대부터 이어져 온 전통아래 다양한 요소들이 상호작용하면서 발전한 것으로 이해된다. 원삼국시대의 주거지를 형태적으로 크게 大別한다면 출입시설이 부가된 여·철자형 주거지와 출입시설이 보이지 않는 원·방형주거지로 나누어 볼 수 있고, 세부적으로는 기둥의 배치방식을 기준으로 無柱式과 壁柱式, 四柱式 등으로 구분되고 있다. 이러한 구분은 당시의 지역적 특성과도 연관이 있는데, 여·철자형 주거지는 영동지방과 영서지방을 포함한 서울·경기권에서 주로 확인되고, 경기 서해안권, 호서·호남지역은 대부분 원형 또는 (장)방형으로 조성되었다. 특히 호서·호남지역의 경우는 4개의 기둥을 기초로 하는 사주식주거지의 형태가 더 두드러지게 확인되는데, 이는 馬韓系 주거지의 큰 특징으로 이해되고 있다. 여·철자형 주거지의 계통성과 관련하여서는 이러한 주거지의 형태가 소위 '濊系'의 특징으로 생각되고 있는데, 이에 대해서는 '韓', '濊' 또는 '韓濊' 등 집단과 관련한 연구들이 진행중에 있다. 이러한 형태의 주거지는 이후 출입구부분과 그 반대부분이 둔각의 형태를 띠어 평면형태가 육각형인 소위 '육각형 주거지'로 발전하여 이는 당시의 계층분화과정과 함께 이 주거지의 분포양상을 백제의 영역화과정으로 이해하는 연구도 진행 중이다. 호서권에서도 이와 유사한 양상들이 속속 보고되고 있는데 대표적인 예로 대전 지족동유적, 복용동유적 등에서 여·철자형 주거지와 방형계 주거지가 혼재하는 유적이 확인되어 이는 이하에서 대략적 검토를 진행하기로 한다.

1) 呂·凸자형(六角形) 住居址

한강 중·상류역의 원삼국문화를 지칭하는 中島類型은 토기상에서 경질무문토기와 타날문토기·회흑색무문양토기, 묘제상에서는 즙석식 적석묘가 대표적인데, 이 지역권과 영동지역을 포함하는 범위에서의 대표적인 주거지 형태가 바로 여·철자형의 주거지이다. 이 형태의 주거지와는 달리 한강하류와 경기, 충청 등에서는 평면방형의 주거지가 주로 확인되고 있는데, 이는 중서부권 원삼국문화로 대표되는 마한의 특징인 것으로 보인다. 이러한 차이는 집단의 차이가 반영된 것으로 보고 있는데, 전자는 三國史記 百濟本紀에 나타난 '靺鞨' 즉 예계집단의 역사·지리적 분포와 일치하고 있어 중도유형문화는 즉 예계집단의 문화로 이해되고 있다. 하지만 廣開土大王碑文에 '舍蔦城韓濊'라는 표현에서 보듯 특정지점에서는 한과 예가 잘 구분되지 않는 문화적 특징이 혼재하는 지역도 있을 것으로 보인다(박순발 1998).

여·철자형 주거지와 방형주거지의 가장 큰 차이점은 출입구의 유무로 볼 수 있는데, 이 두 유형의 분포양상으로 볼 때 출입시설이 부가된 주거지를 濊系, 없는 것을 韓系로 간주하는 견해(이훈·강종원 2001)도 있으며 이는 대체로 연구자간 동의하는 사항이다.

출입구가 부가된 주거지에 관해서는 주거구역의 평면형태가 장방형 또는 방형인 경우와 오각형 또는 육각형처럼 출입구가 부착된 벽면이나 반대편 벽면이 둔각의 형태로 이루어진 경우이다. 이러한 특징으로 평면형태의 다양한 변이보다 횡방향의 출입을 특징지워 "橫向出入 주거지"라는 명칭이 제안되기도 하였다[1]. 또한 예계와 마한을 구분하기 어려운 영서지역과 경기남부지역의 경우는 '한예'라는 세력이 상정되기도 하였다(권오영 2009).

이 '한예'집단의 공간적 범위에 대해서는 한강하류와 그 이남의 경기남부, 임진강을 중심으로 하는 경기북부, 북한강·남한강 중상류지역을 포괄하는 영서지역으로 보고 이 범위가 원삼국시대 후기의 육각형주거지의 분포범위와 대체로 일치하여, 육각형주거지의 분포범위가 伯濟國을 포함한 한예정치제 관련된다고 보고있다. 이 육각형주거지의 분포양상을 통해서는 다양한 연구가 진행된 바 있는데, 육각형주거지의 분포양상 자체를 정치적 맥락으로 이해하여 그 범위를 한성기 백제영역으로 파악하는 견해(한지선 2009)가 있고, 취락의 위계와 주거지 구성비율 간의 상관관계에 주목하여 주거지간 규모·구조·건축부재·위세품·공간배

---

1) 이에 대해 송만영은 돌출된 출입시설이 있는 중서부지역 신석기시대 주거지와의 혼동 가능성을 제시하였고, 청동기시대 '송국리식 주거지'를 예로 들어 표지유적이라 볼 수 있는 중도유적과 연결지어 여·철자형 주거지를 '중도식 주거지'로 부를 것을 제안하였다(송만영 2010).

치 등을 고려하여 타원형·방형계주거지→돌출된 출입구가 없는 육각형 주거지→철자형 육각형주거지→여자형 육각형주거지 순으로 위계를 설정하여 한성기 백제취락을 5등급으로 구분하여 취락의 기능과 성격을 고찰하기도 하였다(송만영 2010).

이렇듯 여·철자형 주거지의 발전상과 맞물려 한성백제의 성립 및 백제 영역화과정이 설명되고 있는데, 지방거점에 해당되는 지점에서는 마한과 백제의 주거양식이 일정부분 공존하는 특징이 확인되며, 주거지의 세부적인 면에서도 속성 간 혼합양상을 보이며 발전되는 양상이 전개되는 것으로 생각된다.

01 | 대전 복용동 딩신유적(몸자형)

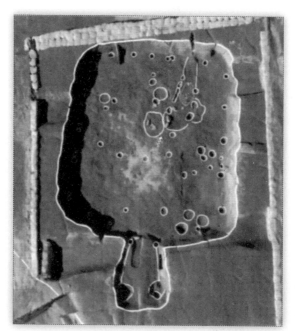

02 | 풍납토성 197번지 라-8호 주거지(凸자형)

03 | 화천 원천리유적 I-철13호 주거지(육각형)

2) 圓形·方形 住居址

주거지의 평면형태가 원형 또는 (장)방형으로 확인되는 것은 先史時代 이래 조성되었던 주거지의 형태가 계승되었을 것이다. 青銅器時代의 송국리식주거지를 예를 들더라도 내부시설의 위치나 형태에 따라 여러 유형으로 구분되겠지만 평면형태만을 본다면 역시 원형 또는 방형에 해당된다. 이러한 주거지 형태는 初期鐵器時代를 거쳐 원삼국시대에도 계속 이어지는 것으로 생각된다.

원삼국시대에서 삼국시대에 이르는 시기의 주거지 형식을 분류함에 있어 평면형태와 기둥의 배치상태에 따라 원형계와 방형계, 사주식·비사주식·벽주식으로 구분하여 이를 백제계와 마한계로 대별하는 기준이 되고 있다(김승옥 2007).

최근에 조사된 사례로는 대전 용계동유적이 대표적인데 원삼국~삼국시대에 해당되는 주거지, 토기가마, 수혈유구, 환호시설 등 다양한 유구가 확인되어 대규모의 취락의 면모를 보여주고 있다. 수혈식주거지의 경우 평면형태의 양상이 특이한데, 원형계와 방형계로 크게 구분 될 수 있지만, 그 구분이 모호한 형태도 다수 확인된다[2]. 사주를 갖춘 경우는 대부분 방형계에 해당되고, 비사주의 방형과 원형에서 몇몇은 벽주[3]의 요

---

2) 원형과 방형의 중간적인 형태와 부정형적인 타원형의 경우가 문제시 되는데, 방형의 형태로 각을 줄인 말각방형으로 구분이 가능한 경우, 모줄임이 심하여 원형에 가까운 경우가 있어 그 기준을 설정할 필요가 있다. 다만 원형계와 방형계라는 이분법적 구분으로 평면형태를 구분하기 보다는 주거지를 구축함에 있어 평면형태의 다양화라는 측면으로 접근해야 할 것이다.

3) 벽주에 대해서는 전고(2011)를 통해 그 설명과 기준을 제시한 바 있는데, 수혈식에서의 벽주는 벽선을 파괴하거나 벽면근처에서 확인되는 주공을, 지상식에서는 조밀한 주공을 벽주로 인식하였다. 하지만 수혈식 특히, 사주식주거지에서 확인되는 벽면 근처 작은 주공은 기둥으로 벽을 이루어 상부의 하중을 받치는 구조인 벽주의 본래 의미와는 거리가 있어 이는 '벽주요소'로 구분하고 자 한다. 벽주요소는 후일 벽주로 발전되는 과정적 산물로 이해할 수 있는데, 사주식주거지에서는 4개의 기초기둥이 상부구조를 받치고 벽면 근처의 벽주요소는 非耐力壁 즉, 사잇벽에 해당되는 것이지만 이

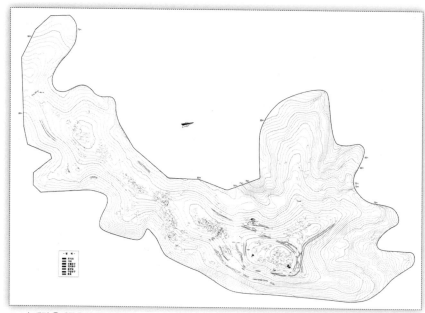

04 | 대전 용계동유적 유구배치도

소를 갖추고 있다. 내부시설로는 노지형, 부뚜막형, 구들형 취사·난방시설이 확인되는데, 축조재료면에서는 대부분 점토로 구축한 것으로 보인다. 원형계의 주거지에서는 벽주가 확인되는 경우가 많지만 마한계의 원형주거지는 대략 4세기 중반 대 이후에는 조성이 되지 않는 것으로 보여 원형주거지의 벽주는 백제계의 특징으로 보긴 어렵다. 취사·난방시설에서는 할석보강 또는 판석구축의 형태는 확인되지 않지만, 형태면에서 부뚜막형과 구들형의 시설이 고루 확인되어 마한 재지계의 특성으로 파악된다.

　벽주의 경우는 청동기시대 주거지에서도 확인되는 경우가 많아 원삼

　　는 점진적으로 토벽을 세우기 위한 기초시설이 되어 후대의 벽주건물과 같은 내부 기둥없이 지붕을 받치는 구조를 위한 벽주로 발전했을 것으로 추정된다.

국~삼국시대의 백제계로 간주되는 벽주와는 구분이 필요하다. 外見상으로는 그 양상이 같지만 입지의 측면에서는 그 차이가 있는 것으로 판단된다. 한성기 여·철자형(육각형) 주거지의 경우 입지가 대부분 충적대지에 위치하고 있어 무른 지반에 기둥을 植立하기 위해서는 기둥보다 더 큰 구멍을 굴착한 후 초석이나 다짐과 같은 내부처리를 要하게 된다. 건물의 입주방식은 형태나 조성에 따라 여러 가지의 유형이 구분되고 다양한 기둥 식립방식이 존재한다. 하지만 청동기시대 주거지는 입지면에서 단단한 풍화암반토와 같은 일정 경도를 보장하는 산 구릉부나 정상부에

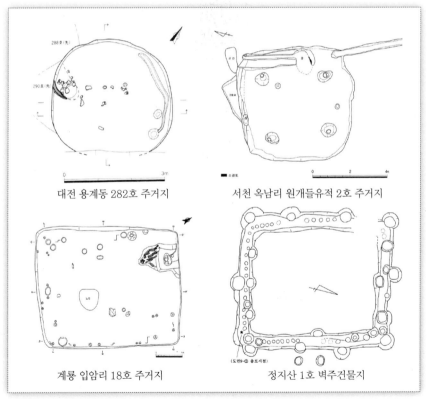

대전 용계동 282호 주거지

서천 옥남리 원개들유적 2호 주거지

계룡 입암리 18호 주거지

정지산 1호 벽주건물지

05 | 원형·방형 주거지의 유형

입지하였기 때문에 후대의 입주 방식은 찾아보기 어려운 게 아닌가 생각된다. 이러한 차이는 주거지의 천정구조와 벽체의 양상이 달랐기 때문일 것으로 생각되는데, 특히 지붕의 하중은 천정구조의 발달과 상관성이 있고 이에 따라 견고한 벽체를 要하게 되기 때문일 것으로 판단된다. 따라서 벽주라는 형태적인 유사성이 있지만 건물의 구조적 측면과 조성면에서는 큰 차이가 있다고 볼 수 있다.

3) 類型間 混合・混在樣相

상기한 주거지의 평면형태로 구분한 유형은 특정 유적에서 세부속성이 혼합되거나 동일유적 내 혼재하는 양상이 파악되기도 한다. 이러한 측면은 대체로 백제의 영역화과정으로 이해되고 있는데, 세부적으로는 시간에 따른 백제의 영역확장과정과 백제의 지방거점에 대한 지배양상과도 결부되는 것으로 보인다.

첨부한 사진은 최근에 조사된 대전 지족동유적, 연기 대평리유적, 대전 복용동유적에서 확인된 주거지들이다. 앞서 살핀 바와 같이 형태에 따라 여・철자형주거지와 원・방형주거지로 구분된 점은 지역적 특성과 집단성이 반영된 것으로 파악되고 있는데, 위 유적에서는 여・철자형에서 보이는 벽주공과 방형계 주거지에서 보이는 사주식 주공배치가 혼합되는 양상이 확인되어 주목해 볼 수 있다.

벽주식의 경우 상기한 바와 같이 백제계 주거지의 구성요소로 보고 있는데, 이는 서울・경기권의 여・철자형주거지 내에서 확인되는 빽빽하게 들어선 벽주의 양상과 유사하다고 볼 수 있다. 연속되는 벽주가 확인되는 여・철자형 주거지는 웅진・사비기에서 확인되는 壁柱建物(大壁建物)의 시원형으로 추정되고 있기도 하다(권오영・이형원 2006).

호서권에서 확인되는 여・철자형 주거지는 곡교천유역, 갑천유역, 금강유역에서 약 10여기 정도 확인된 바 있다. 이 중 지족동유적에서 확인

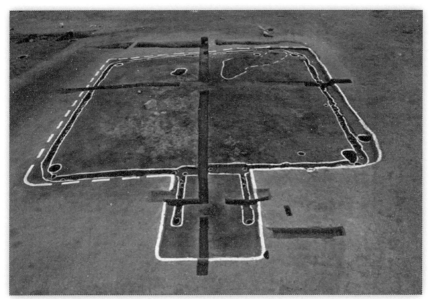

06 | 대전 지족동 유적

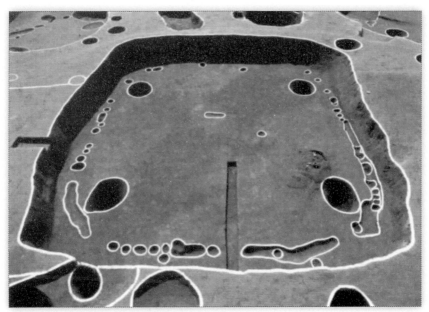

07 | 연기 대평리유석 /1호 주거지

된 철자형 주거지의 경우 조밀한 벽주의 양상은 여타의 주거지와 유사하나 양벽 모서리 부분의 약간 떨어진 위치에서 보이는 주공은 벽주공보다 규모가 상대적으로 커, 이는 사주식주거지에서 보이는 네 개의 기둥과 같은 양상인 것으로 파악된다. 네 개의 기둥이 벽모서리 방향에 가깝게 식립되고 네 벽면에는 빽빽하게 벽주를 세우는 형태를 취하고 있어 이는 사주식의 요소와 벽주식의 요소가 혼합된 양상으로 추정된다.

연기 대평리유적에서는 90여기의 주거지가 조사되었는데, 2기의 원형계를 제외한 나머지는 모두 방형의 주거지이다. 주거지 내부에서는 사주식 주공배치를 이루고 있으며 특히 일부 주거지에서는 벽면과 사주공사이에 작은 벽주공이 조밀하게 설치되어 있어 벽주의 요소가 관찰되는 점이 특징이다. 주거지 내부에서 출토된 유물은 격자타날의 심발형토기·장란형토기, 원저단경호, 양이부호, 주구토기 등 마한 재지계의 특성을 보이고 있다. 사주식 주공배치는 마한 재지계 주거지의 전형적인 특징으로 보여지는데, 여기에 벽주를 설치한 점은 여·철자형 주거지의 특징이 반영된 것으로 볼 수 있다.

최근에 조사된 대전 복용동 당산유적에서는 여·철자형 주거지와 방형 주거지가 혼재하고 있는데, 여자형 주거지 3동은 일정거리를 유지하며 주변에 방형의 주거지가 배치되는 양상을 띠고 있고, 철자형주거지 1동은 여자형 주거지 1동과 같은 선상에 위치하고 있는 점이 특징적이다. 출토유물상을 살펴보면 격자타날이 시문된 장란형토기·심발형토기와 함께 백제토기로 인식되는 단경호·고배 등이 출토되어 백제의 마한병합이라는 시대상이 반영된 유적으로 평가되고 있다. 여·철자형주거지에서는 각종의 철기가 출토되고, 방형주거지보다 큰 규모를 보여 취락 내에서 높은 위계가 있음을 추정할 수 있다.

그 중 3지역의 9호주거지는 서울·경기권에서 주로 확인되는 여자형의 평면에 마한 재지계의 특징으로 여겨지는 사주식의 주공이 설치되어 있어 매우 특징적이다. 앞서 살핀 지족동유적의 철자형주거지에서 보이는 벽모서리에 근접한 사주공배치와는 달리 벽면에서 일정거리가 있는 주공배치를 보여, 전형적인 사주식주거지의 주공배치와 유사하다. 규모와 출토유물 등을 고려한다면 이는 취락 내 백제 중앙세력과 관련성이 깊은 지배층의 주거지일 가능성이 높을 것으로 보인다. 하지만 주거지의 조성과정에 있어서는 일정부분 재지계의 영향이 반영되어 축조되었을 것이기 때문에 이러한 양상이 나타났을 것으로 생각된다.

기존의 여·철자(또는 육각형)주거지의 남한계는 경기이남지역으로 이해되었으나, 2000년대 중반이후 충청 북부와 더불어 남부에서 취락단

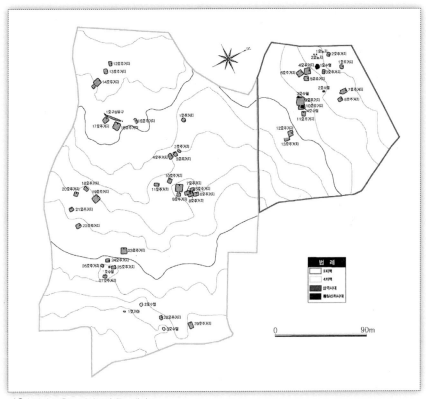

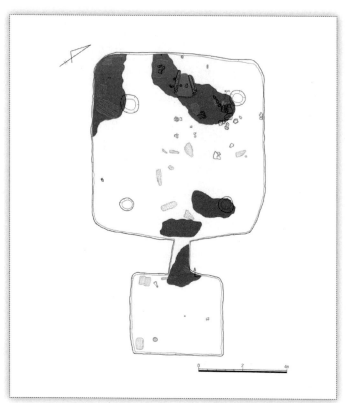

09 │ 복용동 당산유적 3지역 9호 주거지

위가 아닌 방형계, 특히 사주식주거지와 혼재양상으로 확인된다는 점은 백제의 영역화과정이나 지방통치 방식에 대해 시사하는 바가 클 것으로 생각된다.

3. 竪穴式住居址의 地上化와 技能的 變化

백제 수혈식주거지의 지상화는 필자가 전고를 통해 호서지역의 백제

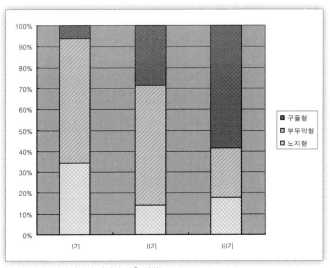

10 | 취사 · 난방시설의 시기별 비율 변화(Ⅰ기 한성기 말, Ⅱ기 웅진기, Ⅲ기 사비기)

유적을 대상으로 그 대략적인 과정을 설명한 바 있다. 그 내용을 요약하자면, 한성기 말부터 사비기까지의 유적에서 확인되는 주거지 · 건물지를 대상으로 하여 수혈식과 지상식의 구분기준을 제시하고, 다양한 기둥의 설치방법과 면적의 변화, 취사 · 난방시설의 발전, 주거지 입지의 변화를 관찰하였으며, 대표적인 지상식건물인 壁柱建物(大壁建物)에 대한 일견을 제시한 바 있다. 면적의 경우는 취락의 위계와 주거지간 계층성을 파악하고자 하였고, 시간의 흐름에 따른 수혈식주거지의 면적당 벽주수의 증가를 통해 견고한 벽체의 형성과 함께 취사 · 난방시설의 유형구분을 통한 그 발전양상을 제시하여 이러한 요소들이 수혈식주거지의 지상화과정과 밀접한 관련이 있을 것으로 판단하였다.

특히 취사 · 난방시설이 수혈식주거지의 지상화와 가장 높은 상관성이 있는 것으로 생각되는데, 지상식건물의 경우 주거용도에서는 구들형시설이 대부분을 차지하고 있어 난방효율이 지상식건물의 조성에 주요한 부분인 것이 확인되었다.

표 1 | 수혈식과 지상식의 벽주수 분포(�． 는 수혈식, ▪ 는 지상식, 너비는 주거지 개체수를 뜻함.)

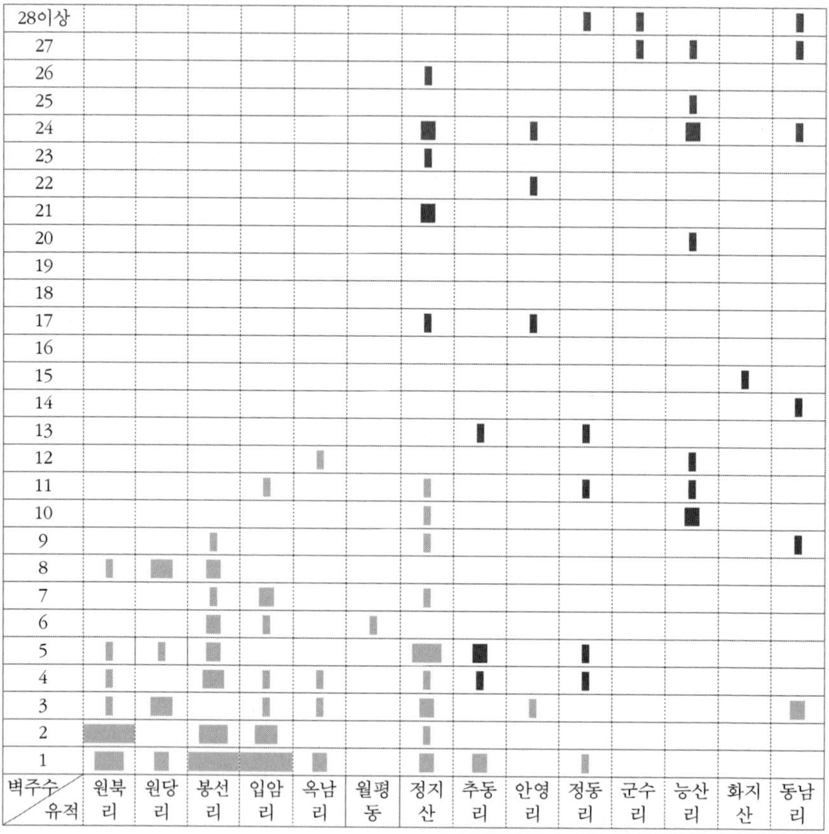

벽주수／유적	원북리	원당리	봉선리	입암리	옥남리	월평동	정지산	추동리	안영리	정동리	군수리	능산리	화지산	동남리
28이상										▪	▪			▪
27										▪	▪			▪
26							▪							
25												▪		
24							▪		▪			▪		▪
23							▪							
22									▪					
21							▪							
20												▪		
19														
18														
17							▪		▪					
16														
15													▪	
14														▪
13							▪					▪		
12						▪						▪		
11				▪								▪		
10							▪					▪		
9			▪											▪
8	▪	▪	▪											
7			▪	▪			▪							
6			▪		▪									
5	▪	▪					▪	▪		▪				
4	▪		▪	▪				▪		▪				
3	▪	▪	▪	▪	▪									▪
2	▪		▪	▪			▪							
1	▪	▪	▪	▪	▪		▪	▪		▪				

웅진·사비기의 주거지에서는 취사·난방시설로 부뚜막형과 구들형이 확인되고 있는데, 그 중 구들형시설은 형태면에서 크게 직선형과 굴절형으로 나누어 볼 수 있다. 직선형은 부뚜막형시설에 연도부를 같은 방향으로 시설한 경우이고, 굴절형은 수직한 방향으로 뻗어 배연하는 형태이다. 서울·경기권에서는 이러한 두가지 형태가 모두 확인되면서 시기

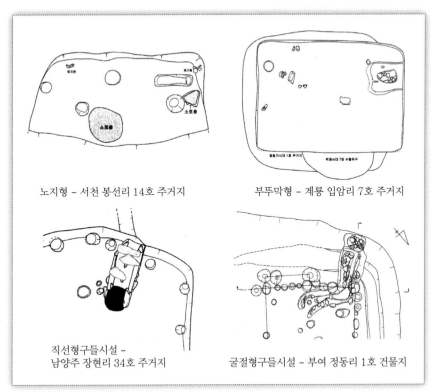

노지형 – 서천 봉선리 14호 주거지　　　부뚜막형 – 계룡 입암리 7호 주거지

직선형구들시설 –　　　　　　　　　　굴절형구들시설 – 부여 정동리 1호 건물지
남양주 장현리 34호 주거지

11 | 취사 · 난방시설의 유형

적으로는 굴절형이 앞서는 것으로 보인다[4]. 하지만 웅진 · 사비기에 해
당되는 호서 · 호남지역의 취락에서는 직선형의 구들시설이 확인되지 않
는 특징이 있다. 이에 대해서는 다양한 관점을 찾아볼 수 있는데, 상기한
백제 영역화과정과 맞물린 취락의 위계화와 취락 내 계층분화 등이 연관
이 있을 것으로 생각된다. 서울 · 경기권 백제취락과 마찬가지로 호서지
역의 경우도 취락별 규모에서 큰 편차가 확인되고, 취락 내에서도 주거지

---

4) 굴절형 구들시설은 이른시기부터 지속적으로 사용되고 그 중 일부의 변이형태가 직
　선형 구들시설일 것으로 생각된다. 하지만 여 · 철자형 주거지(또는 육각형)에서는 직
　선형 구들시설이 다수 채택되고 있는데 이에 대해선 별도의 검토가 필요하다.

간 규모차이가 확인되기 때문이다⁵⁾. 큰 규모의 취락에서는 취사·난방 시설 등 주거지의 구조면에서 다양한 형식변화가 관찰되기도 한다. 또한 한성기 말에서 사비기까지 일반취락의 주거지 규모면에서 전반적인 소형화 추세가 진행되는 것으로 보여지는데, 이러한 변화는 주거범위의 효율성이 강조될 것이기 때문에 직선형의 시설보다는 굴절형의 시설이 채택되었을 가능성이 높다. 이는 웅진에서 사비로 천도되는 당시 사회적 상황과도 연관이 있을 것으로 추정된다.

  사비기에 이르러 주거지의 조성방식면에서 대부분 지상식으로 전환되었을 것으로 보이는데 일부 유적에서는 수혈식으로 조성된 사례가 있어 이에 대해 살펴보도록 한다. 첫 번째 예로는 정동리유적에서 확인된 수혈주거지인데, 이 유적에서는 대부분 조밀한 주공열을 보여 지상식 건물 형태를 띄며, 내부에서는 구들형 시설이 확인되어 주거용이었음이 틀림없다. 하지만 몇몇의 수혈주거지가 지상건물과 셋트형태를 이루고 있어 이는 주거지의 부속시설일 가능성이 엿보이며, 특히 5호주거지의 경우 내부에 굴절형 구들시설을 갖추고 있어 주거용으로 간주되나 이미 지상건물로 주거를 이루는 공간에 이러한 수혈식주거지가 따로 있는 점에 대해서는 취락 내 계층관계에 의한 특수주거지일 가능성을 추정할 수 있다.

  두 번째로는 부여 송국리유적에서 확인된 백제 수혈식건물이다. 송국리유적은 청동기시대의 소위 '송국리유형'의 표지 유적이지만, 다수의 연차발굴에서 살펴볼 수 있듯 백제관련 유구가 다량 존재하기도 한다. 특히 2008년에 조사된 54지구에서는 백제 사비기 유물이 다수 출토된 토기가마와 함께 同유물이 출토된 건물지가 확인되었는데, 그 형태면에서 매우 특이하여 주목해 볼만 하다.

---

5) 원삼국~백제교체기에 해당되는 시기부터 취락의 규모편차와 입지적 차이, 주거외의 건물 조성 등의 다양한 변화가 감지되는데(서현주 2010) 이러한 일련의 변화에는 백제의 영역화과정과 관련한 취락의 위계와 밀접한 관련이 있을 것으로 추정된다.

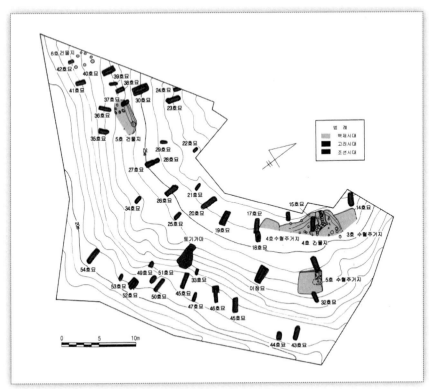

12 | 부여 정동리유적 유구배치도

형태면에서는 평면 철자형을 보이며, 내부는 이중굴광의 단을 형성하고 있는 것이 특징적이다. 내부에서는 소형의 횡혈공 2기와 주공이 확인되었는데, 主柱로는 4주가 확인되고 출입구부분에 각각 小柱孔이 확인된다. 취사·난방시설은 확인되지 않았고, 바닥은 불다짐처리 되었으며 유물은 주로 1단광에서 주로 확인되었다. 54지구에서 확인된 토기가마 3기의 중심점에 위치하고 있는 상황을 고려하면 토기가마와 관련한 공방시설일 가능성이 높아 보인다. 출토유물 상 백제 사비기의 건물일 가능성이 높은 것으로 판단되는데, 그 구조가 상기한 철자형의 평면과 4주식의 주공이 확인되는 점이 특징적이다. 그 외에도 단을 이루어 선반시설을

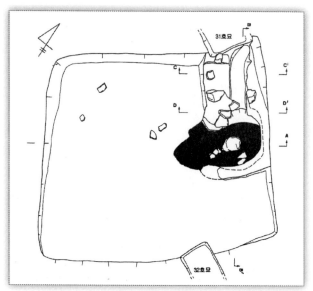

13 | 정동리유적 5호 수혈식주거지

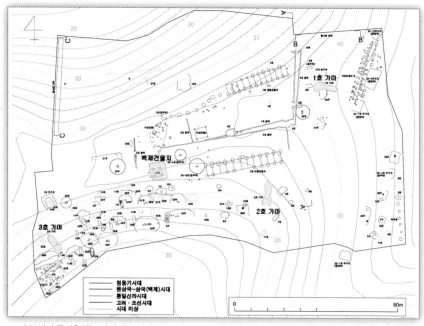

14 | 부여 송국리유적(54지구) 유구배치도

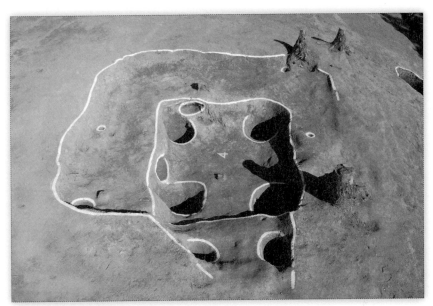

15 | 송국리유적 백제건물지

이루고 있는 점과 횡혈공[6]이 뚫려있는 것도 특이한 점이다. 시기성을 고려해본다면 이미 (장)방형의 지상건물이 보편화되는 시점에 이런 특이한 구조의 건물이 조성된 것은 아마도 기능적 특수성에 기인한 것으로 판단되며, 이미 보편적 주거형태와는 별개로 출입구가 부가된 형태나 4주로 건물기초를 세우는 방법 등은 형태에 따른 집단적 특성이라기 보다는 건물조성과 관련한 다양한 기술의 하나로 자리매김 한것은 아닌가 생각된다. 이러한 조성방법의 다양성은 주거 이외의 기능면에서 후대에도 조영되었을 것으로 추정된다.

---

6) 2단광 내 2개의 횡혈공이 동벽·북벽에서 확인되었다. 평면은 장타원, 단면은 주머니의 형태를 띄고 있어 물건을 보관하는 선반의 역할 또는 특수장치를 설치하는 공간 정도의 추정이 가능하다.

4. 扶餘地域 百濟 住居址의 特性

부여지역에서 확인되는 백제 주거지들은 위에서 논한 바와 같이 대부분 지상식으로 조성되었다. 하지만 최근에 조사된 부여 가탑리 금성산 두시럭골유적[7]에서 수혈식주거지가 수 기 조사된 바 있어 살펴보도록 한다.

금성산 두시럭골유적에서는 사비기를 전후한 두 단계의 문화양상이 확인되었는데, 출토된 토기를 통해 문화층의 양상을 보면 격자타날의 장란형토기와 심발형토기, 원저단경호의 문화층과 평행선문의 호·옹, 삼족기, 대부완, 등잔, 벼루 등 사비양식의 토기가 출토되는 문화층이 있다. 후자의 경우 부여지역 대부분의 유적에서 확인되는 사비기의 양상을 보이고 있지만, 전자의 경우는 사주를 갖춘 수혈식주거지와 토기가마 등 마한계와 관련된 유구·유물의 양상을 보이는 특징이 있다.

주거지의 특징을 살펴보면 평면 말각방형의 형태에 사주를 갖춘 것과 없는 것이 있고, 내부시설로는 벽구와 벽주, 추정 부뚜막시설 등이 확인되었다. 특히 사주식 주공배치가 확인된 주거지의 경우 수혈의 벽면근처에 조밀하게 작은 기둥의 흔적이 확인되어, 전형적인 사주식주거지 보다는 후행하는 형태로 판단된다.

기존에는 사비도성내 원삼국시대에서 사비천도 이전까지의 유적이 확인되지 않았지만 최근에 들어서 사비도성 내 금성산 일대에서 천도이전의 유적이 조사되어 사비도성의 구축과 관련한 약간의 검토를 필요로 한다.

백제의 사비도성은 천도이전부터 치밀한 계획 하에 진행되었던 것으로 이해되고 있다. 현재의 부여의 시가지 일대는 발굴조사의 성과를 통

---

7) 호서고고학회, 2010, 제 22회 호서지역 문화유적 발굴성과.

해 넓은 저습지역이 성토공법에 의해 대지를 조성한 흔적들이 관찰되고 있다(허진아 2010). 이러한 일련의 과정을 통한 사비도성의 구축은 당시 마한계의 재지세력이 이용하지 못했던 백마강변의 배후습지 지역이라는 지형적 특수성에 기인한 것으로 보인다(박순발 2000). 하지만 사비도성 내 금성산에서는 상기한 부여 가탑리 금성산 두시럭골유적과 가탑리유적(충청남도역사문화원 2007) 등에서 천도이전의 마한계 분묘와 주거지 등이 확인된 바 있다. 물론 여전히 미미한 수준이기는 하지만 사비도성 내 천도이전의 재지세력이 전혀 없었다고 보긴 어렵다. 그간의 연구성과를 통해 마한계 취락은 대부분 구릉사면에 입지하는 특징이 있고, 상기한 두 유적도 금성산 구릉지대에 위치하고 있어 저습지 지역에 대한 성토공법을 통해 대지를 조성했던 백제 중앙세력과는 큰 대립없이 사비도성이 구축되었을 것으로 짐작된다. 부여지역에 존재하던 재지세력도 한성기 이래 지속적으로 발전한 백제 건축기술이 점진적으로 유입되어 가

16 | 부여 가탑리 금성산 두시럭골유적 4호주거지

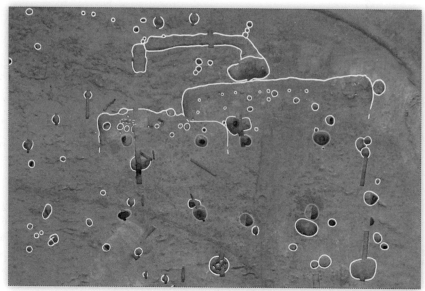

| 부여 가탑리 금성산 두시럭골유적 11 · 12호주거지

탑리 두시럭골유적의 주거지와 같이 전형적인 사주식주거지와 벽주요소를 갖춘 사주식주거지, 비사주의 방형주거지 등이 조성되다가 사비기 이후 지상식으로 건물의 형태가 변화하였을 것으로 생각된다.

이상 살핀 바와 같이 백제 사비기에는 성토대지 조성술이 이용되어 부여 시가지 주변의 저습지가 도성 내 취락의 입지로 이용되었지만, 사비천도 이전의 문화상은 여전히 마한의 전통이 이어져 사면 말단부가 취락의 주 입지였을 것으로 생각된다. 따라서 부여지역의 구릉사면에 대한 발굴조사의 경우 사비기 이전의 문화층 존재여부에 관한 보다 심도 있는 조사가 필요하다고 생각된다.

요컨대, 부여지역의 백제 수혈식주거지는 원삼국시대에서 사비천도 전후까지의 마한계 취락에서 확인될 가능성이 높다. 하지만 한성기 말부터 웅진 · 사비기를 거친 주거지의 지상화과정에 의해 사비기 이후에는 지상식의 주거지가 주로 조성된 것으로 생각된다. 최근까지 조사된 부여지역 백제 사비기 유적에서는 주거지(또는 건물지)가 대부분 지상식의 형태로 확인되고 있는데 그 형태는 대부분 방형계이며 전형적인 벽주건물(대벽건물)의 형태이거나 조밀한 주공열이 확인되는 경우가 많다. 또한 내부시설로는 구들형 취사·난방시설(굴절형)이 조성되어 있어, 사비기의 대표적인 주거형태는 방형평면의 지상건물에 굴절형 구들시설이 조합된 형태일 것으로 생각된다.

5. 맺음말

중서부지역 원삼국시대 취락에서 보이는 수혈식주거지는 대체로 예계의 전통으로 여겨지는 여·철자형 주거지와 마한으로 여겨지는 사주식주거지로 크게 나누어지며, 세부적으로는 한예집단과 백제 국가형성과 관련한 것으로 보이는 육각형주거지, 사주가 없는 방형계주거지 또는 원형계주거지 등 다양한 분류가 가능하다. 여·철자형 주거지와 사주식 주거지의 혼합 또는 유적 내 혼재양상들은 선행의 연구성과로 비추어 볼 때, 백제의 영역화과정 및 취락 간 위계관계와 밀접한 관련이 있을 것으로 추정된다.

부여지역에서 확인되는 수혈식 주거지들은 백제 사비천도 이전의 취락에서 주로 확인되는 것으로 보이며 사비기 이후에는 주거지의 지상화과정에 의해 지상식의 주거지가 보편적으로 조성된 것으로 생각된다. 사비기 이후에 확인되는 수혈식의 주거지·건물지들은 특수한 사회적 상황 또는 계층적 특성 등이 추정되거나, 기존의 조성방식들이 다양하게 혼합되어 주거 이외의 건물로 조성되었을 가능성이 높은 것으로 생각된다.

:: 참고문헌 ::

국립문화재연구소, 2010, 「풍납토성 -2010년 풍납동 197번지 일대 발굴조사 현장
　　　설명회 자료-」.

금강문화유산연구원, 2010, 「대전 복용동 당산마을 유적 -3차 지도위원회의 자료」.

금강문화유산연구원, 2012, 『大田 伏龍洞 堂山마을 遺蹟』.

김승옥, 2007, 「금강유역 원삼국~삼국시대 취락의 전개과정 연구」, 『한국고고학보』
　　　65.

권오영, 2009, 「원삼국기 한강유역 정치체의 존재양태와 백제국가의 통합양상」, 『고
　　　고학8-2호』, 서울 · 경기고고학회.

백제문화재연구원, 2008, 「대전 노은3지구 국민임대주택단지 조성사업지구내 지족
　　　동유적 지도위원회의 자료집」.

權五榮 · 李亨源, 2006, 「삼국시대 壁柱建物 연구」, 『韓國考古學報』 60.

朴淳發, 1998, 『百濟 國家의 形成研究』, 서울대학교대학원 박사학위논문.

朴淳發, 2000, 「泗沘都城의 構造에 관하여」, 『百濟研究』 31.

서현주, 2010, 「호서지역의 원삼국문화 -주거지를 중심으로」, 『馬韓 · 百濟사람들의
　　　주거와 삶』, 중앙문화재연구원 · 국립공주박물관

宋滿榮 2010a, 「六角形 住居址와 漢城期 百濟聚落」, 『韓國考古學報』 74집.

송만영 2010b, 「중부지역 원삼국시대 주거지와 취락 -연구 성과를 중심으로」, 『馬韓
　　　· 百濟사람들의 주거와 삶』, 중앙문화재연구원 · 국립공주박물관

李建壹, 2009, 『百濟 住居址 地上化過程 研究』, 忠南大學校大學院 碩士學位論文.

이건일, 2011, 「호서지역 백제주거지의 지상화과정에 관하여」, 『호서고고학』 24.

예맥문화재연구원, 2010, 「화천 원천리유적 현장설명회 자료집」.

중앙문화재연구원, 2010, 『남양주 장현리유적』.

중앙문화재연구원, 2011, 『대전 용계동유적』.

충청문화재연구원, 2007, 『부여 정동리유적』.

한국고고환경연구소, 2010, 「행정중심복합도시 지방행정지역 생활권 3-1·2내 B지
　　　점 연기 대평리유적 자문회의자료집」.

한국전통문화대학교 고고학연구소, 2008, 「부여 송국리유적 제12차 발굴조사 지도
　　　위원회의 자료집」.

한국전통문화대학교 고고학연구소, 2009, 「부여 굿뜨래 웰빙마을 조성사업부지 내 가탑리 두시럭골유적 지도위원회의 자료집」.

한지선, 2009, 「한강을 통한 백제 정치적 영역확장」, 『2009년 서울 · 경기고고학회 춘계학술대회 자료집』.

許眞雅, 2010, 「성토대지 조성을 통해 본 사비도성의 공간구조 변화와 운용」, 『湖西考古學』22.

백제 사비기 굴립주 건물지의 조영기법 연구

임종태

1. 머리말

건축학적으로 굴립주 건물[1]이란 정지된 지면의 일정구역을 파내고 버팀목(목주)을 심은 구조물을 의미한다. 고고학적 맥락에서 이와 동일한 축조방식에 따라 시설된 유구는 모두 이의 범주에 포함되며, 고건축 용어로는 '백이기둥(김홍식 1992)'이라 표현하기도 한다. 또한 땅 속에 기둥을 박고 세우는 방법은 결구법이 발달되지 않은 고대 원시사회부터 사용된 기본적이면서도 보편화된 건축기술로 알려져 있다. 이러한 건축 기술을 통해 축조된 구조물은 선진화된 건축기술의 공유나 직업의 분업화가 이루어지지 않은 상황에서 집단의 협동을 통해서만이 가능한 가장 일반적인 건물유형으로 설명할 수 있다(Amos Rapoport 1985).

---

1) 굴립주 건물이란 용어는 일본식 용어로 지상식 건물과 고상식 건물 두 가지를 염두에 둔 포괄적 의미로 사용된다. 하지만 최근에는 수혈식 건물과 대비되는 개념의 지상식 건물이란 용어가 사용되고 있다(배덕환 2005).

고고학적으로 굴립주 건물은 구조적 속성에 따라 지표에 생활면이 있는 지면식과 생활면이 낮은 마루나 구들 위에 있는 저상식, 생활면이 높은 마루에 위치한 고상식 등으로 분류된다(국립부여문화재연구소 2009). 하지만 기능성 측면에서 굴립주 건물을 주거용과 비주거용(창고, 망루)으로 판단하기란 쉽지 않다. 다만, 문헌기록과 고분벽화에서 확인되는 고구려의 '부경(桴京)'이나 가야지역에서 출토된 '가형토기(家形土器)'를 통해 그 가능성을 유추해 볼 수 있을 뿐이다.

한편 굴립주 건물은 한정된 지역이 아닌 우리나라 여러 지역에서 보편적으로 확인되는 유구 중 하나이기에 창의적이거나 독창적인 건축유구라 할 순 없다. 아울러 백제 고토에서도 흔히 확인되고 있기에 이들 유구만으로 백제만의 특수한 건축기법 등을 살피기란 쉽지 않다. 더욱이 백제시대의 굴립주 건물은 다양한 형태로 변화하면서 발전된 것으로 보인다.

최초 한성도읍기 풍납토성과 그 주변 세력권 내에서는 '六角形' 주거지나 '呂字形' 또는 '凸字形' 형태와 같은 다양한 유형의 수혈식 굴립주 건물들이 사용된 것으로 알려져 있다. 웅진도읍기에는 기와의 보급으로 인해 주혈을 촘촘히 박아 내구성을 강조한 벽주식(대벽식)의 건물형태로 변화하는데, 이 시기부터는 점차 굴립주 건물들 간에 위계적 차이를 보이고 있다. 이러한 건물의 위계적 특성은 사비도읍기에 이르러 심화되는데, 당시 도읍이었던 부여지역에서는 그 성향이 더욱 두드러진다.

또한 굴립주 건물지는 백제 사비도읍기에 해당되는 6세기 중반~7세기 중·후반기 경 부여지역에서 확인되는 건물지 중 가장 많은 출토사례를 보인다. 이들 굴립주 건물은 비록 상부구조가 남아있지 않아 전체적인 양상을 확인하기에는 어려운 측면이 있지만 하부구조에서 나타나는 기둥 세우기 방식 등은 다양한 기법들이 확인되고 있다. 아울러 이러한 기법들은 기술적으로 응용되거나 변화되어 확인되기도 한다. 더욱이 부여지역은 습지가 많아 당시 건물에 사용된 목재 등의 잔재가 사용 당시 형태를 그대로 유지한 채 출토되기도 한다. 이러한 자료는 대략적으로나마 백제 사비기 굴립주 건물의 축조기법과 특성을 살피는데 중요한 실마리를 제공하고 있어 이에 대한 연구의 필요성을 느끼게 한다.

연구에 앞서 필자는 옛 백제의 마지막 도읍이었던 부여지역에서 그토록 많은 수의 굴립주 건물이 조성될 수 있었던 까닭에 대해서 고심해 왔었다. 물론 이와 관련해 다양한 원인이 있었겠지만 무엇보다도 부여지역의 지질학적인 환경이 가장 큰 원인이었을 것으로 판단된다.

이에 따라 연구의 진행은 먼저 2장에서 부여지역의 지질학적인 환경이 어떠하였는지 검토해보고 3장에서는 부여지역 내에서 발굴조사를 통하여 확인된 백제 사비기 굴립주 건물지 유적의 현황을 살펴보도록 하겠다. 여기서 연구의 대상기준은 주혈을 파고 기둥을 세워 만든 구조물로 주혈의 배열과 그에 따른 구조가 확인되거나 추정이 가능한 건물만을 대상으로 진행하도록 하겠다. 이를 토대로 4장과 5장에서 백제 사비기 굴립주 건물의 평면유형과 목주의 시설방식, 결구방식 등을 검토해 볼 것이다. 특히 부여지역은 저습한 자연환경으로 인해 유적 곳곳에서 다양한 목재유물 등이 출토되고 있는데, 이러한 목재유물 중 당시 건물에 사용된 건축부재로 추정되는 유물 등이 확인되어 이를 토대로 건물의 벽체시설 방식이나 지붕의 결구방법 등이 어떠하였는지 추정해 보도록 하겠다. 마지막 6장에서는 이러한 연구 성과를 종합하여 백제 사비기 굴립주 건물의 특성이나 기능 등에 대하여 논해 보도록 하겠다.

2. 부여지역의 지질학적 환경과 영향

부여지역은 '서북고남동저(西北高南東底)'의 지형을 형성하고 있으며, 주변 일대에는 자연 하천과 산지가 환상형(環狀型)의 형태로 도성을 감싸고 있다. 이러한 천연의 자연·지리적 환경으로 인해 부여지역은 방어에 유리하고 넓은 평야가 발달하게 된다. 부여지역의 지질은 중생대

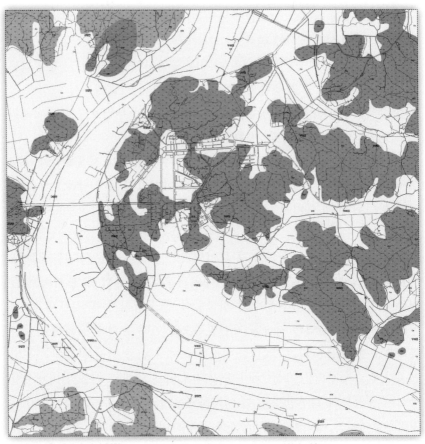

01 | 부여읍 일대의 지질 현황(짙은색 : 화강암, 밝은색 : 충적토, 1/10,000, 지질자원연구원)

쥐라기 후기에 한반도에서 발생한 대보조산운동(大寶造山運動)때 형성된 화강암이 기존의 변성암층에 관입되고 백악기 무렵 북동에서 남서 방향으로의 단층작용으로 인해 계곡이 형성되어 전반적으로 북동-남서 방향의 선구조를 띠게 되었다. 그러나 현재는 오랜 풍화작용을 거쳐 현재의 산지와 평야를 형성되었다.

현재 부여지역의 지형이나 수계는 당시의 환경에 대변할 수 없기에 섣부른 판단은 금물이지만, 현재의 백마강을 포함한 금강하류는 자연 하

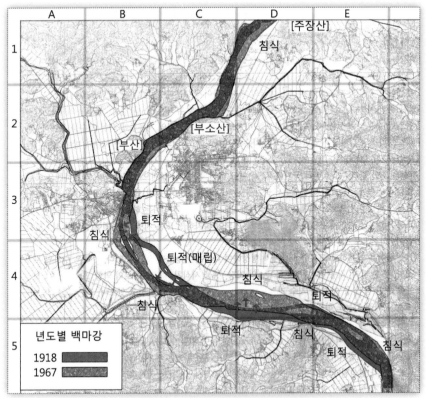

A B C D E

[주장산]

1 침식

2 [부소산]
[부산]

3 퇴적
침식

4 퇴적(매립)
침식
퇴적

5 침식
퇴적 침식
년도별 백마강 퇴적
퇴적 침식
1918
1967

02 | 1918년과 1966년 백마강의 하상변동과 구간별 침식 · 퇴적현황(이성호 2012, [그림 3-05] 인용)

천활동과 인위적인 하천정비 과정을 거치면서 변화하였다. 특히 1970년
대 중반 하천정비와 1980년대 수계종합정비사업과 상류의 청평댐 건설,
1990년대 하류의 금강하구언 건설과 지역별 교량 과 제방 건설 등으로
유속과 유량이 현저히 줄고 수질과 생태 일부에서도 변화가 있었던 것으
로 보인다(윤행호 2005). 이로 보아서는 백제시대 해수면은 현재의 해수
면보다 높았을 것으로 짐작되는데, 이는 결국 부여지역 일대가 금강의 잦
은 범람으로 인해 저습한 환경적 조건이 될 수밖에 없었음을 시사한다.
이러한 환경적 조건은 생활면이 지하에 위치한 기존의 수혈식 주거보다는 생활면이 지면 혹은 지상에 위치하도록 설계된 건축물이 오히려 불가피한 선택이었을 것으로 추정된다. 이처럼 부여지역의 환경적 요인은 굴립주 건물을 사용할 수밖에 없는 가장 큰 영향을 주었던 것으로 판단된다. 결국 기존의 한반도 전역에서 확인되고 있는 굴립주 건물이 능선 정상부나 말단부와 같은 구릉성 산지에서 대부분 확인되는데 반해 부여지역의 굴립주 건물은 저습한 저지대와 평탄면에 주로 조성되어지게 되는 원인으로 작용한 것이 아닌가 추정된다

한편 부여지역에서는 관방시설과 생활시설, 종교시설인 사찰, 가마터와 같은 생산시설, 고분군 등과 같은 다양한 유적이 있다. 여기서 고분군은 동나성 외곽 등과 같은 도성을 벗어난 지역에서 대부분 확인되기에 배제하고 관방이나 생활, 종교, 생산시설 등은 당시 도성 내부에 해당되는 부여지역의 중앙 충적저지대에 고르게 분포하고 있다. 여기서 생활 또는 생산시설로 추정되는 굴립주 건물지도 이들 유적에 속하여 모두 현재 부여 시가지일대와 나성 주변으로 분포하고 있다. 그러나 이러한 입지와 관련하여 현재까지 발굴조사가 진행 중이거나 앞으로 더욱 많은 조사사례가 급증할 것으로 판단됨에 따라 현재로서는 분포에 따른 특징적 요소를 논하기 무리가 따른다.

그러나 굴립주 건물의 개별적 분포범위를 살펴보면 고립되거나 독립된 공간이 아닌 수혈주거(건물)나 벽주건물, 기와건물 등의 주변에서 함께 확인되어지는 특징을 보인다. 물론 함께 조성된 다른 건물지들과의 연관성이나 시기적 판단은 좀 더 세밀한 검토가 필요하나 건물의 방향이나 인접거리를 고려할 때 동시기 동일 건물지 군에 속하였던 것은 분명하다[2]. 결국 이를 통해 알 수 있는 사실은 각 주거 건축 유적에서 확인되

---

2) 발굴조사 특성상 일정 구역만을 확인하기에 전체적인 범위는 알 수 없다. 다만 현재까지의 조사 자료에 의하면 굴립주 건물 자체가 독립적 위상을 갖는 축조물로 인식하기에는 무리가 따른다.

는 굴립주 건물은 유구의 배치나 분포로 추정할 때 주된 생활시설은 아니었던 것으로 추정된다. 아울러 유적에서 확인되는 다수의 주혈군은 여러 차례의 중·개축을 의미하는 것인데, 이는 건물이 일시적으로 사용되고 폐기되는 것을 반복한 흔적임을 짐작케 한다.

이상과 같이 백제 사비기 부여지역에 조성된 굴립주 건물은 부여지역 일대의 저습한 환경적 조건으로 인해 생활면이 지하에 위치한 기존의 수혈식 주거가 조성되기에는 불리한 조건을 갖추었던 것으로 판단된다. 이는 결국 생활면이 지면 혹은 지상에 위치하도록 설계된 굴립주 건물이 증가하게 되는 원인이 되었던 것으로 보인다. 또한 각 주거 건축 유적에서 확인되는 유구의 배치나 분포로 추정할 때 굴립주 건물은 주된 생활시설은 아니었을 것으로 추정되는데, 일부 유적에서 확인되는 다수의 주혈군은 여러 차례의 중·개축을 의미하는 것으로 이는 건물이 일시적으로 사용되고 폐기되는 것을 반복한 흔적임을 짐작케 한다.

3. 굴립주 건물지 유적 현황

부여지역은 최근에 「古都保存에 관한 特別法」이 시행된 이후 소규모 발굴조사가 집중되면서 다양한 유적들이 확인되고 있다. 이들 유적에서는 백제 사비기에 해당되는 벽주건물(壁柱建物)이나 기와건물(瓦建物), 수혈식주거(竪穴式住居) 등과 같은 생활시설(生活施設)과 생산시설(生産施設), 그리고 각종 유물들이 확인되고 있다. 결국은 이들 유적은 당시 백제 사비기 생활사를 이해하는데 중요한 자료를 제공하고 있다. 굴립주 건물 역시 이들 유적에서 대부분 확인되고 있으며, 전반적으로 기둥을 세웠던 흔적만이 노출되고 있다. 이로 인하여 건물의 세부적 양상은 알 수 없고 대략적인 형태만 추정할 뿐이다. 이러한 이유로 해서 유구의 현황은 건물의 정형성을 유지하고 주혈의 간격에 따라 건물의 기본 배치가 확인되는 유구만을 정리해 보고자 한다[3].

표 1 | 부여지역 굴립주 건물지 유적 조사 사례

유적명	대상 건물지 보고서상 명칭	주변 유구	조사 년도	조사기관
Ⓐ 사비도성	S-5호 지상건물지 외 5동	벽주(대벽)건물지	2001년	충남대학교박물관
Ⓑ 군수리 유적	고상건물	와적기단 건물지	2001년	충청문화재연구원
Ⓒ 가탑리 유적	1호 고상건물 외 2동	수전, 수혈유구 등	2001년	충청문화재연구원
Ⓓ 능산리 동나성 내·외부 백제유적	2호 건물지 외 5동	벽주(대벽)건물지	2004년	충청문화재연구원
Ⓔ 궁남지	굴립주 건물1 외 3동	와적기단 건물지, 기와건물지	2005년	국립부여문화재연구소
Ⓕ 동남리 172-2번지 일대 유적	나지역 건물지1 외 3동	수혈건물지, 벽주(대벽)건물지	2005년	충청남도역사문화연구원
Ⓖ 석목리 나성유적	2호 건물지	기와 건물지, 수혈주거지	2007년	충청문화재연구원
Ⓗ 관북리 백제유적	백이기둥건물 1호 외 1동	기와 건물지, 연못 등	2007년	국립부여문화재연구소
Ⓘ 부여중앙성결교회 유적	지상건물지	구상유구	2008년	부여군문화재보존센터
Ⓙ 구교리159-4번지 유적	고상건물	주혈군	2008년	한국문화재보호재단
Ⓚ 쌍북리 280-5 유적	1호 건물지 외 4동	동서방향 도로, 측구시설	2008년	백제문화재연구원
Ⓛ 하이마트 유적	1호 지상건물지	수로, 구상유구	2011년	부여군문화재보존센터
Ⓜ 군수리 120번지 유적	굴립주 건물지1	벽주(대벽)건물지, 수혈주거지	2009년	한국문화재보호재단
Ⓝ 동남리307-13번지 유적	백이기둥건물터	저장공	2009년	한국문화재보호재단
Ⓞ 관북리 160일원 유적	백이기둥건물 1	주혈군	2009년	부여군문화재보존센터
Ⓟ 서동문화센터 부지 유적	A구역 굴립주 건물 외 1동	석축시설, 목주	2009년	한얼문화유산연구원
Ⓠ 쌍북리 207-5번지 유적	건물지 1호	주구부식 굴립주 건물지	2011년	한국문화재보호재단
Ⓡ 한국농어촌공사 사옥부지 유적	굴립주 건물 4동	우물, 수혈·구상유구	2012년	백제문화재연구원
Ⓢ 사비왕궁지구	굴립주 건물	추정 건물지	2012년	부여군문화재보존센터
Ⓣ 동남리 522-5번지 유적	굴립주 건물 3동	주혈군, 소결토	2013년	백제문화재연구원

[표 1]에서와 같이 부여지역에 확인된 굴립주 건물 유적은 20여개소로 이 외에 앞으로 더욱 많은 유적들이 확인될 것으로 보인다. 위 표에 기재

---

3) 다만 보고서가 미발간된 유적지에 대해서는 약보고서를 참고하였다.

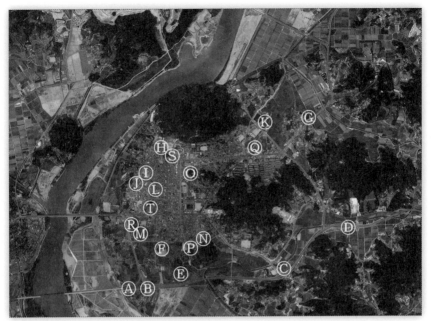

03 | 부여지역 굴립주 건물지 유적 위치(다음지도 인용)

된 내용은 대략적인 현황만을 기입한 것으로 III장의 이해를 돕기 위해 해
당 유적과 관련한 세부적인 내용을 다음과 같이 서술[4]하고자 한다.

　먼저 Ⓐ사비도성 내 군수리지점(충남대학교박물관 2003)에서는 총 6동
의 굴립주 건물이 확인되었다. 이들 중 S-10호는 건물지 구획의 북단에 위
치하며, S-5호는 동쪽 중앙부에 자리 잡고 있다. 구획의 서편에는 S-6~9호로
명명된 남북방향의 건물지가 확인되고 있다. 이중 S-8 · 9호는 중복되어 있
는데, 동일한 지점을 점유하고 있다. 여기서 S-5호 지상건물지는 남북길이
5.2m, 동서길이 2.6m로 장단비 2:1의 장방형 건물이다. 내부 면적은 13.5㎡
이며 양쪽 단벽 중앙에 주공이 하나씩 밖으로 돌출된 동지주를 갖는 특징을

---

4)　사례 순서는 참고문헌의 보고서 순으로 작성하였다. 또한 조사사례에 따른 유구의 해
　석은 보고서의 원문에 따라 작성하였음을 밝혀둔다.

보인다. S-6호 지상건물지는 남북길이 3m, 동서길이 2.9m로 장단비 1.03:1 의 정방형 건물이며, 내부 면적은 8.7㎡이다. S-7호 지상건물지는 남북길 이 2.6m, 동서길이 2.9m로 장단비 1.12:1의 정방형 건물이며, 내부 면적은 7.5㎡이다. S-8호 지상건물지는 남북길이 2.6m, 동서길이 2.3m로 장단비 1.13:1의 장방형 건물이며, 내부 면적은 6㎡이며, S-9호보다 선행한다. S-9호 지상건물지는 남북길이 2.7m, 동서길이 2.9m로 장단비 1.07:1의 장방형 건 물이며, 내부 면적은 7.8㎡로 S-8호보다 후행한다. S-10호 지상건물지는 남 북길이 3.7m, 동서길이 3.7m로 장단비 1:1의 정방형 건물이다. 내부 면적은 13.7㎡이며, S-2호보다 후행한다.

Ⓑ부여 군수리 유적(충청문화재연구원 2003)에서는 총 1동의 굴립주 건 물이 확인되었다. 건물은 고상식 건물로 추정되며 건물의 형태는 방형이다. 건물은 주기둥 4기와 보조기둥 다수로 이루어졌다. 건물의 기본 배치는 정 면 1칸, 측면 1칸이다. 확인된 주혈은 직경 20~60cm, 깊이 10~30cm가 대부 분이다.

Ⓒ부여 가탑리 유적(충청문화재연구원 2003)에서는 총 3동의 굴립주 건 물이 확인되었다. 먼저 1호 고상건물은 정면 1칸, 측면 1칸의 구조로 전체적 인 재원은 장축 230cm, 단축 180cm의 장방형에 가까운 평면형태을 이룬다. 1호 고상건물 주혈의 지름은 24~30cm, 깊이 22~30cm이다. 2호 고상건물은 정면 2칸, 측면 1칸의 구조로 전체적인 재원은 장축 340cm, 단축 240cm의 장방형에 가까운 형태를 띠고 있다. 2호 고상건물 주혈의 지름은 40~50cm, 깊이는 20~30cm이다. 3호 고상건물은 정면 1칸, 측면 1칸의 구조로 전체적 인 재원은 장축 300cm, 단축 300cm의 정방형 건물이다. 3호 고상건물 주혈 의 지름은 80~90cm, 깊이 40~50cm이다. 이들 고상건물은 동시기 축조되어 운영되었을 것으로 보고되었다.

Ⓓ능산리 동나성 내·외부 백제유적(충청문화재연구원 2003)에서는 총 5 동의 굴립주 건물이 확인되었다. 이곳에서 확인된 굴립주 건물은 기둥의 배 치형태로 보아 벽주식(대벽식)건물에 해당되기에 자세한 서술은 하지 않도 록 하겠다. 다만 이 유적에서 다양한 목재 유물 등이 출토되어 이들 자료를 참고하도록 하겠다.

Ⓔ궁남지(국립부여문화재연구소 2007)에서는 총 2동의 굴립주 건물이 확인되었다. 먼저 NS4-1 Tr. 굴립주 건물1은 장방형의 건물 형태로 규모는 남북길이 5.3m, 동서길이 3.6m이다. 확인된 주혈의 지름은 15~40cm로 배치가 불규칙적으로 이루어져 있다. NS3-3 Tr. 굴립주 건물2는 장방형의 건물 형태로 규모는 남북 5.6m, 동서 4.2m이다. 굴립주 건물1과 이격거리가 약 100m 사이에 위치하지만, 해발 약 5~6m에 해당되는 조성면이 같아 두 건물 모두 동일시점 조성된 것으로 추정되었다.

Ⓕ부여 동남리 172-2번지 일대 유적(충청남도역사문화연구원 2007)에서는 저상식 및 고상식 건물 4동이 확인되었다. 먼저 나지역 건물지1은 장축 5열, 단축 4열로 규모는 남북길이 6.88m, 동서길이 5.92m, 면적 약 40.72㎡에 이른다. 건물의 주혈간에 배치가 일정하여 고상식 건물로 추정된다. 건물지의 외곽에는 목책 및 배수로가 설치되어 있는데, 주공열이 건물지를 'ㄱ자' 형태로 구획하고 있다. 건물지에서 출토된 유물로는 대금구편, 뚜껑편, 유단식수키와 등이 있다.

다지역 건물지5는 장방형 건물로 규모는 동서길이(주공 6기) 약 9.6m, 남북길이(주공 3기) 약 4.24m로 면적은 약 40.7㎡에 이른다. 건물의 주공간격은 약 2m 내외로 조성되어져 있다. 다지역 건물지6은 4주식의 저상식 건물로 규모는 남북길이 약 2.64m, 동서길이 약 2.28m이며, 면적은 6.01㎡이다. 건물 내부에서 목주의 흔적이 확인되었는데, 두께는 약 16cm이다. 건물 정중앙에 장타원형의 목탄층이 형성되어 있다. 다지역 건물지7의 형태는 장방형이나 사다리꼴에 가깝다. 건물의 규모는 동서길이 약 5.04m, 남북길이 약 4.0m, 면적 20.16㎡이다. 건물구조는 한 면에 약 7~8개의 기둥을 조밀하게 세운 벽주식으로 주공은 대부분 단독으로 형성되어 있으나 凹溝는 확인되지 않는다. 또한 장단벽의 기둥수는 동일하지만 기둥의 간격은 일정하지 않다. 한편 남-북 중앙에 약 1m의 빈 공간이 있는데 이곳이 출입구로 추정되어 진다. 건물의 목주 두께는 약 20~25cm이며, 부속시설로는 타원형 수혈이 내부에서 확인되었다.

라지역 건물지9의 형태는 장방형으로 규모는 남북길이 약 5.85m, 동서길이 약 3.08m이며, 면적은 17.98㎡이다. 건물 내부에서 확인된 목주의 두께는 대략 20cm 내외로 동측벽은 기둥의 간격이 일정한 편이나 그 외 벽주는 정형성이 떨어진다. 건물 서남쪽 기둥의 간격이 벌어져 있어 이곳이 출입구로 추정되어지고 있다. 건물 주변에 타원형의 수혈과 배수로가 인접해 있다. 건물 내부에서 원저양이부호와 단경병이 출토되었다. 라지역 건물지10의 형태는 장방형으로 규모는 동서길이 약 5.85m, 남북길이 약 2.83m이며, 면적은 16.93㎡이다. 건물 내부에서 15기의 주혈이 확인되었는데 동서 5열, 남북 3열의 배치를 이루고 있다. 주공의 형태는 원형과 방형이 주로 확인되며, 간격은 동서길이 약 140cm 내외, 남북길이 약 160cm 내외이다. 확인된 목주의 두께는 약 10~30cm이다. 건물 주변에 배수로와 목책열, 석축열 등이 확인되었다.

　Ⓖ부여 석목리 나성유적(충청문화재연구원 2009)에서는 총 2동의 굴립주 건물이 확인되었다. 먼저 2호 건물지는 장방형으로 고상식 건물로 추정되고 있다. 건물의 규모는 남북길이 약 2m, 동서길이 약 2m로 정면 2칸, 측면 1칸 구조를 이룬다. 4호 건물지(고상가옥)는 건물 주변에서 6기의 주혈이 확인되었는데, 주공간격은 가로 약 70~100cm, 세로 약 1~2m정도로 확인된 목주 지름은 약 20cm내외이다. 건물 내부에서 토기편이 출토되었으며, 인접거리에 수혈유구 1기가 확인되었다.

　Ⓗ부여 관북리 백제유적(국립부여문화재연구소 2009)에서는 총 2동의 굴립주 건물이 확인되었다. 먼저 1지역의 백이기둥건물 1호는 생토층을 굴광하고 조성된 것으로 추정되며, 규모는 남북길이 4.4m, 동서길이 1.8m이다. 기둥 간에 주칸 거리는 0.7~1.4m로 정면 4칸, 측면 2칸의 구조를 이루고 있다. 한편 유적에 확인된 굴립주 건물은 건물의 장축과 사비기 도로유구의 장축방향이 서로 일치하고 있어 백제 사비기에 축조된 것으로 추정되고 있다. 2지역 백이기둥건물 2호는 생토층을 굴광하고 조성된 것으로 추정되며, 규모는 남북길이 1.8m, 동서길이 3.8m이다. 기둥 간에 주칸 거리는 1.8m로 정면 2칸, 측면 1칸의 구조를 이루고 있다.

　Ⓘ부여중앙성결교회 유적(부여군문화재보존센터 2010)에서는 총 2동의 굴립주 건물이 확인되었다. 먼저 지상건물지는 방형의 형태를 이루며 목주와 초반시설이 확인되었다. 건물의 주기둥은 지름이 약 25cm의 원형 통나무를 사용하고 하부에 치석된 돌과 전을 안치하여 기둥의 침하를 방지하고 있다. 주기둥 주변의 보조기둥은 두께 10~15cm로 기둥의 끝부분은 쐐기형

으로 깎아 시설하였다. 유구 2는 건물의 전체적인 형태는 알 수 없고 북동 모서리 일부만이 확인되었다. 건물의 주기둥 사이에 보조기둥을 조밀하게 시설한 것으로 보아 벽주식 건물로 추정된다. 주기둥의 지름은 22cm이다.

ⓙ부여 구교리 159-4번지 제1종 근린생활시설 신축부지 내 유적(한국문화재보호재단 2010)에서는 총 1동의 굴립주 건물이 확인되었다. 건물은 고상식 건물로 규모는 정면 1칸, 측면 1칸의 방형을 이루고 있다. 건물의 주혈은 원형으로 내부에 보조기둥 2기 확인되었다.

ⓚ부여 쌍북리 280-5 유적(백제문화재연구원 2011)에서는 총 5동의 굴립주 건물이 확인되었다. 건물은 목주만으로 조성되었으며, 동-서방향의 도로를 중심으로 조사지역 남쪽에서 3동, 북쪽에서 2동이 확인되었다. 건물지는 모두 목주를 이용한 지상식 건물로 생활면은 명확히 확인되지 않는다. 또한 건물지는 목주로 시설한 것은 틀림없으나 간격과 위치가 불규칙하여 정확한 규모나 양상은 알 수가 없다. 건물지 주변에서 목간을 비롯해 다종다양한 토기 및 목기, 철기류 등이 출토되었다.

ⓛ부여 하이마트 유적(부여군문화재보존센터 2011)에서는 총 1동의 굴립주 건물이 확인되었다. 건물은 1호 지상건물지로 형태는 장방형으로 추정되고 있다. 건물의 규모는 장축 잔존길이 약 3.3m, 단축 약 3.1m로 주혈의 배열 상 3칸×2칸에 해당된다. 건물 내부에서 다수의 주혈이 확인되었는데, 주혈의 형태는 원형으로 이단굴광식으로 조성되어 있다. 주혈에서 확인된 목주의 두께는 약 25~30cm이다.

ⓜ부여 군수리 120번지 유적(한국문화재보호재단 2011)에서는 총 1동의 굴립주 건물이 확인되었다. 해당 굴립주 건물은 굴립주 건물지1로 건물의 규모는 남북길이 약 300cm, 동서길이 약 200cm의 장방형 건물이다. 건물 내부 3개의 주혈에서 목주가 확인되었다.

ⓝ부여 동남리 307-13 유적(한국문화재보호재단 2011)에서는 총 1동의 굴립주 건물이 확인되었다. 해당 굴립주 건물은 백이기둥 건물지로 건물은 황갈색마사토층 위에 조성되어졌으며, 총 27기의 주혈이 확인되었다. 주혈

의 형태는 원형과 방형이 혼재되어 있으며, 재원은 직경 40~60cm, 깊이는 10~70cm이다. 여기서 건물의 흔적은 장축길이 404cm, 단축너비 326cm정도만이 확인된다. 건물지를 구성하는 주혈은 직경 24~48cm, 깊이 28~84cm이며, 일부 목주 흔적이 잔존하기도 한다. 건물의 조성연대는 7세기 초중반기 경으로 추정되고 있다.

◎부여 관북리 160일원 유적(부여군문화재보존센터 2011)에서는 총 1동의 굴립주 건물이 확인되었다. 해당 굴립주 건물은 백이기둥건물1로 건물의 형태는 장방형으로 추정되며, 생활면은 유실된 상태이다. 남아있는 규모는 길이 784cm, 너비 633cm로 내부에는 장방형의 구덩이 2기가 확인되었다. 또한 구덩이 내부에서 주혈 2기가 나란히 배치되어 확인되었다.

⑫부여 서동문화센터부지 유적한얼문화유산연구원 2011에서는 총 2동의 굴립주 건물이 확인되었다. 먼저 A구역 굴립주 건물은 조사지역 해발 7m 지점에서 노출되었는데, 건물의 목주와 관련된 흔적 9기 확인되었다. 목주의 잔존 직경은 최대 5~16cm로 단면 원형을 이루고 있으며, 3번 목주의 경우 9×9인 방형의 각재이다. D구역 굴립주 건물장방형으로 규모는 잔존길이 약 4.5m, 폭 약 3.5m이다. 건물의 목주와 주혈의 간격은 대략 1.5m~2m로 배치되어 있다. 주혈의 직경은 최대 14~59cm, 깊이는 5~62cm이다. 2번과 3번 목주는 직경 12~18cm로 150cm 간격을 두고 배치되어 있는데, 동일 층위에서 출토된 와당이 7세기 중반기 경으로 지목되어 건물도 이와 동일할 것으로 판단된다.

ⓠ부여 쌍북리 207-5번지 유적(한국문화재보호재단 2011)에서는 1동의 추정 굴립주 건물이 확인되었다. 굴립주 건물은 목주열 1호로 건물의 잔존상태는 불량한 편이나 형태는 (장)방형으로 추정된다. 규모는 잔존길이 510cm, 너비 245cm이다. 건물 외곽에 주혈과 목주가 확인되었는데, 잔존하는 목주의 크기는 직경 10~24cm이며, 목주간의 거리는 38~126cm이다. 건물 주변에 치목된 보조기둥이 확인되는데, 외곽의 3열은 지붕을 받치기 위해 시설된 것으로 보고되었다.

ⓡ부여 한국농어촌공사 사옥 신축부지 유적(백제문화재연구원 2012)에서는 총 4동의 굴립주 건물이 확인되었는데, 건물은 방형 또는 장방형으로 주

혈이 일정간격을 두고 배치된 특징을 보이고 있다. 주혈의 평면형은 방형과 원형만이 확인되며, 주공 단면은 'ㄴ', 'ㅂ'로 나뉜다. 주혈 내부에서 백제 토기편이 출토되어 백제 사비기 이후에 조성되어진 것으로 추정되고 있다. 이 중 3호 건물은 정면 3칸, 측면 2칸 구조로 원형주혈과 방형주혈이 섞여서 확인되는 특징을 보인다. 건물 내 주혈간의 간격은 290cm로 일정하다. 주혈의 크기는 70~90cm이며, 잔존하는 깊이는 12~20cm 내외이다.

Ⓢ부여 사비왕궁지구 발굴조사(부여군문화재보존센터 2012)에서는 총 1동의 굴립주 건물이 확인되었다. 굴립주 건물은 풍화암반을 기반으로 방형의 주혈 1기가 확인되었다. 주혈의 크기는 가로 94cm, 세로 90cm, 깊이 44cm이다. 주혈 내부에는 직경 30cm의 원형 기둥흔이 잔존하는데, 기둥 하부에 기둥을 받치고 고정시켰던 목질흔(초반목)이 방형의 형태로 남아 있다.

Ⓣ부여 동남리 522-5번지 유적(백제문화재연구원 2013)에서는 굴립주 건물지가 총 3동이 확인되었다. 먼저 1호 굴립주 건물지는 장축방향 N-85°-E이며, 규모는 장축 590cm, 단축 260cm로 전체적인 평면형태는 장방형을 이루고 있다. 주공은 각 모서리에서 모두 확인되었는데, 간주의 주열 간격이 일정하지 않아 주칸은 알 수가 없다. 주공은 지름이 28~38cm로 다양하며, 깊이는 40cm 내외로 대부분 깊이 조성되어 있다. 주공 내부에서 토기편이 출토되고 있는데, 이는 건물의 조성 당시 내부 다짐층위에 함께 포함된 것으로 추정되고 있다. 2호 굴립주 건물지는 장축방향 N-18°-W이며, 규모는 장축 156cm, 추정 단축 144cm로 전체적인 평면형태는 방형을 유지하고 있다. 주공은 서남쪽을 제외한 각 모서리에서 확인되었으며, 지름은 32~40cm를 이루고 있다. 주공의 깊이는 대략 22~28cm이며, 단면은 'ㅂ'형으로 내부에서 목주는 확인되지 않았으나 단면 토층에서 목주흔적은 확인되었다. 3호 굴립주건물지는 조사지역 중앙부에 위치하고 있는데, 잔존 규모는 장축 약 520cm, 단축 약 270cm이다. 전체적인 건물의 평면형태는 장방형으로 추정된다. 주공은 서북쪽 모서리만이 확인되며, 지름이 22~44cm로 조성되어 있다. 주공의 깊이는 12~30cm로 다양하게 확인되고 있다. 특히 북쪽 단벽 간주로 추정되는 주공 내부에서 기와와 석재를 이용하여 목주를 지지하기 위한 보강시설이 확인되었다.

이상 부여지역 내에서 확인된 백제 사비기 유적은 20여개소로 건물은 총 48동의 굴립주 건물지가 조사되었다. 그러나 앞서 밝힌바와 같이 부여지역은 소규모 발굴조사가 대부분 이루어지고 있다. 이로 인해 다수의 굴립주 건물은 그 평면형태나 재원 등을 구체적으로 밝히기에는 현재로서 한계가 있다. 앞으로의 체계적인 발굴조사 방법으로 보다 구체적인 유구의 양상이 확인되기를 기대해 본다.

4. 굴립주 건물의 평면유형

앞장에서 살펴본 바와 같이 부여지역에서 확인되는 백제 사비기 굴립주 건물지 중 잔존 평면 형태가 양호한 경우는 극히 소수에 불과하다. 이러한 까닭은 발굴조사 범위가 소규모로 극히 한정된 구역만이 조사가 실시됨에 따라 건물의 전체적인 양상을 파악하는데 어려움이 따른다. 또한 유적의 성격과 관련해 굴립주 건물의 흔적인 주혈군 등은 그 중요성이 격하(格下)됨으로 조사자간의 인식차(認識差)에 따라 결정되는 것이 일반적이다. 그러나 유적에서 확인된 주혈군은 배치나 배열, 이에 따른 연계성(連繫性)으로 추정이 가능함으로 이를 토대로 부여지역의 굴립주 건물에 대한 기본 형태가 어떠하였는지 살펴보도록 하겠다.

먼저 대부분의 건물 평면형식은 건물의 전체적인 형태와 퇴의 구성방식에 따라 분류된다. 이에 따라 방형은 그 주간이 1×1을 기본으로 하며 2×1까지의 확장도 가능하다. 확장의 경우 정면의 도리칸 중앙에 평주를 세워 이를 보조하는 형태가 일반화 되었을 것이다. 이러한 형태는 통일적이고 단순한 것이어서 장방형의 원시형태라 일컬어지며, 장방형은 방형보다 복합성(複雜性)을 띤 것이라는 견해가 지배적이다. 또한 방형 구조는 내부기둥이 없어 홑집의 형태가 일반적으로, 지면식(地面式)과 상식(床式)[5] 이 모두 가능한 구조의 형태이다.

표 2 | 방형의 평면형에 따른 주혈배치

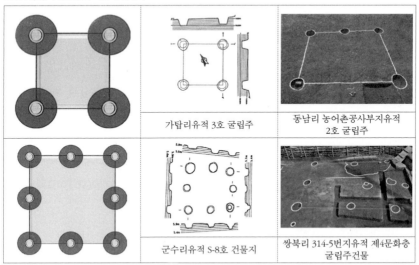

| | 가탑리유적 3호 굴립주 | 동남리 농어촌공사부지유적 2호 굴립주 |
| | 군수리유적 S-8호 건물지 | 쌍북리 314-5번지유적 제4문화층 굴립주건물 |

표 3 | 장방형의 평면형에 따른 주혈배치

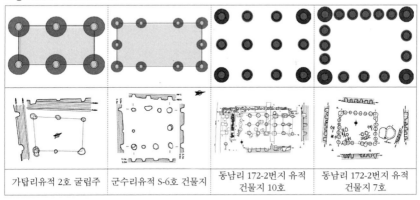

| 가탑리유적 2호 굴립주 | 군수리유적 S-6호 건물지 | 동남리 172-2번지 유적 건물지 10호 | 동남리 172-2번지 유적 건물지 7호 |

5) 상식(床式)건물은 다시 마루의 높이에 따라 저상식(低床式)과 고상식(高床式)으로 분류된다. 하지만 아직까지 고고유적에서 명확하게 그 실체가 확인된 바 없기에 본 논지에서는 상식(床式)건물로 통칭하고자 한다.

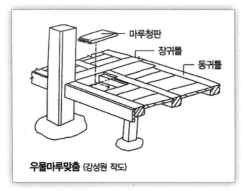

마루청판
장귀틀
동귀틀

우물마루맞춤 (강성원 작도)

04 | 우물마루 맞춤 모식도

장방형은 그 주칸에 따라 2×1을 기본으로 하며 3×1, 3×2의 형태로 확장 변화한다. 이때 정면의 칸이 늘면 도리의 수도 비례하기에 평주의 수는 늘어날 수밖에 없다. 다만 평주의 간격과 배열이 일정한 경우 상식(床式)의 건물 형태였을 가능성이 높다. 이러한 가능성은 마루 설치의 구조상 동귀틀과 장귀틀의 간격이 일정해야 마루청탁을 시설할 수 있기 때문이다. 반면 간격과 배열이 일치하지 않는 평주는 지면식(地面式)일 가능성이 크다.

한편 평면 장방형의 배치에서 돌출 변형된 형태도 확인되고 있다. 이러한 건물 형태는 '동지주'를 갖춘 건물로 군수리유적 S-5호 지상건물지(이형원 2003)와 쌍북리 207-5번지 유적 건물지 1호의 경우가 이에 해당된다. 건물은 평면 장방형에 측면 외부에 돌출된 기둥이 확인된다. 이러한 '棟持柱建物'은 우리학계에서는 아직 생소한 용어인데, 일본 고고학계에서 '棟持柱(付)建物' 또는 '棟持柱付掘立柱建物' 등으로 통용되고 있다. 일본에서 棟持柱建物은 동지주의 위치에 따라 3종로 구분이 된다. 먼저 첫째로 측면 기둥 열로부터 밖으로 멀리 떨어진 곳에 동지주를 세우는 유형을 '獨立棟持柱建物遺構'로, 두 번째로 기둥 1~2개 정도 밖으로 이격된 지점에 동지주를 세우는 '近接棟持柱建物遺構'로, 그리고 이들과 달리 옥내에 동지주를 세우는 '屋內棟持柱建物遺構'가 이에 해당한다(宮本長二郎 1996). 이처럼 특징적인 棟持柱建物에 대해서는 일본에서 주로 확인되는 건물 유형이기에 그 나름에 상징성을 부여하려는 경향이 있다(大阪府立弥生文化博物館 2002). 그러나 우리나라 학계에서 동지주건물은 현재로서는 부여지역에서 조사된 사례가 그리 많지 않아 그 성격이나 위상에 관하여 쉽사리 판단을 내리기에는 조심스러운 면이 있어 앞으로의 연구 성과를 기대해 본다.

표 4 | 異形의 평면형에 따른 주혈배치

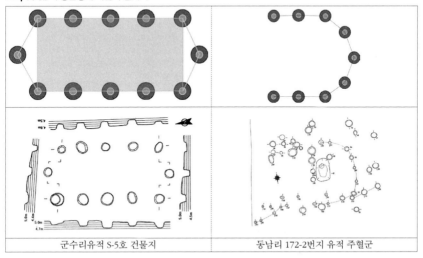

군수리유적 S-5호 건물지	동남리 172-2번지 유적 주혈군

반면 동남리유적 다구역 주공군의 경우는 산만한 형태로 주혈군이 밀집 분포하고 있음이 보고되었다[표 4]. 주혈군은 중앙에 위치한 구덩이를 중심으로 원형 상 배치되는 특징이 살펴지는데, 이러한 형태와 사례가 부여지역 유적에서 쉽사리 확인되고 있기에 참고할 여지가 있다. 그러나 유적에서 확인되는 주혈군은 대체로 주혈 배치에 따른 형태가 복잡하고 난해한 경우가 대부분이다. 이러한 까닭으로 인해 주혈군은 그 성격이 불명확하거나 대수롭지 않게 여겨지는 경향이 강하다. 그러나 이와 같은 주혈군의 기능에 대하여 쉽사리 결론을 내릴 수는 없겠지만, 검토해 볼 가치는 충분하다고 판단된다.

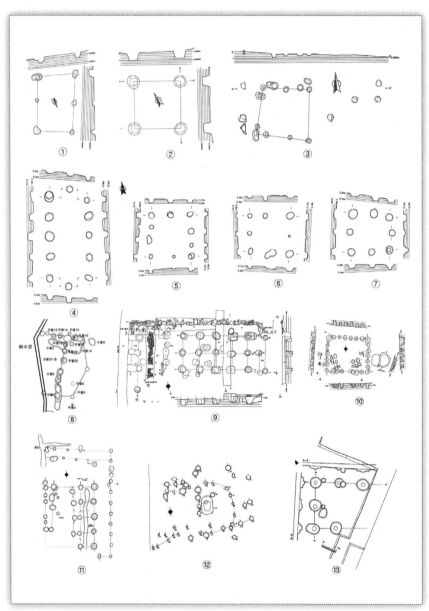

05 | 부여지역 굴립주 건물지 평면유형
①②부여 가탑리 유적(충청문화재연구원2003) ③부여 군수리 유적(충청문화재연구원2003) ④~⑦사비도성(충남대학교 백제연구소) ⑧부여 쌍북리 207-5 유적(한국문화재보호재단2011) ⑨~⑫부여 동남리 172번지 일원 유적(충청남도역사 문화연구원2007) ⑬부여 하이마트 유적(부여군문화재보존센터2011)

5. 굴립주 건물의 목주시설방식과 결구방식

유적에서 노출되는 굴립주 건물은 수혈식 주거나 기와 건물과는 다르게 남아있는 흔적이 거의 없다. 굴립주 건물의 흔적이라고 할 수 있는 것은 잔존하는 주혈뿐인데, 이를 통해서 알 수 있는 사실은 건물의 대략적인 규모와 기둥 배치가 전부이다. 이 외에 건물 내부시설이나 지붕형태 등 당시 건축학적인 내용은 남아있는 자료가 없어 이를 연구하는 연구자들은 아쉬움이 남는다.

그러나 일반적으로 다른지역과는 다르게 부여지역은 하천의 잦은 범람으로 인해 부여 시가지 일대에는 습지가 형성되어 있다. 이러한 습지는 유적의 보존과 관련해 탁월한 역할을 하였는데, 목재류와 같은 유물에는 더욱 그러하다. 부여지역에서 조사가 이루어지는 유적마다 목간과 같은 목재류의 유물들이 당시 원형을 유지한 채 출토되는 사례가 다분한 것도 이와 같은 맥락이다. 또한 출토되는 목재류도 다양하여 이에 대한 연구를 진행함에 있어 여러 가지 정보를 제공해 주고 있다. 아울러 이러한 목재류에는 일반적인 유물뿐만 아니라 건축자재들도 포함되고 있어 이를 토대로 당시 건물의 상면구조를 유추하여 다양한 기법들을 추정해 볼 수 있다. 이처럼 부여지역에서 확인되는 굴립주 건물의 주혈에서는 대부분 기둥으로 사용되었던 목재들이 잔존하고 있기에 이를 함께 검토한다면 새로운 사실들을 밝혀낼 수 있다.

한편, 기둥은 지붕의 하중을 지면에 전달하는 수직 구조부재로 대들보와 더불어 건축에 있어 가장 중요한 시설물이다. 기둥은 고대로부터 목재를 주재료로 사용하였는데, 목재가 주로 사용된 배경에는 다른 재료에 비해 길이에 대한 조절이 가능하고 다듬기가 용이하다는 것이 제일 큰 장점과 함께 주변에서 쉽게 구할 수 있다는 점도 한몫했을 것이다. 이러한 목주의 시설은 건물을 구성하는 골격에 해당되기에 세우는 방식에 따라 건물의 기능이나 수명에 많은 영향을 끼쳤을 것으로 판단된다.

부여지역에서 확인된 사비기 굴립주 건물의 축조방식은 간단하게 건물이 들어설 공간을 정지하고 주혈을 파낸 후 목주를 세운다. 주혈은 기본적으로 'U'자형 또는 '凵'자형과 같이 굴광하여 조성하는 것이 일반적인데, 특이하게도 부여 하이마트 유적에서는 이단굴광의 예도 찾아진다.

이러한 이단굴광의 사례는 이와 동일한 사례가 아직까지 확인되지 않아 어떠한 이유로 시설하였는지는 알 수가 없다. 그러나 이러한 굴광 형태가 기능적인 측면에서는 다르지만, 이단굴광 적심이 부여 화지산 유적(국립부여문화재연구소 2002)에서도 확인되고 있어 앞으로 더욱 많은 사례가 확인될 여지가 있다.

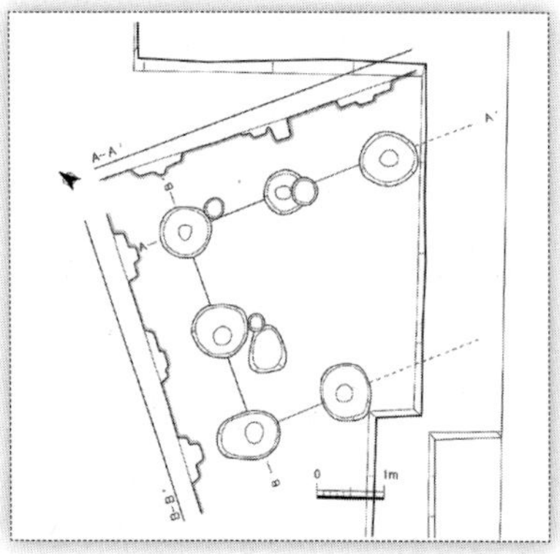

06 | 부여 하이마트 유적 1호 지상건물지 평면

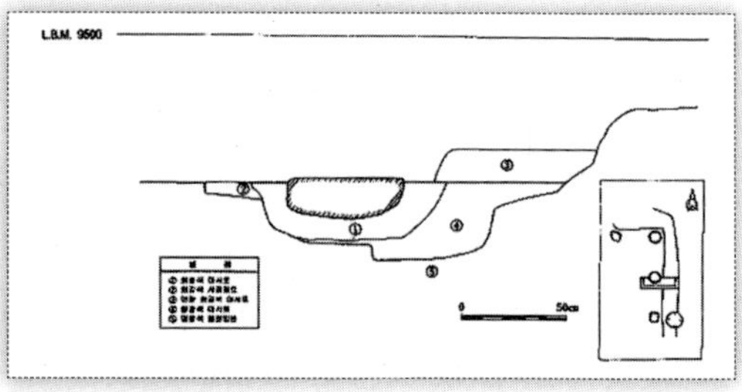

07 | 부여 화지산 유적 건물지1 초석하부 토층도

주혈의 굴광 형태와 관련해 비율적으로는 'U'자형이 가장 많은 사례를 보이고 있는데, 이는 결국 'U'자형 굴광이 목주를 세우는데 가장 이상적인 방법이었음을 추정해 볼 수 있다. '凵'자형의 경우 'U'자형과 다르게 그 사례가 많지는 않은 것은 비교적 두께가 굵은 목주를 시설하기에는 용이하지 못하였기 때문인 것으로 추정된다.

다음으로 주혈의 크기는 일반적으로 50cm 내외로 이루어지며, 깊이는 대략 30~50cm 내외로 조성된다. 하지만 대부분 상면이 유실된 상태에서 주혈이 검출되므로 최초 조성 당시의 정확한 수치를 측정하기에는 무리가 따른다. 이로 인해 현재로서는 주혈의 크기에 대한 통계적 수치가 큰 의미는 없을 것으로 판단된다.

한편 목주는 단면 원형과 방형만이 주로 확인되는데, 대체로 원형의 목주가 다수를 차지한다. 목주의 두께는 5cm~36cm 까지 다양한 크기로 확인되며, 주기둥의 경우 평균 20cm 내외의 목주가 사용된 것으로 보인다. 또한 보조기둥은 이보다 작은 10cm 내외의 목주를 사용하여 주기둥과 보조기둥 간에 차이가 있었음을 알 수 있다. 아울러 목주의 다듬은 정도에 따라 치목한 것과 원목(原木) 그대로 사용한 것으로 구별되는데, 치목된 목주의 경우 일반적인 건물이 아닌 관아건물이나 국가시설과 같은 위계성이 강한 건물에 주로 사용되었던 것으로 추정[6]된다. 이에 반해 원목(原木) 그대로 사용한 목주는 일반 시설물이나 창고와 같은 건물에 주로 사용되었던 것이 아닌가 추정된다.

여기서 백제 사비기 굴립주 건물에 사용된 목주는 세우는 방식에 따라 크게 3가지로 구분이 된다. 먼저 첫 번째는 기둥 하단을 도구로 치목하여 끝부분을 뾰족하게 가공하는 방식이다. 이 같은 방식은 부여지역 굴립주 건물에서 흔히 확인되는 방식으로 목주를 세우는데 있어 더 깊게 박을 수 있으며, 기둥이 흔들리지 않도록 쉽게 고정시킬 수 있는 장점이 있다. 이로 인하여 대부분의 유적에서 어렵지 않게 확인되는 방식이기도 하다.

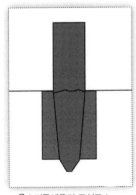

08 | 기둥세우기 모식도 1   09 | 부여 쌍북리 201–6번지 유직 출토 목주

6) 치목된 목주가 확인되는 굴립주 건물은 주로 기와건물지 주변에서 확인되기에 이와 같은 견해를 제시하는 바이다.

그러나 습지에 해당되는 부여지역의 지형적 특성으로 인해 지붕의 하중이 무거울수록 침하되는 현상이 발생할 우려가 있어 건물의 지붕을 받치는 주 기둥으로는 부적합할 것으로 판단된다. 이러한 이유로 이같은 방식은 주로 보조기둥과 같은 역할을 했을 것으로 추정된다.

두 번째로는 기둥 하단 끝부분을 뾰족하게 가공하지 않고 절단된 면을 그대로 사용하는 방식이다. 이 같은 방식은 전자와 비교하여 주혈이 깊지 않으면 쉽게 붕괴되는 단점이 있다. 하지만 목주의 편평한 면과 지면에 닿는 면적이 넓어 오히려 치목하는 방식보다는 침하가 방지되는 효과를 얻을 수 있다. 이러한 까닭으로 인해 이 방식은 건물의 주 기둥 역할을 하였던 것으로 추정된다.

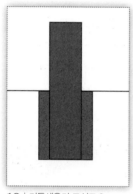

10 | 기둥세우기 모식도 2   **11** | 부여 쌍북리 280–5번지 유적 출토 목주

세 번째로는 초반을 시설하고 목주를 세우는 방식이다. 이러한 방식은 유적에서 흔히 확인되지 않는 유형으로 앞의 두 방식과 달리 그 사례가 많지 않다. 또한 부여지역에서 현재까지 확인된 초반의 종류로는 석(石), 전(塼), 목(木)이 있다. 여기서 목주 아래 초반의 재료에 따라 목주를 다듬는 방법도 달리하는데, 세부적으로는 목주 하단에 그랭이질로 다듬는 방식과 그렇지 않은 방식으로 구분이 된다. 이와 같은 초반시설은 부여지역의 지형적 특성상 침하가 우려되는 지점에 이처럼 초반을 대어 건물의 내구성을 강화하고

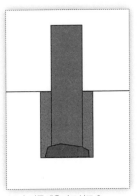

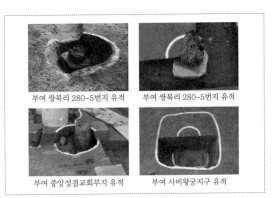

부여 쌍북리 280-5번지 유적   부여 쌍북리 280-5번지 유적

부여 중앙성결교회부지 유적   부여 사비왕궁지구 유적

12 | 기둥세우기모식도 3   **13** | 초반을 시설한 목주 시설방식 사례

자 하는 목적으로 풀이된다.

　위와 같이 부여지역에서 확인된 굴립주 건물의 기둥 세우는 방법은 크게는 세 가지 방식이 확인되고 있다. 이러한 방식들은 각각의 장·단점이 있어 하나의 방식에 치우치지 않고 건물을 세우는데 상호 보완적인 역할을 하였던 것으로 보인다. 또한 위의 세 가지 방법을 기본 골자로 기둥의 두께에 따라 다양하게 응용된 방식도 확인되기도 한다. 이를 통해 당시 건축 장인들은 건물을 조성하기에 앞서 상황에 따라 능동적으로 대처하였음을 알 수 있다.

　한편 전통적으로 건물은 기초공사가 마무리되고 기둥이 시설되면 지붕과 기둥과의 연결을 위한 공포나 도리, 보를 결구하여 지붕의 하중을 분산시킨다. 이때 기둥에는 공포를 설치하고 도리를 올려 기둥과 기둥사이를 연결한 후 여기에 보를 올려 지붕의 하중을 견디는 기본 골격을 이룬다. 이러한 건물의 구조는 주로 기와 건물지에서 확인되는 속성이기에 이를 모든 건물의 기본 구조로 인식할 수는 없다. 다만 일반적으로 건물의 지붕은 인간이 생활과 관련해 선택사항이 아닌 필수불가결한 사항임으로 건물 위에는 반드시 시설될 수밖에 없다. 이를 시설하기 위해서는 어떠한 형태든 지붕을 받치기 위한 구조물이 존재하기 마련이다.

그러나 굴립주 건물은 고고학적으로 주혈만이 확인되는 특성상 당시 목조의 가구방식이나 결구법, 지붕구조 등과 같은 정보는 거의 전무한 실정이다. 이러한 상황은 비단 지역적 혹은 시대적으로 한정된 양상이 아닌 굴립주 건물이 확인되는 모든 유적에서 공통적으로 나타나는 한계이기도 하다. 그러나 부여지역의 유적에서 확인되는 굴립주 건물은 습한 지형적 특수성으로 인해 유구 주변에서 당시 목부재가 확인되는 경우가 종종 있다. 이러한 자료의 출현은 일면으로나마 백제 사비기에 조영된 건물[7]의 목가구나 결구방식 등을 추정해 볼 수 있기에 이와 관련해 살펴보도록 하겠다.

　　이를 단편적으로 추정케하는 목재유물은 부여 구아리 319번지 부여중앙성결교회부지유적(부여군문화재보존센터 2010)에서 출토되었다. 이곳에서 출토된 목재유물은 당시 건물에 쓰였던 목조 기둥으로 추정되는데, 기둥 하단부는 치목하여 약간의 모를 주었음이 확인되었다. 여기서 기둥 상단부는 특이하게도 'Y'자 형태인데, 이는 도리나 보를 걸칠 수 있는 일체형으로 제작된 것임을 알 수 있다. 또한 지붕의 골격을 이루는 공포의 구성부재도 간단한 조합만을 통해 지지했을 것임을 추정해 볼 수 있다.

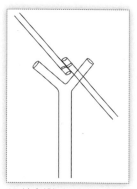

14 | 부여중앙성결교회부지 출토 목부재　　　　　　　15 | 'Y'자형 결구방식 모식도

7)　여기서 건물이라 함은 굴립주 건물을 포함한 벽주식(대벽식)건물, 주구부식 건물, 수혈식 건물 등을 총칭한다.

한편 위와 같이 기둥을 시설한 것은 상단의 대들보를 받치는 동자주가 생략되는 과정에서 고안한 방법으로 추정되는데, 한편으로는 전통적으로 움막과 같은 수혈식 주거를 지을 때부터 사용된 방식을 고수한 것이 아닌가 추정된다. 그러나 고구려 고분벽화에서 나타나듯이 당시 기와 건물에는 공포가 사용되었음을 알 수 있는데, 이러한 고급 건축술을 보유하고 있었음에도 위와 같은 간단한 결구방식을 사용하였던 것은 굴립주 건물을 사용하는 사람의 신분이나 사용 기능에 따라 건물의 성격을 달리하였던 것으로 보인다. 이는 결국 당시 굴립주 건물이 기와 건물과 같은 위계가 높은 건물과는 달리 보편적 건물이었던 것임을 추정케 한다.

한편 부여지역에서 확인된 굴립주 건물은 주혈의 배치에 따라 기능면(생활면)에 영향을 주었던 것으로 판단된다. 앞서 4장에서 주혈의 배치가 정연할 경우와 그렇지 않은 경우로 나누었는데, 이러한 배치구조에 따라 지면식(地面式) 건물과 상식(床式) 건물로 구분되고 있음을 알 수 있었다. 여기서 다시 지면식 건물과 상식 건물은 벽체의 유무에 따라 담집과 트임집으로 구별되고 있다.

표 5 | 지면식과 상식 건물 모식도(국립부여문화재연구소 2009)

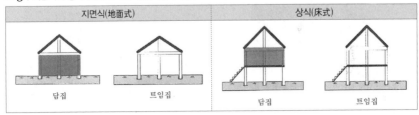

담집 건물은 기둥과 기둥 사이에 벽을 설치해 내·외부를 구분하고 차단한 구조적 형태의 건물을 말하는데, 이러한 벽의 설치는 외부와의 단절이 가장 중요한 요소인데, 이는 인간이 생활하기 위한 최소한의 보온성과 외부로부터의 공격을 방어하는데 최선의 요건이기도 하다. 또한 벽의 설치는 건물을 보호하고 지탱하는 건축적 요소 중 하나이기에 건물의 수

명과도 밀접한 관련이 있다. 이에 따라 백제 사비기 담집 건물에 사용된 벽체의 구성 재료가 어떠한 것이 있었는지 알아보도록 하겠다.

앞서 밝혔듯이 현재까지 부여지역에서는 많은 유적 조사가 이루어져 당시 건물에 사용된 건축 자재들이 다양하게 발견되고 있다. 그 중 굴립주 건물 주변에서 당시 벽체에 사용된 것으로 추정되는 목재 유물 등이 다수 확인되는데, 이를 통해 백제 사비기 담집 건물은 목벽이 일반화 되었던 것으로 추정된다. 또한 목재 유물과 잔존하는 유구의 구조적 형태에 따라 목벽의 벽체 시설은 귀틀식이나 혼합식과 같은 여러 형태의 벽체 방식이 존재했던 것을 추정해 볼 수 있다.

표 6 | 귀틀식 벽체 유형과 참고사례

귀틀식 벽체유형 1안	귀틀식 벽체유형 2안
	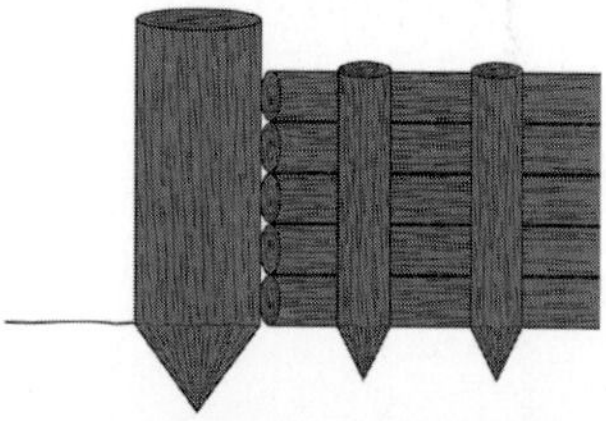
 8)	 9)

먼저 귀틀식 목벽은 목부재를 쌓아 벽체를 이루는 방식으로 적층 방

---

8) 충청문화재연구원, 2006, 『부여 능산리 동나성 내·외부 백제유적』, p.310.
9) 백제문화재연구원, 2011, 『부여 쌍북리 280-5 유적』, p.189.

법에 따라 2가지로 구분된다. 첫 번째 방식은 주기둥에 홈을 두어 횡으로 판목을 끼워 쌓아 벽을 세우는 방식으로 이를 추정할 수 있는 유물이 부여 능산리 동나성 내·외부유적에서 출토되었다. 이 목재 유물은 목조 결구법이 착안된 사례로 특징은 주기둥에 홈을 마련하여 벽체를 이루는 판자를 끼워 고정하는 방식인데, 고고조사 중 발견된 판자의 너비로 보아 건물 주기둥의 배치는 조밀했을 것으로 추정된다. 이러한 유형의 벽체 시설은 주기둥과 벽체를 이루는 판자를 다듬어야 하는 노력이 필요하며, 재활용에 있어 다른 방식에 비해 효율성이 떨어지는 단점이 있다. 이를 통해 이러한 방식이 당시 담집 건물에 보편화되었을지는 알 수 없으나 적어도 깔끔한 외관에 비해 필요이상의 수고가 뒤따르고 있어 분명 일반화된 유형으로 보기는 어려울 것으로 판단된다.

다음으로 두 번째 방식은 주기둥 사이에 판목이나 원목을 적층하고 보조기둥(間柱)을 일정한 간격으로 세워 고정하였던 방식인데 이전 방식보다는 벽체의 내구성을 강조한 방법으로 가장 일반화된 방식이었던 것으로 추정된다. 특히 주기둥에 홈을 두지 않은 상태에서 이러한 방법이 보편적으로 사용되었을 것으로 보인다.

한편 혼합식 목벽은 벽체를 이루는 목재료를 종목과 횡목으로 나뉘어 격자식으로 결구하여 이를 골조로 삼아 틈에 볏짚이나 갈대, 점토 등으로 혼합하여 벽체를 이루는 방식을 말한다. 이러한 혼합식 벽체는 과거 선사시대 움집으로부터 전해져 내려오는 전통적인 방식으로 비교적 잔가지나 갈대 등으로 벽체를 이루었던 것이 그 기원으로 볼 수 있다. 또한 혼합식 벽체는 대부분 수혈식 주거에서 이러한 방식을 채택해 시설한 것으로 판단된다. 아울러 백제 사비기 부여지역의 굴립주 건물에서도 이러한 전통적 방식인 혼합식 벽체를 사용한 것으로 추정되는데, 이러한 흔적이 부여 능산리 동나성 내·외부유적에서 확인되고 있다. 물론 이러한 흔적만으로 건물 벽체의 세부적 양상을 파악하고 단정하는 것은 무리가 따르나 적어도 귀틀식 벽체와는 다른 유형으로 추정되기에 앞으로의 조사 성과를 기대해 볼 수 있겠다.

표 7 | 혼합식 벽체 유형과 참고사례

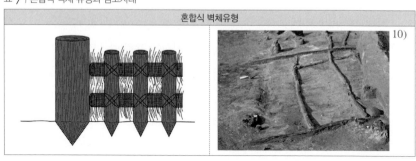

이상과 같이 백제 사비기 부여지역에서 확인된 굴립주 건물 중에 담집은 여러 유형의 벽체를 시설하였던 것으로 보인다. 이처럼 여러 유형이 확인되는 것은 건물을 실질적으로 사용하는 사람의 신분이나 당시 환경적 여건 등 여러 요인이 작용한 결과물일 것으로 판단된다. 다만 위 사례의 경우는 모두 지면식 구조에 해당되는데, 백제에서도 고구려의 '부경(桴京)'과 같은 상식 구조의 담집 건물도 존재하였을 가능성이 크다. 하지만 현재로서는 백제의 상식 구조 담집 건물의 흔적이 구체적으로 확인되지 않아 세부적인 양상을 파악하는데 어려움이 따른다.

한편 트임집 건물도 지면식과 상식으로 구분되는데, 공통적으로 벽체가 없이 기둥만을 세워 통풍에 용이하도록 한 기후적 요건이 반영된 구조물일 것으로 판단된다. 여기서 지면식 구조의 트임집은 주 생활공간으로 보기 어려워 임시용 막사나 축사(畜舍), 공방(工房), 회랑(回廊)과 같은 시설로 이용되었을 가능성이 크다. 이러한 지면식 트임집 건물은 고구려 벽화에서 확인되기에 참고할 여지가 있다.

---

10) 충청문화재연구원, 2006, 위 보고서 p.332.

상식 구조의 트임 집도 마찬가지로 현재의 원두막과 같은 형태를 이루었을 것으로 보이는데, 지면식 구조와 마찬가지로 벽체가 없는 유형이기에 사람들의 주생활공간으로 인식하기에는 어려움이 따른다. 이러한 이유로 해서 당시 트임집

16 | 고구려 무용묘 시봉도

은 정자(亭子)나 원두막(園頭幕), 망루(望樓) 등과 같은 기능을 하였던 것으로 추정된다.

6. 부여지역 굴립주 건물의 특성

지금까지 백제 사비도읍기 도성지역인 부여지역에서 확인된 굴립주 건물의 현황과 축조기법 등을 살펴보았다. 이를 통해 당시 굴립주 건물의 특성을 요약하면 다음과 같다.

먼저 첫 번째로는 건물 형태의 이질성이 확인된다. 이러한 이질성은 다양성으로도 해석이 가능한데, 당시 건물을 축조하는 장인이 일반화된 건물의 형태에 구애받지 않고 다양한 시도를 통해 건물을 축조한 것으로 보인다. 이런 흔적들이 군수리유적과 쌍북리 207-5번지 유적에서 확인이 가능한데, 주 특징은 측면 외부에 돌출된 기둥이 갖고 기둥 배열이 다르게 한 형태와 무분별한 주혈배치가 그것이다. 여기서 별도의 동지주를

갖는 건물은 특수한 사례인데 이러한 동지주건물(棟持柱建物)[11]은 일본에서 주로 확인되는 건물 유형으로 알려져 상징성을 부여하려는 경향이 있다(大阪府立弥生文化博物館 2002). 하지만 부여지역에서 조사된 사례가 그리 많지 않고 주변 건물의 경우 위계가 더 높을 것으로 보이는 기와건물 등도 확인되기에 쉽사리 판단하기에는 섣부르지 않나 생각되어 진다. 다만 이러한 특수한 유형은 기능적 차이인지 또는 위계에 따른 차이인지는 좀 더 면밀한 검토가 필요하다. 한편 일정한 규칙성이 없이 무분별한 주혈배치는 그 흔적으로 보아 오랜 시간 사용하기에는 부적합한 용도로 아마도 임시용 막사와 같은 거처가 아니었을까 생각되어 진다.

두 번째로는 굴립주 건물의 축조기법에서 기둥을 세우는 방법이 다양하게 확인된다는 점이다. 방법은 크게 3가지 유형으로 구별되는데, 가장 보편적인 방식은 목주 하단을 치목하는 방식으로 추정된다. 그 외 원목을 그대로 사용하는 방식이나 초반을 대는 방식도 확인되며 조성방법이나 축조 재료에 따라 세분도 가능하다. 이러한 기법들은 동일 유구 내에서 함께 공존하며 시간적·공간적으로 변화되거나 발전된 양상은 전혀 확인되지 않는다. 이는 결국 한 굴립주 건물 내에서도 다양한 건축기술이 찾아진다는 것으로 부여지역의 지형적 특성에 기인한 능동적 기술 응용의 한 형태로서 건물을 보다 안정적으로 축조하기 위한 기술적 공유로 볼 수 있다.

세 번째로는 당시 굴립주 건물의 결구방식이 단순하였을 것으로 추정된다. 이러한 까닭은 '부여중앙성결교회' 부지에서 출토된 'Y'자형 목재

---

11) 이 용어는 우리학계에서는 생소한 용어이나 일본고고학계에서 '棟持柱(付)建物' 또는 棟持柱付掘立柱建物' 등으로 통용되고 있다. 棟持柱建物은 동지주의 위치에 따라 3종로 나뉜다. 측면 기둥열로부터 밖으로 멀리 떨어진 곳에 동지주를 세우는 '獨立棟持柱建物遺構', 기둥 1~2개 만큼 밖으로 떨어진 곳에 동지주를 세우는 '近接棟持柱建物遺構', 그리고 이들과 달리 屋內에 동지주를 세우는 '屋內棟持柱建物遺構'가 이에 해당한다(宮本長二郎 1996, p.182~191).

유물을 통해 알 수 있는데, 이 목재 유물은 도리나 보를 걸칠 수 있는 일체형으로 제작된 주기둥으로 당시 건물의 상부구조를 유추해 볼 수 있는 중요한 자료로 볼 수 있다. 또한 이를 통해 지붕의 골격을 이루는 공포의 구성부재 등도 간단한 조합만을 통해 지지했을 것으로 추정된다. 결국 이러한 목재유물로 당시 건축기술의 간소화를 추정해 볼 수 있는데, 이러한 간소화는 상대적으로 지붕의 무게를 덜어야 하는 단점이 생긴다. 이는 결과적으로 지붕에 기와를 올릴 수 없음을 의미하며, 출토사례를 보아도 기와는 거의 확인되지 않았다. 이처럼 상부의 지붕 구조와 기와의 부재(不在)로 인해 당시 굴립주 건물의 지붕은 대부분 초가형이었을 가능성이 크다.

네 번째로는 담집 건물의 경우 벽체 구성은 주로 목재를 사용하였던 것으로 판단되며, 다양한 유형이 존재하였을 것으로 추정된다. 여기서 목벽은 부여지역 내 고고유적 주변에서 출토된 목재유물을 통해 귀틀식 유형과 혼합식 유형으로 구분된다. 귀틀식 유형은 적층방식에 따라 두 가지 방식으로 구분이 되는데, 첫째는 주기둥에 홈을 두어 횡으로 판목을 끼워 쌓아 벽을 세우는 방식과 둘째는 주기둥 사이에 판목이나 원목을 적층하고 보조기둥을 일정한 간격으로 세워 고정하였던 방식으로 나뉜다. 혼합식 목벽은 벽체를 이루는 목재료를 종목과 횡목으로 나뉘어 격자식으로 결구하여 이를 골조로 삼아 틈에 볏짚이나 갈대, 점토 등으로 혼합하여 벽체를 이루는 방식을 말한다.

이처럼 백제 사비기 부여지역의 굴립주 건물에서 여러 유형의 벽체 시설방식이 확인되는 것은 건물을 실질적으로 사용하는 사람의 신분이나 당시 환경적 조건 등 여러 요인이 작용한 결과물일 것으로 판단된다. 한편 이와 같은 담집 건물의 내부에서 화덕이나 난방시설[12]이 확인되지

---

12) 물론 기능면(생활면)이 유실된 경우가 대부분이고 계절적 요인에 따라 단정하기는 힘들다.

않아 지속적인 거주목적에 의한 구조물인지는 불분명하다. 다만 벽체의 유무에 따른 활용 방안이 달랐을 것으로 추정되는데, 주로 창고와 같은 시설로 이용되지 않았을까 생각된다.

마지막으로 부여지역의 굴립주 건물은 대부분 상위계층 건물의 창고와 같은 부속건물의 성격이 강하였을 것으로 추정된다. 이러한 까닭은 굴립주 건물의 개별적인 분포양상으로 보아 주변에 벽주(대벽)건물, 기와건물 등과 함께 출현하기 때문이다. 이러한 여러 건물 중 기와의 쓰임이나 축조기법 등으로 비교할 때 굴립주 건물의 위계가 그리 높았을 것으로 보기는 어렵다. 이는 결국 기와건물과 같은 위계성이 강한 건물들과 인접하고 배치에 따른 연관성도 살펴지므로 상위계층 건물의 부속시설일 가능성이 클 것으로 판단된다.

이처럼 부여지역 백제 사비기 굴립주 건물은 당시 교과서적인 건축기법이나 방식 없이 다양한 방법을 통해 건물을 조성하였다는 것을 알 수 있었다. 특히 지붕구조나 벽체시설은 권위 건축물과 같은 일정한 패턴이 확인되는 건축유구와는 다른 다양성을 엿보인다. 이는 고대부터 시행착오를 거치면서 습득한 간결한 건축기법과 주변에서 쉽게 구할 수 있는 목재료의 용이함에서 비롯된 결과로 생각된다. 또한 부여지역에서 확인되는 굴립주 건물의 성격은 대체로 상위 건물의 부속시설일 가능성이 클 것으로 판단된다. 이러한 까닭은 단조로운 결구방식과 기와의 부재, 벽체유형 등으로 추정이 가능하다. 즉 백제 사비도읍기 당시 부여지역에서 사용된 굴립주 건물은 대체적으로 위계성이 높지 않은 부속건물로 사용되었을 것으로 추정된다.

7. 맺음말

결론적으로 부여지역 굴립주 건물지의 특성은 첫째, 건물 형태의 이질성이 확인되며, 둘째 굴립주 건물의 축조기법에서 기둥을 세우는 방법이 다양하게 확인된다는 점이다. 셋째로는 당시 굴립주 건물의 결구방식은 단순하였을 것으로 추정되며, 당시 굴립주 건물의 지붕은 대부분 초가형이었을 가능성이 매우 크다. 넷째로는 담집 건물의 경우 벽체 구성은 목재료를 주로 사용하였던 것으로 판단되며, 마지막으로 부여지역의 굴립주 건물은 대부분 상위계층 건물의 부속시설일 가능성이 클 것으로 추정된다.

백제 굴립주 건물은 조사사례를 통해서도 알 수 있듯이 부여지역 일대에서 비교적 많은 수의 유구가 확인된다. 하지만 주혈만이 확인되고 전체적인 건물배치가 나타나지 않는 경우가 다반사이기에 보다 면밀한 검토가 필요하다. 다만 확인된 굴립주 건물의 경우 벽주(대벽)건물이나 기와건물과 같은 범위 내에서 혼재하는 양상이 보인다. 이로보아 당시 굴립주 건물은 권위건축에 해당되지 않았던 것으로 다른 건물지의 부속시설이나 창고와 같은 역할이 주를 이루었을 것으로 판단된다.

백제 사비기 단계의 굴립주 건물은 대다수의 건물지에서 공반 유물이 확인되지 않아 정확한 조영시점은 알 수 없다. 다만 현재까지는 동일 층위 내의 유구나 유물을 통해 백제 사비기 단계에 조영되었을 것으로 짐작할 뿐이다. 끝으로 부여지역 곳곳에서 지속적으로 발굴조사가 이루어지고 있다. 이에 앞으로 좋은 자료가 더욱 많이 나올 것을 기대하며, 이를 통해 사비기 백제사를 이해하는데 밑거름이 되길 기대한다.

:: 참고문헌 ::

-단행본 및 논문-

윤장섭, 1975, 『한국건축사』, 동명사.

Amos Rapoport(이규목 역), 1985, 『주거형태와 문화』, 열화당.

김홍식, 1992, 『한국의 민가』, 한길사.

宮本長二郎, 1996, 『日本原始古代の住居建築』, 中央公論美術出版.

김도경, 2000, 『韓國 古代 木造建築의 形成過程에 關한 研究』, 高麗大學校大學院 博
　　　　士學位論文.

大阪府立弥生文化博物館, 2002, 『王の居館を探る』.

徐光冀, 2011, 『中國出土壁畵全集』, 科學出版社.

이형원, 2003, 「泗沘都城內 軍守里地點의 空間區劃 및 性格」, 호서고고학회.

배덕환, 2005, 「선사·고대의 지상식건물」, 『동아문화』 창간호, (前)동아문화연구원.

윤행호, 2005, 「금강하구 해양 구조물의 영향에 따른 침퇴적에 관한 연구」, 군산대학
　　　　교대학원 석사학위논문.

국립문화재연구소, 2007, 『한국매장문화재 조사연구방법론3』.

조원창, 2009, 「백제 웅진기 이후 대지조성 공법의 연구」, 한국건축역사학회.

이성호, 2012, 「역사도시 연구를 위한 고대 지형복원 -백제 사비도성을 중심으로-」,
　　　　한양대학교대학원 석사학위논문.

-보고서-

충남대학교백제연구소, 2003, 『사비도성』

충청문화재연구원, 2003, 『부여 가탑리·왕포리·군수리 유적』.

충청문화재연구원, 2006, 『부여 능산리 동나성 내·외부 백제유적』.

국립부여문화재연구소, 2007, 『궁남지 Ⅲ』.

충청남도역사문화연구원, 2007, 『부여 동남리 172-2번지 일원 유적』.

충청문화재연구원, 2009, 『부여 석목리 나성유적』.

국립부여문화재연구소, 2002, 『화지산 유적발굴조사보고서』.

국립부여문화재연구소, 2009, 『부여 관북리백제유적 발굴보고 Ⅲ』.

부여군문화재보존센터, 2010, 「부여 구아리 319번지 부여중앙성결교회 증개축부지 내 "부여중앙성결교회유적" 발굴조사 약보고서」.

한국문화재보호재단, 2010, 「부여 구교리 159-4번지 제1종 근린생활시설 신축부지 내 소규모 발굴조사 약보고서」.

백제문화재연구원, 2011, 『부여 쌍북리 280-5 유적』.

부여군문화재보존센터, 2011, 『부여 하이마트 유적 발굴조사 보고서』.

한국문화재보호재단, 2011, 「부여 군수리 120번지 단독주택 신축부지 내 유적 소규 모 발굴조사 약보고서」.

한국문화재보호재단, 2011, 「부여 동남리 307-13 다세대주택신축부지 내 유적 발굴 (시굴)조사 약보고서」.

부여군문화재보존센터, 2011, 「부여 관북리 160일원 주택신축부지 발굴조사 약보고서」.

한얼문화유산연구원, 2011, 「부여 서동문화센터부지 내 부여읍 동남리 139-4번지 일원 유적 발굴조사 약식보고서」.

한국문화재보호재단, 2011, 「부여 쌍북리 207-5번지 유적 국비지원 발굴조사 약보 고서」.

백제문화재연구원, 2012, 「부여 한국농어촌공사 사옥 신축부지 발굴조사 결과보고서」.

부여군문화재보존센터, 2012, 「부여 사비왕궁지구 발굴조사 약보고서」.

백제문화재연구원, 2013, 「부여 동남리 522-5번지 근린생활시설부지 발굴조사 결과 보고서」.

부여지역 벽주(대벽)건물

심상육

1. 머리말

壁柱建物이 우리나라에서 굴립주건물이나 수혈주거와는 구별되는 건물유형 즉, "건물은 네 벽에 溝를 파고 재차 주공을 파서 主柱를 세운 후, 그 사이에 間柱를 촘촘히 박아 벽체를 만들어 내부공간에는 기둥이 없어 벽체의 힘만으로 건물이 지탱하도록 만든 단층건물"(권오영·이형원 2006: 161)로 인식되어 사용되기 시작한 것은 1996년 공주 정지산유적의 발굴조사일 것이다. 처음에는 1971년부터 일본에서 사용되던 용어를 채용하여 '大壁建物'이란 용어를 사용하였다(국립공주박물관 1999). 하지만 이후 부여 화지산유적(국립부여문화재연구소 2002)과 부여나성 동나성구간 단면절개조사(박순발·성정용 2000) 등지에서 대벽건물로 볼 수 있지만 이 건물의 가장 큰 특징인 壁溝가 없는 건물이 속속 발견되면서 이병호는 이 건물 명칭을 '건물의 축조에 있어서 벽과 기둥이 강조된 점'에 착안하여 '벽주건물'이란 용어를 제안했다(이병호 2001). 두 용어는 우리나라에서 현재 '벽구'의 유무에 따라 유구의 명칭 부여에 영향을 미치긴 하나 거의 같은 뜻으로 혼용되어 사용되고 있다. 한편 일본에서는 "대벽이란 기둥이 토벽 속에 완전히 들어가 있어 외부에서는 보이지 않는 구조를 가리킨다"(靑柳泰介 2002: 75)라고 하여 우리나라에서 발견된 벽주건물과는 의미상 약간의 차이가 있다.

벽주건물에 대한 지금까지의 연구를 살펴보면, 이한상은 정지산유적 자체와 관련하여 대벽건물을 제사유적의 특수건물로, 靑柳泰介는 대벽건물의 형태변화에 따라 이러한 건물이 처음부터 대벽구조를 지니고 있던 것이 아니라 주주와 간주에 의해 튼튼하게 토벽구조를 지닌 것으로부터 점차 간략한 구축방법을 모색한 결과 大壁化 되었다고 추정하였다. 소재윤은 벽주건물을 瓦건물의 지상화 단계의 과도기적 형태로 파악하였으며, 김승옥은 벽주건물을 지상건물의 한 유형으로 설정, 그 원시적 구조를 몽촌토성과 풍납토성의 육각형주거지에 두고, 이후 금강유역의 재지계의 방형요소와 결합하여 발생하는 것으로 보았다. 류기정은 벽주건물은 초현기부터 정형화된 형태로 출발하여 건축기법상의 효율성으로 사비기에도 전승되어 주거용 가옥으로 축조되며, 점차 상부가구의 결구수법이 발달하면서 벽구를 축조하지 않는 방향으로 변화되어 사비기 말을 기점으로 소멸되고 벽구의 유무가 벽주건물 판별의 절대적인 기준이 아님을 강조하였다. 이형원은 벽주건물을 유력 일반민의 주거가옥으로, 우재병은 왜가 한반도에 대한 교역의 다원화 과정에서 부뚜막과 연도시설을 갖춘 대벽건물 등이 근기지방을 중심으로 일본열도에 보급·확산되었다고 추정하였다. 권오영·이형원은 벽주건물의 출현시점을 한성기의 수혈주거지가 점차 지상화되는 과정에서 자연발생적으로 출현한 것으로 보고 한성기 육각형수혈주거지에서 한성말~웅진초의 5세기 후반대에 벽구가 없는 장방형의 Ⅰ류 벽주건물로 이행되고 바로 Ⅱ류가 등장하는 것으로 보았고(조선영 2008: 2~6), 조선영은 벽주건물은 5세기 후반이전에 전형적인 벽주건물이 출현하였고, 5세기 후반~6세기 전반의 공주지역 및 일본열도의 보급기를 거쳐 6세기 중반~7세기 중반의 확산소멸기를 거친다고 보았다(조선영 2008). 마원영은 건물지의 주공배치형식과 기단축조방식, 내부시설에 따라 웅진Ⅱ기 이후 사비Ⅲ기까지 벽주건물이 조영된다고 보았으며(마원영 2008), 김헌은 벽주의 건물 유형을 굴립주 속성보다 우위로 보고 벽주건물 내에 초석건물도 포함하는 연구 성과 (김헌 2011)를 내기도 하였다.

이상 벽주건물은 제한된 시기(백제 한성기 말에서 사비기 말까지)와 지역성(백제 후기 고지)을 띰과 확인된 수량 또한 적음에도 불구하고 앞의 내용과 같이 다수의 연구자에 의해 괄목할 만한 의미 있는 연구 성과를 냈다. 하지만, 형태적 분류가 명확하지 않아 아직 樣式화할 수 없을뿐더러 벽주건물의 기능 및 역할 혹은 건물 위상 등에 대해서는 아직 확증할 만한 단계까지는 나아가지 못한 상황이다.

본 글 또한 벽주건물에 대한 명확한 분류는 수행하지 못하였다. 다만, 백제시대 후기에 만들어진 벽주건물 중 부여지역에서 확인된 것들의 특징을 살펴 양식화할 수 있는 벽주건물의 변화모습을 기존 연구결과를 바탕으로 하여 시론해 보도록 하겠다.

2. 자료 소개 및 분류

벽주건물은 방형 혹은 장방형의 평면에 네 벽의 하부에 벽구를 일부 혹은 전부를 파거나 혹은 굴착하지 않고 그 안에 主柱와 間柱를 세운 구조물을 지칭하며, 벽체는 토목혼합벽으로, 건물 내부에는 다른 기둥을 세우지 않은 건물로 개념화 할 수 있다. 하지만 발굴조사로 이와 부합되는 실물은 확인되지 않았다. 왜냐하면 중심 개념인 토목혼합벽체[1]의 실체

---

1) 주주와 간주 등의 나무 기둥과 그 사이사이를 흙으로 메운 벽체를 본고에서는 토목혼합벽으로 명명하고자 한다.

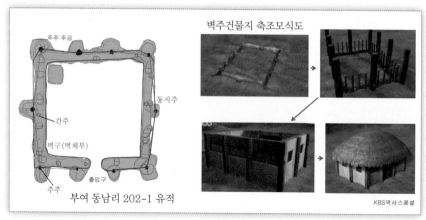

벽주건물지 축조모식도

주주 주공

동지주

간주

벽구(벽체부)

출입구

주주

부여 동남리 202-1 유적

KBS역사스페셜

01 | 벽주건물 개념도

가 아직까지 확인되지 않았기 때문이다.

따라서 본 장에서도 기존의 연구와 마찬가지로 벽주건물로 분류한 건물은 평면형태, 평면 내부에 다른 기둥이 없는 것, 토목혼합벽을 상정할 수 있는 벽구조를 갖춘 것, 벽의 溝 등을 고려하여 선정하였다. 자료 선정 지역은 충청남도 부여군 일원 중 사비도성지 내부와 그 인근 지역으로 한정하였다.

위와 같은 조건으로 21개의 유적을 선별하여 39동의 건물이 검출되었다[2]. 확인된 건물지들은 모두 백제시대 후기(웅진 · 사비기)의 건물로 보고된 것들이다.

우선 선정된 유적과 건물은 입지(저평지[3], 평지, 구릉사면), 방위[4],

---

2) 이글에 선정된 벽주건물은 2012년까지 부여지역에서 발굴된 것들이다. 하지만 필자의 부주의로 누락된 것 또한 있을 수 있다. 그리고 최근 벽주건물의 발견 예는 계속 증가하고 있는 실정이다.

3) 저평지라 함은 현재의 지하수위 아래에 위치하고 있는 유적을 지칭하는 것으로 발굴 조사 시 상시 양수작업을 수행해야 하는 곳이다.

4) 사비도성은 구획화된 가로구획으로 조영되어 있음이 관북리백제유적을 비롯하여 부여 가탑리백제유적, 동나성 내외부유적 등에서 확인되었다. 특히, 국가시설물 혹은

지형과의 관계, 평면 규모, 1면 벽체의 기둥 수, 棟持柱 유무, 기둥 바닥 형식[5], 내부 면적, 평면 장단비, 벽구 유무, 벽구 너비, 벽구 깊이, 건물 외곽 溝 유무, 출입구, 출토유물, 기 형식분류에 따른 분류, 유적 내 여타 건물 등의 명목 속성과 계측 속성으로 1차 분류를 시도해 보았다.

표 1 | 부여지역 벽주건물 유적 일람표

번호	유적명	수량	입지	유적 현황	출처
1	쌍북리 207-5 유적	2	저평지		한국문화재보호재단, 2012
2	군수리 120 유적	1	저평지	굴립주건물, 수혈주거	한국문화재보호재단, 2012
3	쌍북리 201-5 유적	1	저평지	석축기단건물	한국문화재보호재단, 2012
4	쌍북리 314-5 유적	2	평지	고상가옥	한국문화재보호재단, 2012
5	동남리 72-2 유적	3	평지	고상가옥, 석축기단건물	충청남도역사문화연구원, 2007
6	관북리 160 유적	1	평지	굴립주건물	부여군문화재보존센터, 2011
7	쌍북리 154-10 유적	2	저평지	우물	부여군문화재보존센터, 2012
8	동남리 202-1 유적	4	구릉사면		부여군문화재보존센터, 2014
9	쌍북리 현내들유적	1	저평지		충청문화재연구원, 2009
10	화지산유적	2	구릉사면	석축기단건물, 고상가옥	국립부여문화재연구소, 2002
11	백제사비나성II	1	구릉사면		충남대학교 백제연구소, 2000
12	사비도성 군수리지점 유적	1	평지	굴립주건물	충남대학교 백제연구소, 2003
13	석목리 나성유적	1	평지		충청문화재연구원, 2009
14	쌍북리 두시럭골 유적	2	구릉사면		충청문화재연구원, 2008
15	가탑리 190-11 유적	1	구릉사면		충청남도역사문화원, 2008
16	동나성 내외곽 백제유적	6	저평지	우물	충청문화재연구원, 2006
17	부여중앙성결교회유적	2	저평지		부여군문화재보존센터, 2012

국가사찰 등으로 추정되는 정림사지, 추정왕궁지 등에서는 건축물 조영축이 진북방향과 연계되어 조영되어 있다. 따라서 본 글에서도 사비도성의 구획화된 틀에 벽주건물이 어떻게 조화되었는지를 확인하기 위해 분류 구분에 넣어 의미 도출을 시도하였으나 수량이 소수여서 쉽지 않았다.
5) 벽주건물의 기둥은 일반적인 굴립주와 거의 같다. 따라서 기둥의 바닥 형태는 일반적으로 톱으로 잘라 편평한 편이다. 하지만 주주 사이에 위치하는 간주는 비교적 그 굵기가 얇아 사선으로 뾰족하게 치목된 기둥도 확인되고 있다. 그리고 벽주건물이 연약지반인 저평지에 위치해서 인지 굴립된 바닥에 편평한 초석을 설치하는 경우가 종종 발견되기도 한다.

18	동남리사지	1	평지	굴립주건물지, 와건물	충남대학교박물관, 1994
19	쌍북리 173-8 유적	1	저평지		동방문화재연구원, 2010
20	증산리유적	1	구릉사면		충청남도역사문화원, 2004
21	정동리유적	3	구릉사면	수혈주거	충청문화재연구원, 2005

표 2 | 부여지역 벽주건물 유적 일람표

유구명	입지	구	벽구	방위	규모	면적	장단비
쌍북리 207-5 유적 건물지2호	II	A	c	N-35-W	5.4~6.2×?	.	.
쌍북리 207-5 유적 건물지1호	II	B	c	N-30-W	5.1×?		
군수리 120 유적 대벽건물지	II	B	b	N-20-E	5×5	25	1:1
쌍북리 201-5 유적 건물지2호	II	B	c	N-5-E	5.4×5.2	28	1:0.96
쌍북리 314-5 유적 건물지1	II	A	c	N-10-W	5.7×5.5	31	1:0.96
쌍북리 314-5 유적 건물지2	II	A	c	N-10-W	5.2×?		
동남리 72-2 유적 건물지2	II	A	b	N-7-W	5.6×5.7	32	1:1.01
동남리 72-2 유적 건물지7	II	B	c	N-5-W	4×5	20	1:1.25
동남리 72-2 유적 건물지9	II	A	c	N-5-W	5.9×3.1	18	1:0.53
관북리 160 유적 백이기둥건물 1	II	A	c	N-35-E	7.8×6.3	49	1:0.8
쌍북리 154-10 유적 건물터2	II	A	b	N-5-E	3.4×?		
쌍북리 154-10 유적 건물터3	II	A	c	N-5-W	5.2×5.3	28	1:1.02
동남리 202-1 유적 1호 건물지	I	A	a	N-25-W	6.6×6.6	44	1:1
동남리 202-1 유적 2호 건물지	I	A	a	N-25-W	6.6×6.5	44	1:1
동남리 202-1 유적 3호 건물지	I	A	c	N-25-W	6.6×6.1	40	1:0.92
동남리 202-1 유적 4호 건물지	I	A	c	N-25-W	6.5×5.9	38	1:0.91
쌍북리 현내들유적 3구역2층1호건물지	II	B	b	N-15-W		.	
화지산유적 건물지4	I	A	b	N-0-W			
화지산유적 건물지5	I	A	b	N-0-W			
증산리유적 대벽건물지	I	B	a	N-10-E			
백제사비나성II 수혈주거지	I	A	c	N-5-E			
사비도성 S-4호 대벽건물지	II	A	b	N-10-E	5.1×5.2	26.5	1:1.02
석목리 나성유적 3호 주거지	II	B	b	N-50-E	5.8×?		
쌍북리 두시럭골 유적 6호 건물지	I	A	c	N-0-W			
쌍북리 두시럭골 유적 13호 건물지	I	A	c	N-30-W	3.3×?		
가탑리 190-11 유적 추정벽주건물	I	A	c	N-15-E			
동나성 내외부 백제유적 1-1호건물지	II	B	a	N-0-E	5.2×5.5	28.6	1:1.06
동나성 내외부 백제유적 1-2호 건물지	II	B	c	N-0-E	4.5×5	22.5	1:1.1
동나성 내외부 백제유적 2-1호 건물지	II	B	c	N-0-E	?×6		
동나성 내외부 백제유적 2-4호 건물지	II	B	c	N-0-E	5×5.5	27.5	1:1.1

동나성 내외부 백제유적 2-5호 건물지	II	B	c	N-0-E	4.8×4.6	22	1:0.96
동나성 내외부 백제유적 2-7호 건물지	II	B	c	N-5-E	5.2×?		
부여중앙성결교회유적 유구1	II	B	c	N-30-E	5.3×5.3	28	1:1
부여중앙성결교회유적 유구2	II	B	b	N-30-E			
동남리사지 굴립주유구93년	II	A	c	N-0-E	6.6×5	33	1:0.76
쌍북리 173-8 유적 굴립주건물지	II	B	c	N-5-E	5.3×?		
정동리유적 1호 건물지	I	A	c	N-40-E	5.3×?		
정동리유적 3호 건물지	I	A	c	N-20-E	6.2×?		
정동리유적 7호 건물지	I	A	c	N-0-E	5.3×?		

비고 : 입지구릉사면 I , 평지 II , 구외곽의 구, 있음 A, 없음 B, 벽구있음 a, 일부 있음 b, 없음 c

하지만 벽주건물의 유구 개체수가 통계적으로 유의미한 결과를 도출할 수 있을 정도의 양이 되지 못하는 관계로 중요하다고 판단되는 속성인 '입지 유형(구릉사면과 평지), 형태적 특징인 건물 외곽 구의 유무(있음, 없음), 벽구의 유무(있음, 일부 있음, 없음)을 통해 벽주건물의 분류의 기준을 삼을 수 있었다. 이에 따른 분류표를 작성하면 〈표 1 · 2〉와 같다.

그간 벽주건물의 분류는 벽구의 유무, 주주와 간주, 동지주의 유무, 내주 유무, 벽주 내외 돌출 주주 유무 등에 따라 그리고 각각의 연구 목적에 따라 분류되었고, 대략 벽구의 유무에 따라 크게 대별되는 것으로 보았다 (靑柳泰介 2002; 소재윤 2004; 권오영 · 이형원 2006; 조선영 2008; 마원영 2008, 이건일 2009; 김헌 2011).

본고에서도 벽주건물의 형태분류의 주된 속성은 첫째, 벽체 아래 벽구의 유무로 판단하였다. 이는 벽주건물의 중심 개념인 벽체[6]와 관련되기 때문이다. 여기에 지형여건과 건물지 외곽에 둘러진 도랑의 유무에 따라 분류해 보았다. 그 결과 선행 연구자들에 의해 분류한 형식분류와 일맥상통하지는 않지만 유사한 〈표 3〉과 같은 유구 群을 분류할 수 있었

---

6) 앞에서도 언급하였듯이 벽주건물의 주 개념은 벽을 따라 형성된 기둥 등으로만 지붕을 지탱하는 것이다. 따라서 초석 혹은 굴립주건물과는 달리 방 1개로만 구성되어지는 특징이 있어 다른 건물의 구조와는 달리 벽체의 중요도가 높다고 할 수 있다.

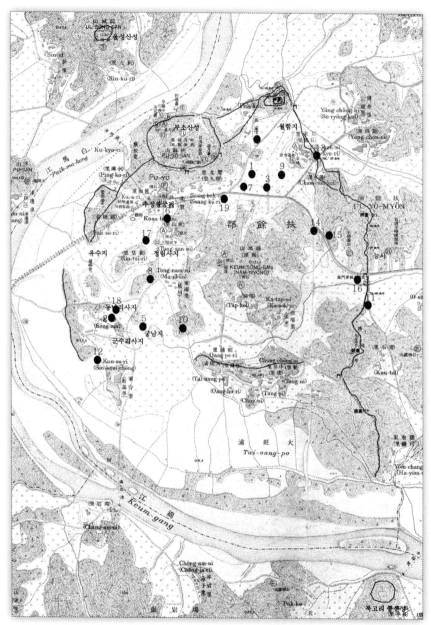

01 | 부여지역 벽주건물 유적 분포도

배경 그림은 일제강점기에 제작된 지형도이며, 유적명은 ● 의 번호와 〈표 1〉의 연번이 같음다. 이 중 기 형식 분류된 것과 비교해서 유의하다고 인정되는 3개의 군집을 추출할 수 있었다.

필자에 의해 분류된 군을 살펴보면, 우선 ⅠAa군[7]은 공주의 정지산유적과 공산성 내 건물지(공주대학교박물관 2011)와 같은 건물형식으로 부여 동남리 202-1 유적이다. 다음은 ⅠAb(≒ⅠAc)군[8]으로 공주 안영리유적(나건주 2003)과 완주 배매산유적(윤덕향 외 2002)과 같은 건물이며, 마지막으로는 ⅡAb(≒ⅡAc≒ⅡBb≒ⅡBc)군[9]이다. 이 群은 사비도성 내에서 가장 많은 수가 확인되는 건물이다.

이 세 群은 너무 초보적 분류이지만 각각 하나의 形式[10]으로 분류할 수 있을 것이다. 즉, ⅠAa군은 토목혼합구조(조은경 2012)의 벽체를 상정할 수 있을 뿐만아니라 벽주건물의 용어 개념에도 가장 부합되는 군집으로 '가'형식으로 명명할 수 있을 것이다. 다음 ⅠAb군은 마한 재지세력의 수혈주거(김승옥 2007)와 연관되어 산지에 축조된 건물을 '나'형식으로 명명할 수 있을 것이며, ⅡAb군은 사비도성 내에서 확인된 벽주건물의 절반 이상을 점유하고 있는 군집으로 '다'형식으로 명명할 수 있다. 다형식은 대부분 평지에 조성된 특징이 있다. 그리고 이 세 형식에 더하여 우리나라에서는 그 예가 거의 없는 일본 근기지방의 대벽건물들을 '라' 형식으로 명명하고자 하며, 이는 〈표 3〉에서 ⅡAa군과 ⅡBa군으로 볼 수 있다.

---

7) 靑柳泰介의 A, 소재윤의 Ⅱ, 권오영·이형원의 ⅡA, 조선영의 Ⅰb, 마원형의 Ⅱ, 김헌의 동지주건물로 기 분류되었다.

8) 화지산에서 확인된 벽주건물과 정동리유적 등에서 확인된 것과 별반 차이가 없어 이곳에서는 벽구가 일부 있는 것과 없는 것을 동일 속성으로 보았다. 靑柳泰介의 B2와 C, 소재윤의 Ⅲ과 Ⅴ, 권오영·이형원의 ⅡA2와 Ⅰ, 조선영의 Ⅰc와 Ⅱa, 마원형의 Ⅲ과 Ⅰ, 김헌의 다주주건물로 기 분류되었다.

9) 동남리172-2 유적에서 조영시기와 축조기법이 같은 형식의 벽주건물이 확인되었는데 벽구가 일부 있는 것과 없는 것으로 분리되는 것에는 문제가 있어 이곳에서도 같은 형식으로 분류하였다.

10) 여기서 形式(=型式, form)은 樣式(=style)과는 다르다.(강순형 1994)

표 3 | 부여지역 벽주건물 형식분류표

지형	구	벽구	집합	형식	수량	유적
I	A	a	I Aa	가	2	동남리202-1
		b	I Ab	나	2	화지산
		c	I Ac	나	9	동남리202-1, 동나성 수혈주거지, 두시럭골, 가탑리 190-11, 정동리
	B	a	I Ba		1	증산리
		b	I Bb			
		c	I Bc			
II	A	a	II Aa	라		
		b	II Ab	다	4	동남리 72-2, 쌍북리 125-10, 쌍북리154-10, 군수리지점
		c	II Ac	다	7	쌍북리207-5, 쌍북리314-5, 동남리72-2, 관북리160, 쌍북리154-10, 동남리사지
	B	a	II Ba	라	1	동나성 내외부
		b	II Bb	다	4	군수리120, 석목리, 성결교회, 현내들
		c	II Bc	다	9	쌍북리207-5, 쌍북리201-5, 동남리72-2, 동나성내외부, 성결교회, 쌍북리173-8

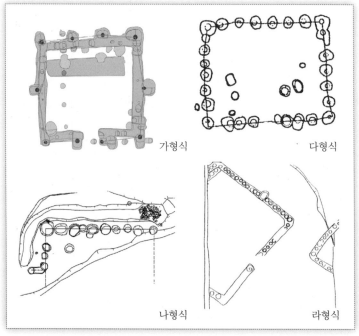

가형식   다형식

나형식   라형식

03 | 각 유형별 벽주건물 예

3. 벽주건물의 특징

본 장에서는 백제시대 후기의 도성지인 부여읍 일원에서 확인된 벽주건물의 특징에 대해서 살펴보도록 하겠다.

① 입지

〈도 02〉에서와 같이 벽주건물은 정동리유적(유기정 외 2005)과 중산리 (충청남도역사문화원 2004)유적을 제외하면 대부분 백제시대 후기 도성지인 현 부여시가지인 사비도성지에 위치하고 있다. 그리고 우리나라에서 확인된 대부분의 벽주건물 또한 사비도성시기와 연관된 공주[11], 익산[12] 등지를 제외하면 대부분 부여지역에 한정된다는 점이 특징적이다.

사비도성지에서 확인된 벽주건물의 입지적 특징은 산지보다는 평지에 분포하고 있다. 하지만 세부적인 형식에 따라 분류하면 형식에 따라 입지가 고정화되었음을 확인할 수 있다.

우선 '가'형식의 경우 볕이 잘 드는 구릉부 혹은 남사면부에 조영되며 공주 정지산 유적과 부여 동남리 202-1 유적이 이와 같은 입지조건을 갖고 있다.

'나'형식 또한 산지에 입지하지만 '가'형식보다 입지가 불량한 편이다. 즉 '가'형식보다 경사가 급한 사면부를 'ㄴ'자 형태로 굴착하여 조영되었으며, 남사면 뿐만아니라 북사면에도 건물이 들어서 있다. 이와 같이 비교적 악조건에도 건물이 들어선 이유는 사비도성지의 외곽의 장암[13]과 규암[14]

---

11) 사비기 북방성의 치소지이었다.
12) 사비기 別都, 別宮, 離宮 등으로 불리어질 정도로 중앙권력과 밀접한 관계가 있었던 지역이다.
13) 부여 정암리고분군 등을 들 수 있으며, 남향사면을 중심으로 조영되던 무덤이 암반을 굴착한다든지 서향 혹은 동향사면에도 조영되는 양상을 띤다.
14) 사비 초기의 무덤군이 동쪽을 중심으로 이루어졌다면 중후기로 가면서 부여 합정리·오수리·함양리 등이 매장지로 변모했던 것으로 보인다.

등지에서 백제 사비기 분묘가 남사면 뿐만아니라 북사면에 가까운 산사면에도 조영되는 것과 같이 사비도성의 인구 상승에 따른 입지 공간 부족 등과 관련된 것으로 판단된다.

사비도성은 부소산, 금성산 등의 산지를 제외하면 해발 10여m 이하의 저평지가 약 40% 정도를 차지할 정도로 저지대가 폭 넓게 분포하고 있다. 또한 대부분 금강의 범람원에 위치하고 있어 성토 및 수리시설이 설치되지 않으면 사용하기 곤란한 지역이다. 이와 같은 사비도성의 저평지에서도 벽주건물이 대부분 조영되어 있으며, 그 건물은 대부분 '다'형식이다. 따라서 벽주건물이 조영된 곳은 성토 등의 대지조성 및 배수시설이 수반되어 있다. 즉, 평지에 건물이 구축되었지만 산지의 건물보다 노동력이 더 소요되었을 가능성이 농후하다. 이점은 사비도성의 토지 이용이 사비도읍기 초기 구릉부에서 중·후기 개간에 의한 저평지로 확대되어진 점(이병호 2001)과 연관되어 주목된다. 따라서 '다'형식은 사비도읍기 중에서 초기보다는 인구 증가로 인한 도시 팽창에 따른 중기 이후에 많이 조영된 것으로 확인된다.

② 지정학적 입지

사비도성지인 현 부여읍 시가지에서는 현재까지 수많은 발굴조사가 이루어졌으며, 상당부분의 땅이 파여져 과거의 흔적을 도식화할 수 있는 시점에까지 도달했다. 따라서 유적 내 벽주건물의 상관관계 혹은 인접유적과의 관계를 어느 정도 유추할 수 있게 되어 지정학적 입지 또한 각 형식별로 차이가 확인된다.

우선 '가'형식의 경우 잘 구획된 틀에 의해 건물이 규칙적으로 배치된 양상을 띠고 있다. 즉 동남리 202-1 유적의 경우 남북향의 길을 사이에 두고 크기가 같은 두 동의 건물이 동서로 나란하게 배치되어 있는 점이다. 이러한 것은 공주 정지산유적의 1호 와건물지 앞의 1호와 3호의 대벽건물이 위치하고 있는 점과 연관된다. 정지산유적의 성격은 국가 제사시설로 판단되어지고 있다.

'다'형식의 경우는 동나성 내외부 유적(이호형·구기종 2006) 등의 유구 배치를 통해 벽주건물의 지정학적 입지의 특징을 살펴보면, 벽주건물은 1기씩 독립된 구조물로 노출되고 있다. 특히 우물이 1기 있음에도 불구하고 벽주건물이 1 혹은 2기에 지나지 않는다는 점은 군집을 이루는 수혈주거와는 매커니즘이 다를 수 있다는 점이다. 즉, 다형식의 벽주건물이 일반 주거용 가옥과는 다른 우물[15]과 같은 공공의 시설물로서의 가능성도 상정해 볼만 하다.

'나'형식은 부여 두시럭골 유적(박대순·정화영 2008)의 유구 분포상을 보면 알 수 있듯이 수혈주거와 공존하며 각 주거간 거리 또한 수m에 불과하여 '다'형식과는 구별된다. 그리고 건물의 조영축은 일반 수혈주거지와 같게 구릉사면에 위치함에 따라 등고선방향과 직교하게 대부분 위치하고 있다. 즉, '나'형식의 건물은 일반 주거용 가옥과 그 분포가 유사하다.

③ 크기 및 장단비

벽주건물의 가장 큰 특징 중 하나가 평면 형태가 방형계를 띤다는 점이다. 이 때문에 건물의 장단비는 거의 같거나 약 10% 정도의 차이가 나타날 뿐이다. 크기는 '나'형식과 '다'형식의 경우 백제 당시의 수혈주거지와 비슷한 20~30㎡가 대부분인데 '가'형식인 동남리 202-1 유적의 경우 44㎡이어서 비교적 대형에 속하는 편이다.

④ 벽체

벽주건물의 주된 개념이 벽체이다. 벽체부분도 각 형식별로 차이가 확인되었다.

---

15) 과거 우물은 대표적인 마을 공동체의 공공시설물로 상정해 볼 수 있겠다.

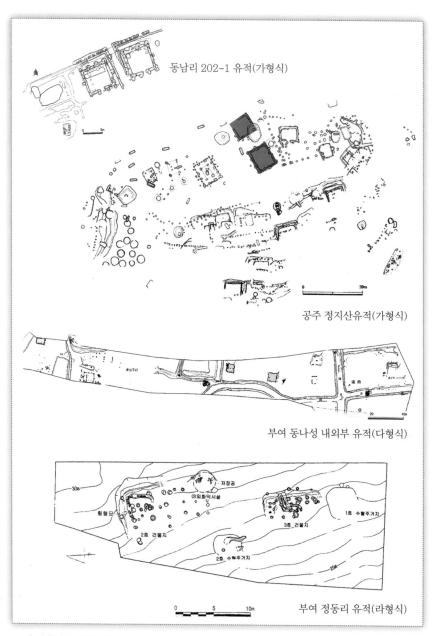

동남리 202-1 유적(가형식)

공주 정지산유적(가형식)

부여 동나성 내외부 유적(다형식)

부여 정동리 유적(라형식)

04 | 각 형식별 건물 분포도

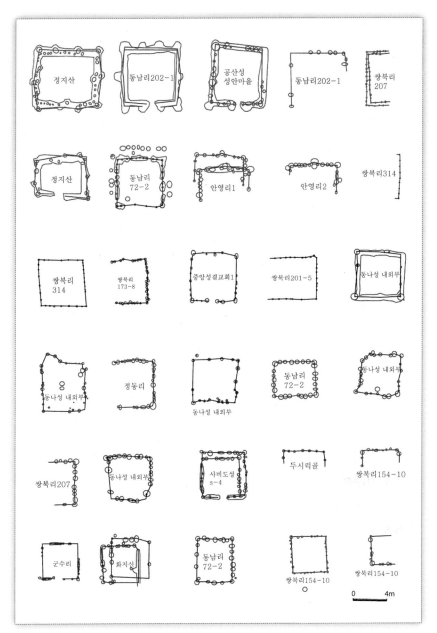

05 │ 벽주건물 크기 모음(크기는 동일함)

| 벽구 내 주주와 간주 설치 예(동남리 202-1 유적)

    우선 '가'형식의 동남리 202-1 유적의 벽체 구성은 벽주건물의 개념과 거의 일치하게 벽구를 설치하고 벽구 외변으로 주주를 일변에 3~4개를 세운 후 벽구 내변으로 간주를 설치한 구조이다. 즉, 주주의 연결된 평면 형태와 간주의 연결된 평면형태가 육각형과 사각형으로 차이가 나타난다. 그리고 벽구에는 파낸 흙을 다시 메우기하여 주주와 간주를 고정시켜 놓았다. 여기에서 벽구 위로 주주와 간주를 감싸는 토벽을 고려하면 토목혼합벽체를 상정할 수 있다. 그리고 주주의 절반 정도는 토벽체 외부로 노출된다. 즉, 주된 기둥의 절반 정도가 벽체의 외부로 돌출되는 형태를 띠는 점에서 공주의 정지산유적 등과는 일맥상통하지만, 일본의 근기지방에서 확인된 대벽건물과는 상당한 차이를 보여주는 요소라고 할 수 있다.

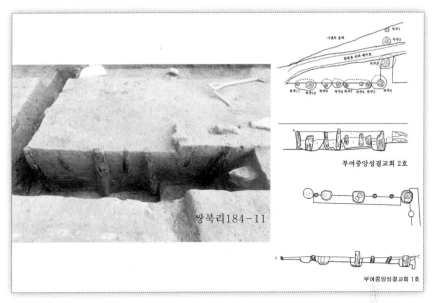

쌍북리184-11

부여중앙성결교회 2호

부여중앙성결교회 1호

07 | 벽주 구성(주주, 간주)

'나·다'형식의 벽체 구성은 주주 축선과 간주 축선을 달리하는 '가'형식과는 달리 우선 벽구의 설치 예가 적으며, 기둥은 일렬로 10여[16] 개 이하 정도 세운다. 기둥의 구축은 쌍북리 184-11 유적에서는 주주-간주-주주-간주 순(부여군문화재보존센터 2012)으로 구축되어 있으며, 구아리 319 유적에서는 주주-간주-간주-주주 순과 주주-간주-간주-간주-간주-간주-주주 순(심상육 외 2012) 등 다양하게 벽체를 구성하고 있음이 확인되었다(도 07 참조).

특히 저평지에 구축된 '다'형식의 경우 수혈을 파서 기둥을 세운 후 기둥 상부를 전면 성토하는 건축기법을 사용하고 있음이 쌍북리 201-4 유적(한국문화재보호재단 2012) 등에서 확인되었다(도 08 참조). 이를 보

---

16) 〈도 05〉와 같이 일면의 기둥 수는 5개, 6개, 7개, 8개, 9개, 10개, 11개, 12개 등 상당한 차이가 있다.

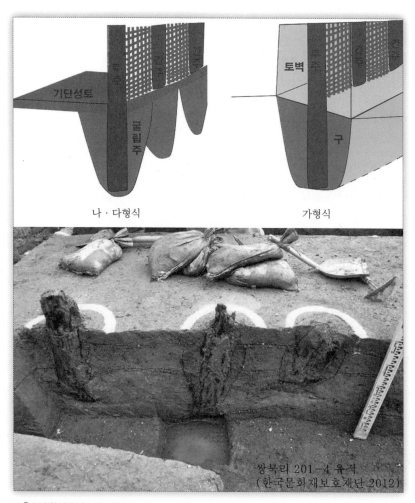

나·다형식　　　　　　　　　　　가형식

쌍북리 201-4 유적
(한국문화재보호재단 2012)

08 | 각 형식별 벽체 모식도

면 일각에서 발굴과정 중 벽구가 훼손되었을 가능성이 제기되었지만, 이
럴 가능성은 적어 보이며, 토목혼합벽체 또한 상정하기 어려워 보인다[17].

---

17) 부여지역의 저평지에서 확인되는 벽구가 없는 벽주건물도 대부분의 연구자들은 토
　　벽을 상정하나 필자는 토벽을 상정할 근거가 거의 없다고 본다. 왜냐하면 '다'유형의

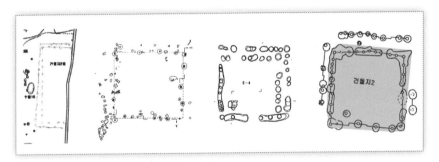

이와 관련하여 벽주건물의 유구 노출 현황을 보면 일부 벽체의 보수 흔적 혹은 거의 같은 장소에 건물이 중복되는 경향이 자주 확인된다(도 09 참조). 이는 벽체의 개변이 용이하기 때문일 것이다. 즉 '나·다'형식의 벽체는 토목혼합벽체가 아닌 나무가 중심이 된 벽체이기 때문에 가능할 것으로 판단된다.

벽체에 사용된 기둥 중 주주(지름 20cm 이

목주 제거 후

10 | 주 기둥 하부 초석 예(구아리 319 유적)

벽주건물들은 대부분 주공을 파고 기둥을 세운 후 기단토를 성토한다. 그런데 이 성토층 위에서 그간 어떠한 토벽의 흔적이 확인된 예가 없기 때문이다.

상)는 바닥을 평편하게 다듬고 수피를 제거한 목재를 사용하였고 간주 (지름 15cm 이하)는 끝이 사선으로 된 것 평편한 것 모두 확인되었다. 그리고 주주의 하부에는 잡석 혹은 판석을 설치한 것도 확인되었다(도 10 참조).

⑤ 출입구

벽주건물 중 출입구가 확인된 예는 극히 드물다. 하지만 방형의 벽주 건물 중 남편 쪽의 중앙부가 출입구로 다수가 추정되고 있다. 하지만 쌍 북리184-11 유적의 경우 서벽 중앙으로 출입구를 낸 경우도 확인되었다. 출입구의 형태는 가늠할 수 있는 것이 확인되지 않아 알 수 없지만, 건물 의 벽 일면 중앙부에 너비는 1.2m 정도로 문틀시설이 있었던 것으로 판 단된다. 왜냐하면 대부분의 벽주건물 남편 중앙부의 기둥간 거리가 1.2m 이상 이격되어 있기 때문이다.

⑥ 외곽 구

벽주건물의 입지적 특성상 건물 외곽에는 치수와 관련된 시설물이 설 치되어 있어야 함은 기정사실이다. 따라서 '가·나'형식의 경우 구릉 윗 부분에서 내려오는 물을 처리하기 위한 배수시설이 설치되어 있다. 그리 고 '다'형식의 경우도 대부분 저평지에 건물이 구축되어 있기 때문에 건 물 외곽에 구상의 유구가 구축되었을 것이며, 최근의 발굴조사를 통하여 방형의 벽주건물 외곽에 구상의 유구가 다수 확인되고 있는 실정이다.

⑦ 지붕

일부 연구자에 의해 벽주건물이 와건물일 수도 있다(소재윤 2004)고 보았지만, 부여지역에서 와건물로 판단할 만한 흔적이 확인되지 않았다. 따라서 지붕에 기와를 올리기 전 일반적으로 사용되었던 초목을 이용해 건물의 상부를 구성했을 것으로 판단된다. 그리고 벽주건물의 목가구 상 부구조는 현재 정확하게 단정할 수는 없지만 가형식의 경우 주주의 축선

출입구

출입구

출입구

11 | 벽주건물 출입구(구아리 319, 동남리 202-1, 쌍북리 184-11)

이 평면 육각형을 띠고 간주의 축선은 방형을 띠는 것으로 보아 맞배지붕이지 않았나 추정된다.

12 | 건물 외곽 배수로의 예(동남리 202-1)

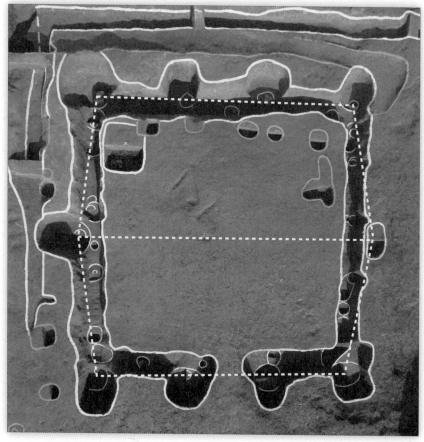

13 | 벽주건물의 지붕구조를 가늠할 수 있는 예(동남리 202-1)

⑧ 내부시설

벽주건물 출토 현상은 일반적으로 방형으로 기둥만이 노출된다는 점이다. 즉, 대부분의 내부 시설물이 사라진 상태로 확인된다는 점이다. 따라서 내부시설이 확인된 유구는 극히 드문 편이며, 확인된 시설물 또한 불과 관련된 화덕과 구들시설 뿐이다.

'나'형식과 '다'형식의 경우 모든 건물에서 확인된 것은 아니지만 건물의 구조적 특징상 地面式 혹은 低床式이기 때문에 원래 시설되었던 내부시설이 다수 사라진 상태로 노출되는 경우가 다반사이다. 그런데 최

14 | 벽주건물 내부시설물(동남리 202-1, 쌍북리 184-11, 정동리유적)

근 발굴조사에서 구들시설이 확인되는 예가 증가하는 것으로 보아 난방시설 및 조리시설은 있었던 것으로 판단된다. 따라서 난방과 조리시설을 고려한다면 주거용 가옥을 상정할 수 있다.

하지만 '가'형식에 속하는 동남리 202-1 유적의 1호와 2호 건물의 경우 동일한 구조의 건물이 병렬로 있음에도 1호에는 장방형의 숯시설물이 2호에는 방형의 화덕이 설치되어 '나·다'형식과는 다른 양상을 띠고 있다. 즉 '가'형식은 일반적인 주거용 가옥으로 상정하기엔 곤란하다.

⑨ 부여지역 벽주건물의 성격

앞서 살핀 것과 같이 부여지역에서 확인된 벽주건물은 각 형식마다 비슷한 점도 확인되지만 상당한 차이점이 있음을 알 수 있다. 특히 '나'형식의 경우 입지와 규모, 구들시설 등 여러 가지를 통해 볼 때, 일반적인 주거의 목적으로 구축된 일반 가옥으로 판단되며, 그 당시 수혈주거와 공존하며 설치된 것으로 판단된다. '나'형식은 한성기 말부터 사비기 말까지 백제인들에 의해 건축된 것으로 여겨진다.

그리고 '다'형식 또한 구들시설 등을 볼 때 주거의 공간으로 활용된 건물로 판단 가능하나 넓은 공간에 비해 분포 밀도가 상당히 낮아 모든 건물을 백제시대 사비기 당시 일반 가옥으로 판단하기엔 곤란해 보인다. 이에 더하여 '다'형식의 벽주건물 축조에는 앞서 살핀 것과 같이 성토 등의 상당한 노동력이 투입되어 설치되었음은 분명하다. 그리고 다수의 시설물이 확인된 동남리사지(충남대학교박물관 1994)에서도 벽주건물이 1기만이 확인되었다는 점은 이 '다'형식의 건물용도가 일반적인 주거가옥일 가능성이 낮다는 점을 방증하는 것으로 이해된다. 따라서 '다'형식의 벽주건물 중 일부는 한 마을 혹은 소집단 단위에 한 두개 설치되는 공공시설물이 아닐까 조심스럽게 추론해 본다.

이에 비하여 '가'형식의 경우는 공주 정지산유적과 같은 국가시설물의 한 구조물로 판단된다. 즉 구획화된 배치와 규격화된 건물, 웅장한 토목혼합벽체의 사용 그리고 유구의 지정학적 입지를 통해서 어느 정도 유추 가능해 보인다.

⑩ 부여지역 벽주건물의 축조연대

부여지역에서 확인된 벽주건물지 중 그 시기를 가장 올려 볼 수 있는 유적은 공주 정지산유적과 유관해 보이는 부여 동남리 202-1번지 유적을 들 수 있을 것이다. 이 동남리 202-1 유적은 2호 건물지의 화덕에서 확인된 장란형토기와 벽구를 잘 갖춘 형태적 특징으로 5세기 말에서 6세기 초(심상육 외 2014)인 '웅진기~사비기 전반'이라는 편년안을 확보할 수 있었다. 그리고 대부분의 벽주건물 내외부에서 출토된 유물들은 대체로 사비기에 해당하는 유물들이 출토되었기 때문에 벽주건물은 사비도읍기 전반에 걸쳐 조영되었던 것으로 판단된다. 여기에 사비도성의 인구팽창 등의 요인에 따른 도시 확장 개념(이병호 2001)과 연관지어 각 형식별로 개략적인 시기 편년을 시도하면 '가 · 나'형식 : 웅진기-사비기 초, '나 · 다'형식 : 사비기 전반으로 획기할 수 있을 것 같다.

4. 벽주건물의 변화 가설 시론(맺음말)

본 장에서는 앞 장에서 살펴본 부여지방에서 확인된 벽주건물의 특징을 바탕으로 하여 타 지역의 벽주건물과 일본에서 확인된 대벽건물을 연관하여 백제시대의 독특한 건축구조물인 벽주건물에 대하여 변화 가설을 초보적으로 상정해 보도록 하겠다.

우선 앞 장에서 분류한 형식에 따라 보면 '가'형식-국가시설물, '다'형식-공공시설물(?), '나'형식-일반가옥으로 구분지어 볼 수 있겠다. 즉, 같은 벽주건물이란 명칭으로 명명되지만 성격에서는 상당한 차이가 있음을 알 수 있으며, 형태적 특징 또한 '가'형식과 '나 · 다'형식은 벽체의 구성에서 상당히 구분됨을 알 수 있었다. 이를 기본으로 하여 부여지역의 벽주건물을 개관해 보면 아래와 같다.

기 연구에 의하면 벽주건물은 백제의 요소(벽을 따라 벽주를 설치하는 공통된 특징)와 마한의 요소(건물의 평면 계획을 방형계로 조영한다는 특징), 고구려의 영향[18]에 의해 백제시대 한성기 어느 시점에 발생한 것으로 연구되어졌고(권오영 · 이형원 2006; 김승옥 2007; 류기정 2005) 이점에 대해서는 대부분의 연구자들이 어느 정도 동조하는 바일 것이다. 여기에 중국의 영향[19]은 두말할 필요가 없을 것이며, 필자 또한 동의하는 바이다.

따라서 벽주건물의 생성은 벽주적 요소와 평면 방형계 요소가 결합하여 나타났음에는 별 이견이 없을 것이다. 하지만 둘 중 어떠한 요소가 더 많이 투영되었느냐에 따라 그 다음의 발전에는 많은 영향을 미친 것으로 보인다. 우선 백제의 요소가 주를 점유한 경우에는 '가'형식의 건물을 발생시킨 것으로 판단된다. 즉, 정지산 · 공산성 · 동남리 202-1 유적의 건물들로 웅장한 토목혼합벽체와 정연한 건물 배치를 갖추어 국가시설물로서 특수목적의 건물로 축조되었던 것으로 판단된다. 이점은 초기 백제의 중앙권력과 연계된 것으로 보여 주목된다. 한편 이와는 달리 마한의 요소가 강하게 남은 '나'형식[20]의 경우 완주 배매산 · 안영리 새터 건물지 등의 유적에서 보이듯 도성지 외곽에서 일반건물들과 함께 일반가옥으로 조영되기 시작한 것으로 판단된다.

이렇게 성립된 두 건물 형식[21]은 각각 별개의 건물 형태로 조영되기

---

18) 인접 지역과는 일반적인 영향관계를 뜻한다.
19) 왜냐하면 당 長安 西市의 발굴조사를 통해 대부분의 시내 민간건축에서 벽체가 하중을 받고 상부 가구를 목구조로 한 건물들이 다수 확인되었고 토목혼합구조가 북방지역에서는 널리 사용되었다는 연구가 있기 때문이다(조은경 2012).
20) 권오영 · 이형원의 구가 없는 것, 조밀한 1주렬의 Ⅰ류로 분류된 것을 이른다.
21) 성격이 다른 두 건축물로 볼 수 있을 것 같다.

도 하였지만, '가'형과 '나'형은 서로 다시 결합[22])되면서 사비기에 '다'형을 발생시키기도 하였다. 이렇게 발생한 '다'형의 벽주건물은 사비도성 내부지역에서 주로 세워지다 백제가 멸망하고 난 이후에 사라진 것으로 판단된다. '다'형은 현재 사비도성의 저평지 발굴조사에서 벽주건물의 일부 혹은 그 전부가 많은 유적에서 확인되고 있지만 밀도가 상당히 낮아 건물의 성격이 매우 모호한 편이다. 이 시기 '나'형은 지속적으로 건축된 것으로 확인되었다.

그런데 '가'형의 건물은 늦어도 사비기 초 이후에는 나타나지 않고 있다. 이는 이 형식의 건물이 국가시설물의 특수건물로서 역할을 수행했지만, 와건물이 사비도읍기에 들어오면서 급속히 확산되면서 그 기능을 흡수해서 더 이상 '가'형의 벽주건물을 축조할 이유가 없어졌기 때문에 소멸된 것으로 판단된다. 하지만 이 '가'형의 아류형으로 판단되는 '라'형은 이미 웅진~사비초에 일본의 근기지방으로 전래되어 독자적인 발전을 하였던 것으로 보이며, 건물의 성격 또한 '가'형의 건물과 흡사하게 위계가 높은 건축물이었던 것으로 판단된다.

위의 내용은 〈도 15〉로 요약될 수 있다. 이 벽주건물 변화 시론은 너무도 초보적인 것이며, 자료의 불충분으로 본 연구자의 다분한 자의적인 판단이며, 앞으로 이 가설을 수정·보완하도록 하겠다. 그리고 부여지방의 사비기 여타의 건축물(초석건물, 굴립주건물, 사찰건물, 궁궐건물, 관방시설건물, 와적기단건물, 전적기단건물, 석축기단건물 등)과의 다각적인 관계, 그리고 주변 국가의 건축물과의 관계 등에 대한 필자의 이해 부족으로 많은 부분이 논리적으로 상당히 비약되거나 오류를 범했다는 점을 인정하면서 글을 마치도록 하겠다. 많은 叱正을 부탁드리는 바이다.

---

22) 백제 도성지에서 중심적인 건축물과 지방의 건축물이 상호 연계된 것을 뜻한다.

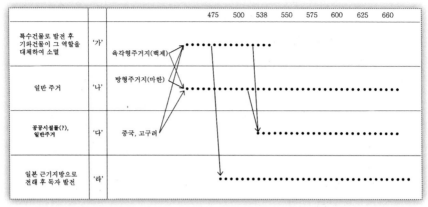

		475	500	538	550	575	600	625	660
특수건물로 발전 후 기와건물이 그 역할을 대체하여 소멸	'가'	육각형주거지(백제) ●●●●●●●●●●●●●●							
일반 주거	'나'	방형주거지(마한) ●●●●●●●●●●●●●●●●●●●●							
공공시설물(?), 일반주거	'다'	중국, 고구려 ●●●●●●●●●●●●							
일본 근기지방으로 전래 후 독자 발전	'라'	●●●●●●●●●●●●●●●●●●●							

15 | 벽주건물 변화가설 모식도

:: 참고문헌 ::

-논문-

강순형, 1994, 「신라사리그릇 틀론」, 『문화재』, 문화재청.
이병호, 2001, 『백제 사비도성의 조영과 구획』, 서울대석사학위논문.
靑柳泰介, 2002, 「대벽건물 고-한일관계의 구체상 구축을 위한 일시론」, 『백제연구』 35.
이형원, 2003, 「사비도성내 군수리지점의 공간구획 및 성격」, 『호서고고학』 제8집.
소재윤, 2004, 『백제 와건물지의 축조기법과 변천과정에 대한 연구 -웅진사비기의 금강유역을 중심으로-』, 전북대 석사학위논문.
권오영·이형원, 2006, 「삼국시대 벽주건물 연구」, 『한국고고학보』 60.
김승옥, 2007, 「금강유역 원삼국~삼국시대 취락의 전개과정 연구」, 『한일 취락연구의 현황과 과제Ⅲ』, 한일취락연구회.
조선영, 2008, 『백제시대 벽주건물의 구조와 전개과정에 대한 연구』, 전북대 석사학위논문.
마원영, 2008, 『웅진사비기 백제건물지의 구조적 변화양상에 관한 연구』, 한양대 석사학위논문.
이건일, 2009, 『백제 주거지 지상화과정 연구 -호서지역을 중심으로-』, 충남대 석사학위논문.
김헌, 2011, 『한반도 벽주건물 연구 -백제 웅진사비기 다주주건물을 중심으로-』, 한양대 석사학위논문.
조은경, 2012, 「삼국시대 벽구조 건물에 대한 고찰」, 『백제문화 기획연구 관련 국제학술회의』, 국립부여문화재연구소.
심상육·이미현, 2012, 「백제 벽주식건물지 신출 보고 -부여 동남리 202-1유적-」, 『금강유역권 신출토자료와 그 해석』, 제11회 백제학회 정기발표회.

-보고서-

안승주·이남석, 1987, 『공산성 백제추정왕궁지 발굴조사보고』, 공주사범대학박물관.
충남대학교박물관, 1994, 『부여 동남리유적 발굴조사 약보고서』.
국립공주박물관, 1999, 『정지산』, 국립공주박물관·(주)현대건설.

박순발 · 성정용, 2000, 『백제사비나성Ⅱ -정비복원을 위한 동나성구간 단면절개조사-』, 충남대학교백제연구소 · 부여군.

국립부여문화재연구소, 2002, 『화지산』, 국립부여문화재연구소 · 부여군.

윤덕향 · 강원종 · 장지현 · 이택구, 2002, 『배매산 -완주 봉동읍 배수지 시설부지내 문화유적발굴조사보고서-』, 전북대학교박물관.

박순발, 2003, 『사비도성 -능산리 및 군수리지점 발굴조사 보고서-』, 충남대학교백제연구소 · 대전지방국토관리청.

나건주, 2003, 『공주 안영리 새터 · 신매유적』, (재)충청매장문화재연구원 · 천안-논산간고속도로주식회사.

충청남도역사문화원, 2004, 『부여 증산리 유적』, 충청남도역사문화원 · 충청남도종합건설사업소.

류기정 · 유창선 · 박대순 · 양미옥 · 전일용, 2005, 『부여 정동리유적』, 충청문화재연구원.

이호형 · 구기종, 2006, 『부여 능산리 동나성 내 · 외부 백제유적』, (재)충청문화재연구원 · 대전지방국토관리청.

충청남도역사문화연구원, 2007, 『동남리 72-2번지 일원 유적』, 충청남도역사문화연구원 · 부여군.

박대순 · 정화영, 2008, 『부여 쌍북리 두시럭골 유적』, (재)충청문화재연구원.

충청남도역사문화원, 2008, 「부여 가탑리 190-11번지 개인주택 신축부지 문화유적 시굴조사」, 『2005 · 2006년 부여지역 시굴조사 종합보고서Ⅱ』, 충청남도역사문화원.

이호형 · 이판섭, 2009, 『부여 쌍북리 현내들 · 북포유적』, (재)충청문화재연구원 · 충청남도종합건설사업소.

박대순 · 정화영, 2009, 『부여 석목리 나성 유적』, (재)충청문화재연구원.

부여군문화재보존센터, 2010, 『부여 구아리 319번지 부여중앙성결교회 증개축부지 내 '부여중앙성결교회유적' 발굴조사 약보고서』.

동방문화재연구원, 2010, 『부여 사비 119안전센터 신축부지 내 유적 발굴조사 지도위원회 자료집』.

공주대학교박물관, 2011, 『사적12호 공산성 성안마을 내 백제유적 제4차 발굴조사』, 발굴조사 현장자료.

부여군문화재보존센터, 2011, 『부여 관북리 160 일원 주택신축부지 매장문화재 발
　　　굴조사 약보고서』.

한국문화재보호재단, 2012, 『부여 쌍북리 314-5번지 제2종 근린생활시설 신축부지
　　　내 문화유적 국비지원 발굴조사 약보고서』.

부여군문화재보존센터, 2012, 『부여 쌍북리 154-10 주택신축부지 발굴조사 약보고
　　　서』.

심상육 · 이미현 · 이명호, 2012, 『부여 구아리 319 부여중앙성결교회유적』, 부여군
　　　문화재보존센터.

부여군문화재보존센터, 2012, 『부여 사비119 안전센터 신축부지(쌍북리184-11번
　　　지) 내 유적 발굴조사 약보고서』.

심상육 · 이명호 · 이미현, 2014, 『부여 동남리 202-1 유적』, 부여군문화재보존센터.

부여지역 백제 사비기 주구부 굴립주건물지의 특성

정훈진

1. 머리말

부여지역은 백제의 마지막 도읍, 즉 사비백제기의 중심지였다. 이 부여지역에서 조사된 백제 건축유구 중 주구부 굴립주건물지를 대상으로 그 변천과 특성을 살펴보는 게 본고의 목적이다.

주구란 용어는 유구의 주체부 주위에 일정부위에 걸쳐 파놓은 도랑을 일컫는 말이다. 이 주구는 과거 생활유구가 아니라 1990년대 호서와 호남지역에서만 분묘의 외곽에 돌려진 형태가 확인되면서 이에 대한 연구가 활발하게 이루어졌다. 최근 들어서는 경기도와 호남지역에서 주구부분묘(주구목관(곽)묘, 주구분구묘 등)의 조사예가 급증하고 있다. 뿐만 아니라 호서지역을 중심으로 주구부 건물지들의 조사보고가 증가일로에 있으며, 최근 부여지역에서도 건축유구인 주구부 굴립주건물지의 조사 사례가 적지만 꾸준히 늘어나고 있다.

본고는 이러한 주구가 생활유구인 굴립주건물지에 돌려진 부여 관내의 사례를 대상으로 삼고 이 주구부 굴립주건물지가 일반 굴립주건물지

01 | 백제 주구부 굴립주건물지 조사유적 분포도(일제강점기 제작지도)

와는 구분되는 어떤 특수성이 존재하지는 않을까 하는 의문제기로부터
비롯되었다. 따라서 이러한 의문의 해소방법으로서 2장에서 현재까지 조
사된 굴립주건물지의 사례를 행정구역별로 살펴보고 3장에서는 조사된
굴립주건물지의 주구에 대해 본격적으로 살피기 위한 사전작업으로서
속성검출을 통한 형식분류 및 용도 등을 조명해 보고 분류된 각 형식별로

건물지 조성 상의 특징과 결부시켜 보았다. 또한 4장에서는 앞의 2장에서 분류된 속성이나 형식들이 시기적으로 어떠한 변천과정을 거치는지, 아니면 동일한지의 여부를 실제 유적에서 이루어진 건물지간 중첩관계를 통해 살펴보았다. 5장에서는 굴립주건물지들 가운데 자연과학적인 분석을 통해서 얻은 절대연대(혹은 보정연대)를 통해 굴립주건물지들의 시간적인 위치를 부분적으로나마 확인해 보았다. 마지막으로 6장에서는 현재까지 조사된 부여관내 주구부 굴립주건물지의 특징을 정리하고 앞으로의 연구과제를 나름대로 제시해 보면서 마무리하였다.

2. 조사사례 검토

현재까지 부여 관내에서 조사된 주구부 굴립주건물지는 모두 25동으로 그리 많은 수를 차지하지는 않는다. 이 주구부 굴립주건물지를 행정구역별로 구분해 보면 사비도성의 중앙부(현 부여읍 중심지) 남동쪽인 가탑리에서 1동, 남쪽인 동남리에서 5동, 도성내 북동쪽에 위치한 쌍북리에서 12동, 동나성 외부 북동쪽인 정동리에서 7동 확인되었다. 지역별로 보면 쌍북리에서 가장 많은 수의 건물지가 조사된 셈이다.

1) 가탑리 유적(1동)

가탑리에서는 충청·호남권 주배관 건설공사-논산~부여구간(부여관리소) 내 유적(한국전통문화대학교 고고학연구소 2013)에서 1동의 주구부 굴립주건물지가 조사되었다.

이 유적은 행정구역상 가탑리 222-1번지 일대로서 발굴조사 결과 건물지·수혈식 주거지·수혈유구·토광묘·매납유구·구상유구·수로 등 백제시대의 다양한 유구들과 고려이후의 집수시설·토광묘 등이 확인되었다. 백제시대 건축유구인 건물지·수혈식 주거지 등은 사비기에 속하는 것으로 추정되었는데 계곡 말단부에 입지한 벽주건물지가 주구부 굴립주건물지이다. 남쪽 중앙의 출입구와 내부 북동쪽의 구들시설 등이 확인되었다.

구분	평면형태		규모<길이×너비(cm)>			내부 시설	주구 기능	비고
	건물	주구	전체	건물	주구			
가탑리 222-1	방형	아미형	600×500	564×572 (32.26㎡)	폭130×깊이50	할석구들, 남중앙 출입구	배수, 제사?	석축 벽체시설?

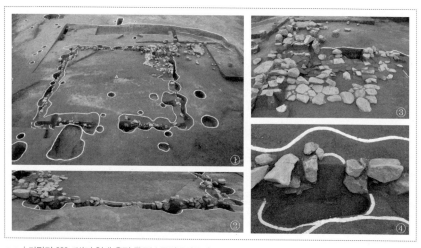

02 | 가탑리 222-1번지 일대 유적 주구부 굴립주건물지
(① 주구부 건물지 전경, ② 벽체 세부, ③ 구들시설 세부, ④ 목주흔적 세부)

2) 동남리 유적(5동)

동남리에서는 172-2번지 유적(충청남도역사문화원 2007b) 1동과 202-1번지 유적(부여군문화재보존센터 2012a; 심상육·이미현 2012) 4동 등 모두 5동의 주구부 굴립주건물지가 조사되었다.

동남리 172-2번지 일대 유적은 부여 서동공원 조성에 따라 발굴조사

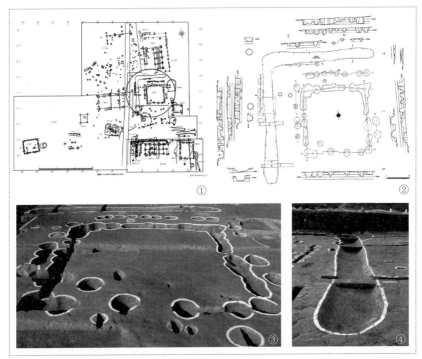

03 | 동남리 주구부 굴립주건물지 유적1
  (① 172-2번지 발굴현황도, ② 나-2호 건물지, ③ 건물지 내부전경, ④ 북쪽 주구 조사전경)

를 실시하였으며, 조사결과 백제 사비기의 벽주건물지 등 10동의 건물지
와 생활유구 및 옹관묘 등 다수의 유구가 확인되었다. 확인유구 중 주구
부 굴립주건물지는 나-2호 건물지 1동인데 완경사면 아래쪽을 메운 성토
대지 위에 조성되었다. 굴립주건물지 중에서는 규모가 큰 편이 아니지만
방형계 1열 단칸 건물지들 중에서는 다소 큰 편이다. 벽주건물, 남쪽 중
앙부의 출입구, 서쪽 외부의 초석, 북쪽과 서쪽의 ㄱ자형 주구 등이 특징
이다.

　한편 202-1번지 유적의 경우 금성산에서 길게 서주하는 능선의 남사
면 중 부여군청 남쪽 인근에서 확인되었다. 주택신축 이전에 실시된 발

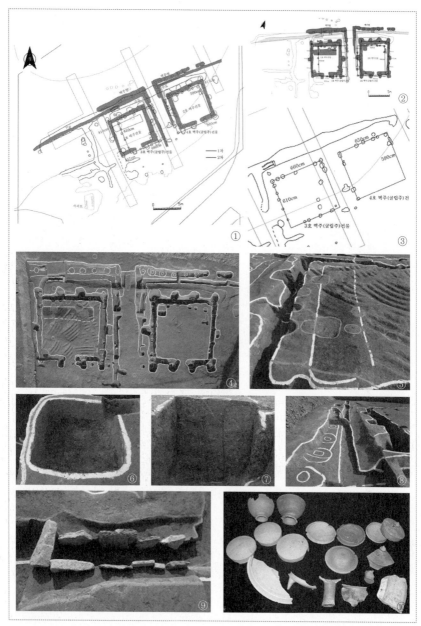

04 | 동남리 주구부 굴립주건물지 유적2
(① 202-1번지 발굴현황도, ② 1단계 건물지(1·2호), ③ 2단계 건물지(3·4호), ④ 1단계 세부, ⑤ 1호 저탄곽,
⑥ 2호 노지, ⑦ 1단계 굴립주 단면, ⑧ 2호 옹벽 및 주구, ⑨ 2단계 석조암거형 건널목, ⑩ 2단계 주구 출토유물)

굴결과 주구부 벽주식건물지 4동과 그 부속시설 등이 사비천도 이전과 이후의 2단계에 걸쳐 계획적으로 조성되었음이 드러났다. 특히 1단계의 건물지는 공주 정지산Ⅱ기 유구와 시기적으로 상통한다고 보고되었다. 또한 각 단계별로 2동이 병렬 배치된 특징(대칭된 주구·옹벽으로 조성한 사이길, 하나로 통합된 주구)을 보이며 상하로 중첩되어 있었다.

구분		평면형태		규모〈길이×너비(cm)〉			내부 시설	주구 기능	비고
		건물	주구	전체	건물	주구			
동남리 172-2		방형	ㄱ자형	1,000× 1,150	564×572 (32.26㎡)	폭 130× 깊이 50	남중앙 출입구?	배수 목책	성토, 벽주, 서쪽외부 초석 2매
동남리 202-1	1호	방형	ㄱ자형	960× 1,060	590×543 (30.04㎡)	폭 45× 깊이 20	세장방 저탄곽	배수 경계	돌출형 주주, 출입구, 옹벽상 목주열
	2호	방형	역ㄱ자형	1,360× 1,080	580×550 (31.90㎡)	폭 47× 깊이 35	장방형 화덕	배수 경계	돌출형 주주, 출입구
	3호	방형	아미형	1,210× 950	660×610 (40.26㎡)	폭 82× 깊이 25		배수 제의	북편 석조암거형 건널목
	4호	방형	아미형		650×590 (38.35㎡)			배수 제의	

3) 쌍북리 유적(12동)

사비도성 내 북동쪽에 위치한 쌍북리에서는 총 6개 유적에서 12동의 주구부 굴립주건물지가 조사되었다. 이 건물지들은 현재 사용중인 도로와 주거지역 내에서 확인되었다. 즉, 동서방향으로는 예로부터 왕래해오던 부여-공주간 옛길을 중심으로 부여여중 남편의 207-5번지 유적(한국문화재보호재단 2011·2013; 정훈진 외 2011)과 월함지 북편의 314-5번지 유적(한국문화재보호재단 2012b; 정훈진 외 2012)이 위치해 있다. 남북방향으로는 공주방면 부여초입의 대향로로터리 부근의 현내들유적(충청문화재연구원 2009)을 중심으로 북쪽의 북포유적 사이에 184-11번지 유적(부여군문화재보존센터 2012b)과 243-8번지 유적(忠淸南道歷史文化院 2007a)이, 그 반대쪽인 논산방면 도로구간에 두시럭골유적(충청

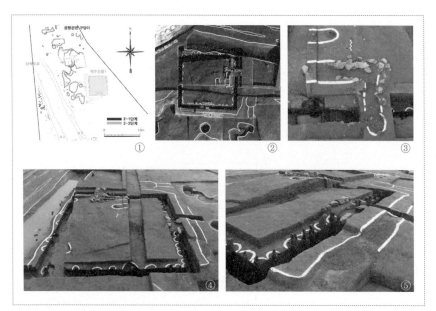

05 | 쌍북리 주구부 굴립주건물지 유적1 (① 184-11번지 유적 부분 전경, ② 주구부 건물지 전경1, ③ 구들시설 세부,
④ 주구부 건물지 전경2, ⑤ 출입구 및 주구 세부)

문화재연구원 2008)이 각각 위치해 있다.

　쌍북리유적에서 조사된 주구부 건물지는 동남리와 정동리보다 수적
우위를 보이는 만큼 입지와 주구형태 및 내부시설 등에 있어서도 다양한
양상을 보여준다.

　184-11번지 유적은 부여읍의 동쪽인 부소산과 금성산 사이의 저지대
에서 확인되었다. 사비 119 안전센터 신축이전에 실시된 발굴(2차) 결과
사비백제기 2-2단계의 주구부 굴립주건물지(벽주건물1)가 조사되었다.
건물지는 남북도로의 동쪽에 선축된 공방관련 구덩이가 폐기된 다음 이
를 부분적으로 성토한 대지 위에 축조된 지상식이며, 서쪽 중앙부에서 출
입구와 내부 남쪽 중앙에서 외부로 돌출된 할석조 구들이 확인되었다.
건물지의 외곽 서편에서 폭이 좁은 ㄷ자형 주구가 남아 있었다.

　207-5번지 유적의 경우 부여읍의 동쪽인 부소산과 금성산 사이의 부

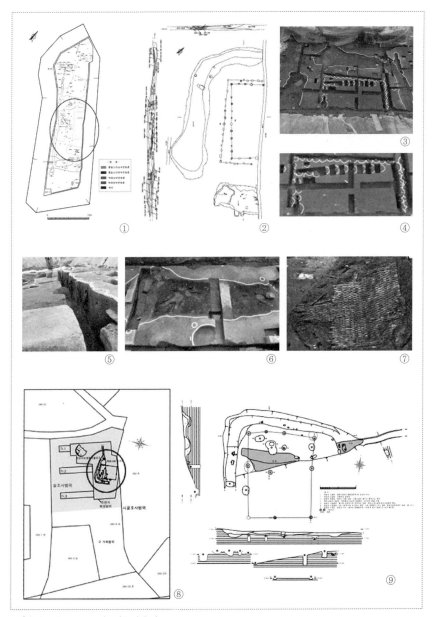

06 | 쌍북리 주구부 굴립주건물지 유적2
(① 207-5번지 발굴현황도, ②③ 건물지 2호, ④ 건물지 전경, ⑤ 외열 굴립주 입면, ⑥ 서쪽 주구 유물노출상태,
⑦ 서쪽 주구 내 출토유물, ⑧ 243-8번지 발굴현황도, ⑨ 주구부 건물지)

여여중 남쪽에 위치한 저지대(논 경작지)에서 확인되었다. 주택신축 이전에 실시된 발굴결과 백제와 통일신라시대의 각 2개 문화층 중 백제 상부문화층에서 1동의 주구부 굴립주건물지(건물지 2호)가 조사되었다. 건물지는 동쪽부분이 노출되지 않았으나 평지에 축조된 지상식으로 추정되며, 내외 2열의 굴립주열로 이루어져 있었다. 또한 계획적인 대지조성, 부분적인 판축 및 적심토기법 등이 특징적이며, 건물지 외곽 사방에 주구를 설치하였으나 남서쪽 일부가 개방된 형태를 이룬다.

243-8번지 유적의 경우 부소산 자락의 동쪽 능선 하단부에 위치하며, 능선의 남쪽사면에 입지하여 있다. 또한 대향로로터리에서 북포유적으로 가는 도로의 부여여중 북동쪽 맞은편에 해당한다. 주택신축 이전에 실시된 발굴결과 백제 주거지로 보고된 주구부 건물지 1동이 확인되었다. 주구는 경사면 위쪽에 ㄱ자 혹은 ㄷ자형으로 설치하였고 내부에는 남북장축으로 방형에 가까운 굴립주건물지를 조성하였다.

314-5번지 유적의 경우 부소산에서 동쪽으로 청산성방향으로 동주하는 능선의 남사면에 위치하며, 부여-공주간 옛길 중 쌍북3구 마을 초입부에 해당한다. 제2종 근린생활시설 신축 이전에 실시된 발굴결과 모두 5개 문화층 가운데 위에서 2번째 문화층인 2문화층의 1호와 가장 위쪽인 1문화층의 2호 등 주구부 건물지 2동이 확인되었다. 건물지 1호는 출입구와 노지 및 부분 벽주를 가진 방형의 건물지로서 북쪽에 아미형 주구를 설치하였다. 건물지 2호는 북쪽부분만 노출되었지만 사방형 주구를 가진 지상식으로 추정된다. 특히 2호에서는 기단 내부와 주구에서 제기, 목기, 철볏 등 여러 가지 상징적인 유물들이 출토되었다.

현내들 유적은 부여읍의 공주방면 초입인 대향로로터리에서 북쪽의 북포유적 방면으로 개설된 도로구간에 해당한다. 도로구간 중 발굴3구역에서 주구부 건물지 1동이 확인되었다. 주구부 건물지는 1호 건물지로서 도로구간의 특성상 동쪽은 완전히 노출되지 않았지만 전체형태는 방형으로 추정되며, 사방에 주구를 돌린 것으로 추정된다.

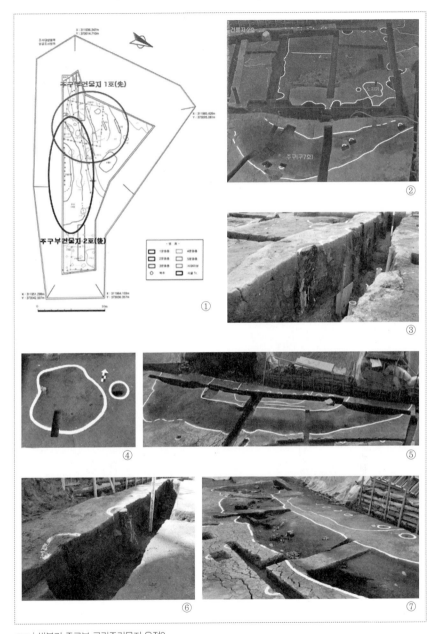

07 | 쌍북리 주구부 굴립주건물지 유적3
(① 314-5번지 발굴현황도, ② 건물지 1호, ③ 목주 입면, ④ 노지, ⑤ 건물지 2호, ⑥ 목주 입면, ⑦ 주구 내 유물노출)

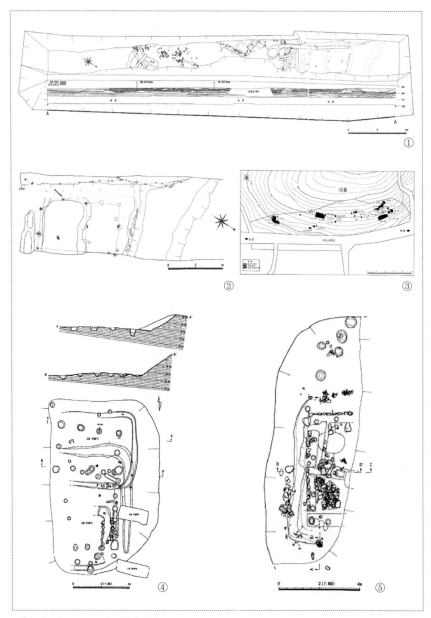

08 | 쌍북리 주구부 굴립주건물지 유적4

(①② 현내들 3구역 발굴현황도 및 건물지, ③ 두시럭골 발굴현황도, ④ 5·6호, ⑤ 13호 건물지)

두시럭골 유적의 경우 부여읍 초입인 대향로로터리에서 논산방면으로 향하는 국도4호선변에 위치하며, 부여-탄천간 도로 확·포장공사구간(제3공구) 1·2지점에 해당한다. 도로공사 이전에 실시된 발굴결과 확인된 유구 중 주구부 건물지는 모두 6동이다. 즉, 1지점 5·6·9·12·13호 및 2지점 3호 등이다. 이 가운데 1지점 5호와 6호는 서로 중첩되어 있었는데 6호가 선축유구이다. 이 건물지들은 능사와의 출토유물 비교를 통해 7세기전반을 전후한 시기에 조성된 유구들로 추정되었다.

구분		평면형태		규모<길이×너비(cm)>			내부 시설	주구 기능	비고
		건물	주구	전체	건물	주구			
184-11		방형	사방형 ㄷ자형?	(660)×(600)	500×500	폭 40×깊이 10	할석구들, 서중앙 출입구	배수	기단조성, 부분성토
207-5 〈2호〉		(장)방형	사방형 비연속 ㄷ자형	1,140×(570)	外620×(300) 內540×(240)	폭 180×깊이 60	내외진주, 적심토	복합	기반·기단조성, 부분판축
243-8		방형	사방형? ㄷ자형?	(320)×270	240×(190)	(220)×?×20	추정 구들	배수	
314-5	1호	방형	반원형	760×(565)	566×550 (31.13㎡)	646×154×44	노지, 남중앙 출입구	배수, 제의	부분 벽주, 제의흔적?
	2호	(장)방형	사방형 반타원형	1,414×(336)	516×(50)	폭 160×깊이 30	기단내 탄화목 판/칠기	복합	제의흔적
현내들 3구역 1호		추정 방형	사방형	?	602×(383) 〈原578〉	(776)×45~64	3개 소구역 구분	배수, 경계	기반·기단조성
두시럭골	1-5호	(장)방형	ㄷ자형?	522×(620)	300×(380)	폭 20×깊이 10		배수	6호 남쪽 주구 파괴
	1-6호	(장)방형	ㄷ자형?	860×(484)	(340)×445	폭 50×깊이 10	판석형할석조 구들	배수	주구 북서우 개방
	1-9호	(장)방형	호상 (∧)	(205)×(440)	?	410×50×10	보수/중수 흔적	배수	동쪽 10호 후축
	1-12호	(장)방형	일자형 (一)	(345)×(593)	(170)×(485)	250×100×7		흔적상 배수	남쪽 11호 후축
	1-13호	(장)방형	ㄷ자형?	(690)×(300)	(216)×540	폭 30×깊이 20	벽체, 벽체하단 석열	배수	
	2-3호	추정 장방형	ㄱ자형?	(655)×(290)	(450)×(150)	폭 40×깊이 30		배수	

4) 정동리 유적(7동)

정동리유적은 동나성의 외곽지역에 위치하며, 부여-탄천간 국도40호 선 확·포장공사 구간에 대한 발굴조사(충청문화재연구원·대전지방국토관리청 2005)에서 확인되었다. 총 5개 지점에 대한 발굴조사 결과 청동기~조선시대에 이르는 82기의 유구가 조사되었으며, 이 중 백제시대 주구부 굴립주건물지 7동이 동시기 주거지 및 분묘 등과 함께 확인되었다. 백제유구는 분묘와 생활유구가 서로 구별된 입지에 조성되었으며, 건물지는 대부분 단독적으로 입지하나 4호의 경우 수혈주거지를 파괴한 중첩양상을 보인다. 하지만 주거지와 건물지 상호간에는 특별한 입지상 차이는 발견되지 않는다.

주구부 건물지들은 평면형태(장방형, 주구는 ㄷ자형)와 주구의 기능면(배수중심)에서는 거의 유사한 특징을 보인다. 잔존상태가 아주 양호하지는 않지만 내부시설에 있어 다소 구별되는 면모를 보이며, 극히 일부(3호)에서는 증개축한 흔적을 보이기도 한다.

구분	평면형태		규모〈길이×너비(cm)〉			내부 시설	주구 기능	비고
	건물	주구	전체	건물	주구			
1호	추정 장방형	추정 ㄷ자형	(820)×(910)	(520)×(530)	720×470 ×100×27	판석조 구들	배수	
2호	장방형	추정 ㄷ자형	(870)×(680)	703×317 (22.29㎡)	535×105 ×50×30	정면3칸 측면2칸 벽체하부 일부잔존	배수 (2차)	
3호	장방형	추정 ㄷ자형	(790)×(320)	618×(242)	750×230 ×35×15	판석조 구들	배수	2회 굴립주 (증개축)
4호	장방형	추정 ㄷ자형	(640)×(340)	(530)×(250)	600×380 ×58×10	판석조 구들	배수	
5호	추정 방형	추정 ㄷ자형	(520)×(260)	410×(137)	폭 90× 깊이 40		구	잔존불량
6호	추정 장방형	추정 ㄷ자형		(260)×(237)	?		배수	일부만 조사
7호	장방형	추정 ㄷ자형	748×(400)	513×(215)	748×315 ×88×20		배수	유실 심함

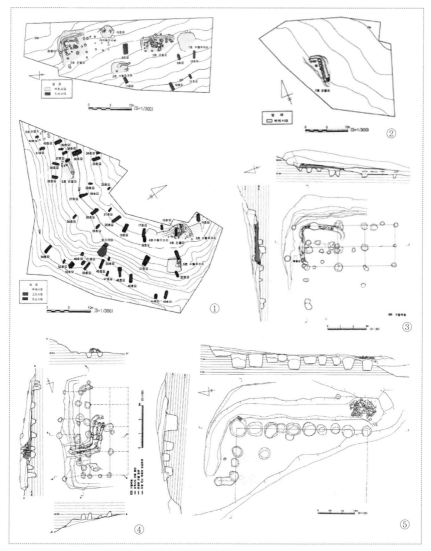

09 | 정동리유적 주구부 굴립주건물지
(① B-1,2지구 발굴현황도, ② B-3지구 발굴현황도, ③ 2호 건물지, ④ 3호 건물지, ⑤ 7호 건물지)

3. 형식분류 및 검토

주구부 굴립주건물지는 일반 굴립주건물지나 벽주건물지와 비교할 때 건물지 주위에 일부 혹은 전체에 걸쳐 주구를 설치하였다는 점에서 차이가 난다. 백제후기에 있어서 122년간 도읍으로서의 기능을 수행한 사비시기에 속하는 지상식에 속하는 굴립주건물지는 그 수는 많지 않지만 주로 사비기 후기에 집중되어 있으며, 그 중에서도 주구가 설치된 사례는 상대적 소수에 불과하다.

주구부 건물지는 앞서 언급했던 주구부 분묘처럼 유구가 위치한 입지조건 및 주구형태가 가장 큰 분류속성이 되며, 분류양상도 분묘의 것과 대동소이하다.

1) 입지조건

건물지의 입지조건에 따른 분류속성은 주구부 분묘의 입지조건과도 일맥상통하여 주구의 분류기준[1]도 분묘와 공유가 가능하다. 즉, 주구부 건물지의 입지도 사면형(A형)과 평지형(B형)으로 크게 나눌 수 있다. 수적으로는 사면형인 A형이 절대 우위에 있다.

우선 사면형은 구릉의 경사면, 즉 완만한 사면에 축조된 건물지가 여기에 해당하며, 부여관내에서는 가탑리 1기(222-1), 동남리 4기(202-1 〈1~4호〉), 쌍북리 8기(243-8, 314-5〈1호〉, 두시럭골) 및 정동리 7기 등 모두 20기이다. 이 사면형은 다음의 평지형보다 수적으로 압도적이다.

평지형인 B형은 동남리(172-2) 및 쌍북리(184-11, 207-5, 314-5〈2호〉, 현

---

1) 주구묘의 입지와 관련해서 사면형(청당동형; 주구목관묘)과 평지형(관창리형; 주구분구묘)으로 구분(오승열 2011에서 재정리)되는 분류속성은 부여관내 주구부 건물지에서도 유효한 속성으로 적용된다.

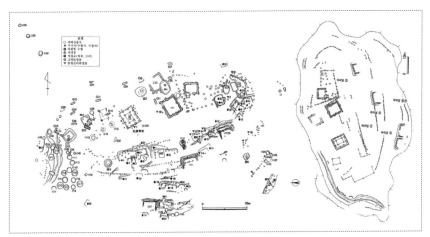

| 공주 정지산 유적 유구배치도

내들)에서 5예가 보고되었는데 부여읍내의 경우 주로 저평한 지형을 이용하고 있다. 하지만 외곽지역인 송국리유적 14차 조사(정치영외 2011)에서 구릉 정상부의 평탄대지상에 원삼국시대 주구를 파괴하고 그 상부에 축조된 백제시대 주구가 조사되었으나 내부에 건물지의 흔적이 불분명하였다.

백제의 주구부건물지는 한성기의 늦은 시기에도 확인되지만 주로 웅진기부터 본격화되어 사비기에 일반화되는 것(李建壹 2010)으로 알려져 있다. 실제로 A형은 웅진기의 빈전으로 비정되는 공주 정지산유적(國立公州博物館 1999)에서 주구부 건물지들이 확인되었으며, B형은 한성기 유적인 연기 나성리(이인학 2011)에서 16기가 조사되었다.

2) 주구의 형태

주구의 형태상 분류기준은 건물지의 외곽에 돌려진 범위로 결정된다.

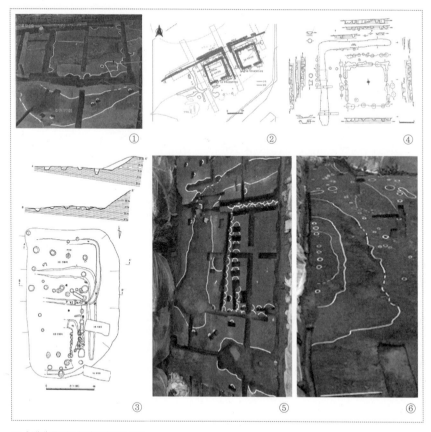

11 | 백제 주구부 굴립주건물지 유형
  (① Aa1형식(쌍북314-5(1호)), ② Aa2형식(동남202-1(1~4호)), ③ Aa3형식(두시럭골5 · 6호),
  ④ Ba2형식(동남172-2(나-2호)), ⑤ Bb3형식(쌍북207-5(2호)), ⑥ Bb4형식(쌍북314-5(2호)))

즉, 건물지의 일부분에만 돌려진 형태(아미형, a식)[2]와 전체에 돌려진 형태(사방형, b식)로 크게 나눌 수 있다.

　아미형인 a식은 입지조건이 사면형인 A형에서 주로 보이는데 경사

<hr />

2)　a식 중 동남리 202-1번지의 2단계인 3 · 4호의 경우 2동의 건물지 위쪽을 하나의 주구로 돌린 형태인데 이는 고구려의 집안 동대자유적에서 보이기 시작하는 1동2실식의 독특한 구조와 연관된 구조라 할 수 있다. 부여지역에서는 능산리사지 강당지에서도 확인되었다(조은경 2012).

면 위쪽을 중심으로 주구를 설치한 형태로서 외형에 따라 반(타)원형(a1식), ㄱ자형(a2식), ㄷ자형(a3식) 등으로 구분할 수 있다. 이외에도 호상(두시럭골 1-9호)이나 직선형(두시럭골 1-12호)도 확인되나 이는 유실이나 삭평 등으로 인해 원형의 일부만 남은 형태로 생각되기에 개별형식에서는 제외하였다. 형식별로 보면 a1식은 가탑리 222-1번지, 쌍북리 314-5번지 1호 및 동남리 202-1번지 2단계인 3·4호, a2식은 동남리 202-1번지 1단계 유구인 1·2호와 쌍북리 184-11번지, a3식은 쌍북리 두시럭골의 4기, 정동리 7기 등이다. 한편 평지형인 B형에서도 ㄱ자형(a2식)이 동남리 172-2번지와 쌍북리 184-11번지 등에서 확인된다.

사방형인 b식은 주로 평지형(B형)에 설치되며, 부여관내에서 비연속 방형(b3식, 쌍북리 207-5번지, 쌍북리 현내들)과 연속식 방형(b4식, 쌍북리 243-8번지 및 314-5번지 2호)이 확인된다. 또한 b식 가운데 원형인 b1식(비연속 원형)과 b2식(연속 원형)의 경우 아직까지 부여지역에서 조사

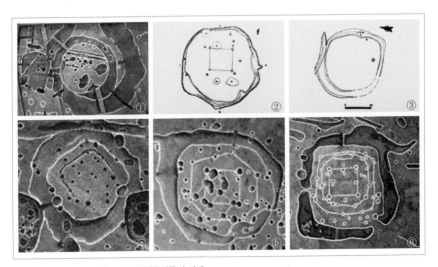

12 | 한성기 및 웅진기의 주구부 굴립주건물지 사례
① 부여송국리14차 백제주구, ② 당진 도성리, ③ 예산 신택리, ④ 연기대평리B지점주구부건물지,
⑤ 연기석삼리 주구부건물지, ⑥ 연기나성리 주구부건물지(9호)

예는 없으나 형식을 미리 설정해 둔 것은 시기적으로 이른 한성기에 속하는 연기 나성리유적에서 원형과 (말각)방형이 공존하는 것으로 보아 부여지역에서도 유사사례가 확인될 가능성을 배제하지 못해서이다. 비록 부여의 동쪽 외곽에 위치한 송국리 14차 주구는 주구묘의 주구로 보고되었지만 주구부 굴립주건물지와 유사한 형태를 취하고 있어 마치 남쪽에 출입구가 있는 b3식과 비슷하다. 한편, 쌍북리 243-8번지의 예는 잔존상태로 보아 연속적인 말각방형에 가까운 형태를 띠고 있어 사면형에서도 부분적으로 사방형 주구의 설치예를 살필 수 있다.

주구부 굴립주건물지의 주구형태를 입지조건과 결부시켜 보면 아래와 같이 사면형-아미형, 평지형-사방형의 관계가 성립된다.

구분	아미형(a식)			사방형b식			
	반원형a1	ㄱ자형a2	ㄷ자형a3	원형		방형	
				비연속b1	연속b2	비연속b3	연속b4
사면형 (A형)	가탑222-1, 동남202-1(3 · 4), 쌍북314-5(1)	동남202-1 (1 · 2)	두시럭골, 정동리				쌍북243-8
	Aa1	Aa2	Aa3				Ab4
평지형 (B형)		동남172-2, 쌍북184-11		(연기 나성리)	(연기 나성리)	쌍북207-5 현내들	쌍북314-5(2)
		Ba2		Bb1	Bb2	Bb3	Bb4

3) 주구의 용도

주구의 사전적 의미는 어떤 구조물의 주위에 도랑을 돌린 것을 의미한다. 이 주구의 기능이나 용도는 단순배수로, 저수, 영역이나 범위 구분용 경계, 채토장, 각종 제의공간 등으로 해석되고 있다. 굴립주건물지의 주구는 이 기능들이 건물지의 성격에 따라 단독적이거나 복합적으로 작용하는 것으로 생각된다.

사면형인 A형의 경우에는 경사면의 위쪽을 L자상으로 파내고 사면 아

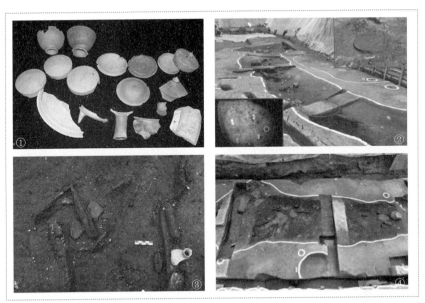

13 | 주구내 출토유물 (① Aa2형식(동남202-1(2단계)), ②③ Bb4형식(쌍북314-5(2호)), ④ Bb3형식(쌍북207-5(2호)))

래쪽을 메우고 위쪽에 주구를 설치하는데 이 때 주구는 기본적으로 외부 물의 입수를 1차로 차단, 우회시키는 배수로의 역할을 한다. Aa1과 Aa3 형식 대부분은 규모와 형태로 보아 배수가 주 기능이다. Aa1형식인 쌍북리 314-5번지 1호 주구는 내부출토 토기편으로 보아 제의흔적도 엿보인다고 할 수 있다. Aa2형식은 배수와 경계표시의 기능이 상정되는데 동남리 202-1번지 1·2호의 경우에는 ㄱ자형 주구를 서로 마주보게 함으로써 주구 사이의 공간이 사잇길의 역할을 겸하도록 배치하였다.

반면 평지형은 저평한 곳을 성토하여 토축기단 혹은 성토대지를 조성한 다음 주구를 설치하며, 부여에서 확인된 방형의 Bb3 및 Bb4형식의 경우 주구의 규모, 상징(철벗, 소찰편, 청동도가니, 동·식물유체)·훼기(毁棄)토기 및 제기(칠·목기, 초본용기) 출토 등으로 보아 격식 있는 제의가 중시된 복합기능을 수행했을 것으로 생각된다.

4) 건물지 조성

　부여지역의 주구부 굴립주건물지는 대부분 지상식이며, 생활면 기준으로 지면식 혹은 저상식에 해당하는 것으로 알려져 있다. 내부공간도 정동리2호(Aa3형식)의 3×2칸과 쌍북리207-5(Bb3형식)의 내외진주 및 동남리202-1〈1·2호〉(Aa2형식)의 돌출형주주 등과 같이 특별한 경우를 제외하면 대부분 1열 단칸 건물로 추정되며, 목주열과 벽체 위치가 거의 동일한 것으로 생각된다.

　A형 건물지는 보통 정지 혹은 정지+성토다짐공법에 의한 대지조성(조원창 2011), 개별 굴립주 설치 등의 방법으로 조성하지만 대지조성을 성토다짐(동남172-2)하거나 벽주를 설치한 예(가탑222-1, 쌍북314-5〈1호〉, 동남202-1〈1·2호〉)도 확인된다.

　이에 반해 B형의 경우에는 성토다짐공법에 의한 대지·토축기단 조성, 상면피복에 의한 생활면 조성, 개별 굴립주 설치 등으로 건물지를 조성하고 있다. 다만 쌍북리 207-5번지예(Bb3형식)는 모서리에 초석을 이용한 적심토방식의 기둥설치, 목주열 중심의 부분판축 등의 특징을 보인다.

　내부시설은 대부분 A형에서 주로 확인되며, 노지관련시설이 동남리202-1〈1·2호〉(Aa2형식)와 쌍북리314-5〈1호〉(Aa1형식)에서, 판석조구들은 Aa1형식(가탑리222-1)·Aa3형식(두시럭골·정동리)·Ab4형식(쌍북리243-8)·Ba2형식(쌍북리184-11) 등에서 확인되었다. 또한 출입구시설은 가탑리222-1(Aa1형식), 동남리172-2과 동남리202-1〈1·2호〉(이상 Aa2형식) 등에서 남쪽 중앙부, 쌍북리184-11번지(Ba2형식)의 경우에는 서쪽 중앙부에서 각각 확인되었다.

4. 변천양상

　부여지역 주구부 굴립주건물지는 아직까지는 조사예가 매우 적다. 그러한 상황에서 주구부 건물지의 변천을 거론한다는 것 자체가 이상할 지도 모른다. 하지만 시기문제는 절대연대 측정이나 출토유물에 의한 상대편년을 통해 이루어지고 있다. 또한 주구부 건물지들의 상호중첩관계는 유구의 직접적인 선후관계를 토대로 상대편년의 실증자료로써 이용되기도 한다.

　현재까지 주구부 건물지 내에서 절대연대가 확보된 사례는 쌍북리 207-5번지의 단일예지만 직접 중첩된 건물지들의 시기적인 위치비정에 유익한 참고자료로 활용할 수 있다. 부여에서 조사된 주구부 건물지 중에서 중첩된 상태로 확인된 예는 동남리 202-1번지 1·2호와 3·4호, 쌍북리 314-5번지 1호와 2호, 쌍북리 두시럭골 5호와 6호 등이다. 이들을 통해서 부여지역 주구부 굴립주건물지의 대체적인 변천양상을 살펴보자.

1) 동남리 202-1번지 1~4호(1·2단계)

　보고자에 따르면 구릉의 중앙부에 위치한 사면형 방형건물지이고 백제후기 웅진·사비기의 시설물로서 두 차례에 걸쳐 중첩된 것으로 파악되었다. 즉, 1단계인 1·2호가 폐기된 이후에 2단계인 3·4호가 축조된 것으로 조사되었다.

　1단계인 1·2호는 대벽건물지로서 특수건물지에 속하는데 정지공법을 이용한 건축, 남쪽 출립구를 제외한 전면벽주, 동지주를 통한 맞배지붕, 돌출형 주주, ㄱ자형 수로(Aa2형식 주구)와 옹벽상 목주열, 건물 사이 길 등으로 특징지어진다. 이에 비해 2단계의 3·4호는 다주식 기둥, 2동의 위쪽을 두른 눈썹형(Aa1형식) 주구 등으로 상대적으로 단조로운 특징을 지닌다.

건물지의 시기는 1단계는 구·돌출형주주로 보아 공주 정지산유적II 기와 시기적으로 비슷하고 2호 화덕 출토 장란형토기가 사비기보다 선행 양식인 점을 들어 웅진기에 조성된 유구로 추정하였다. 반면 2단계 3·4호는 주구 출토 토기(개배, 대부완, 삼족기편 등 소형기물 위주)로 보아 사비기로 추정하고 있다.

이 두 단계의 주구부 건물지들은 사비천도 이전(1단계)과 이후(2단계)의 양식으로 나누어지며, 양자의 특징적인 변화는 우선 주구의 형식(Aa2→Aa1)과 기능(배수로→배수·제의), 기둥설치기법(벽주식→다주식)에서 관찰된다. 또한 1단계에만 보이는 특징은 돌출형 주주와 동지주(맞배지붕)·출입구·옹벽상 목주열·사이길 등[3]이다.

2) 쌍북리 314-5번지 1·2호

2기 모두 월함지를 내려다보이는 사면에 위치하나 최상부(제1)문화층인 2호 건물지는 제2문화층 선대유구(1호 건물지 등)가 폐기되고 나서 저지대를 성토공법으로 건축하였다.

선행하는 1호의 경우 Aa1형식 주구가 달린 방형건물지로서 정지공법으로 기단조성, 부분벽주, 상부피복을 통한 생활면조성 등의 특징을 보인다. 2호는 사방형인 Bb3형식 주구부 건물지로서 북쪽 일부만 노출된 상태이나 잔존상태를 기준으로 성토공법에 의한 건축, 상부피복을 통한 생활면조성, 다주식 기둥, 복합기능의 주구 등의 특징이 있다.

1·2호의 조성 시기는 유구 내부 혹은 목주에서 채취한 목탄 시료를 대상으로 AMS분석 결과 1호 노지의 경우 460년, 2호의 경우 580년의 보정연대를 각각 얻을 수 있었다. 두 건물지의 형태와 내부구조의 중첩에

---

3) 이 가운데 벽주와 돌출형 주주 및 동지주에 의한 맞배지붕 등은 공주 정지산유적과 유사성이 거론되는바 국가적인 규모의 기능을 수행하는 특수요건이라고 할 수 있다.

따른 변천양상, 주구의 변화형태, 출토유물의 비교 등과 함께 절대연대를 고려할 때 1호의 경우에는 사비기 초기 전후로, 2호의 경우에는 6세기말 ~7세기초로 시간적 위치를 상정해 볼 수 있겠다. 또한 선행유구인 1호의 경우 같은 4문화층에 속하는 수혈 6호에서 출토된 구연부가 짧은 칠기이 배의 양식[4]으로 보아 늦어도 6세기 후반 이전으로 추정할 수 있다. 한편 최상층의 2호 주구에서는 여러 가지 상징적인 제의유물과 함께 삼각집선 문+반원점문이 시문된 인화문토기 병편이 출토되었다. 인화문토기의 신 연구(이동헌 2011)에 따르면 양식상 이르면 6세기 후반으로도 볼 수 있 겠지만 안정적으로는 7세기초 정도로 생각된다.

이 1·2호의 양식상 변화는 6세기 중후반을 기점으로 주구의 형식 (Aa1→Bb3)과 기능(배수로·제의?→복합)을 비롯하여 대지조성공법(정 지→성토), 기둥설치기법(부분벽주식→다주식) 등에서 관찰된다. 하지만 상부피복을 통한 생활면조성은 공통적이다.

3) 쌍북리 두시럭골 5·6호

두시럭골 5·6호의 중첩은 5호가 6호의 남쪽 주구를 파괴함에 따라 6 호가 선행하는 유구임을 알 수 있다.

이 두 건물지는 사면형의 ㄷ자형인 Aa3형식의 주구(배수로 기능)가 설치되고 대지조성도 정지공법을 사용한 공통점이 있다. 양자의 차이는 비록 완전한 형태는 아니지만 장축방향이 6호는 남북방향에 가깝고 5호

---

4) 이 칠기이배는 평면 원형으로 양쪽에 2개의 耳가 마련된 형태인데 낙랑이나 한대 이 배(평면 타원형)와는 차이가 나며, 부소산성에서 출토된 6세기 중엽경의 II형식 전달 린토기(구연부가 낮은 소형; 김종만 2004)와 흡사하다. 이 전달린토기는 고구려에서 백제로 전파된 유물로 알려져 있는데 수혈 6호 칠기이배의 시간적 위치는 전달린토기 의 편년을 참조해도 무방할 것으로 생각된다. 다만, 토기가 아니라 칠기인 점은 부여 능사 하층에서 출토된 II형식의 전달린토기가 회청색 경질의 표면에 칠을 바른 칠토 기라는 점에서 이를 칠목기 모방의 모델로도 해석할 수 있다.

는 동서방향에 가까운 형태를 취하고 있으며, 선축인 6호에만 내부시설로서 판석조 구들이 설치되어 있다. 또한 주칸거리도 6호에 비해 5호는 거리가 1m 이상으로 길어진 변화가 보인다.

쌍북리 두시럭골유적의 대체적인 편년은 7세기 전반을 전후한 시기로 보고자는 추정하고 있다. 5·6호의 조성시기도 동일한 맥락에서 생각할 수 있으며, 사비기 후기이후가 되면 ㄷ자형(Aa3형식)의 주구가 어느 정도 일반화되지 않았나 생각된다. 이러한 Aa3형식 주구는 정동리건물지들도 공통적인데 정동리유적의 보고자 편년(6세기후반~7세기초)을 참고할 때 6세기 후반 무렵에는 이미 존재했음을 알 수 있다.

4) 시간성

부여지역 주구부 굴립주건물지의 중첩관계를 통해 나타난 변천상의 특징들을 종합해 보면 아래 표와 같이 정리할 수 있다. 본고의 연구대상 23동 중 상호 중첩된 예가 비록 3예, 8동에 불과하지만 주구부 건물지들이 지니는 주요한 속성들의 시간적 변화(주로 시간적인 면)는 이러한 특징들의 변천과정을 보여준다.

주구부 굴립주건물지들의 시간성을 다룰 때 쌍북리 207-5번지 및 314-5번지 유적의 사례는 AMS분석결과 얻은 절대연대치로 인해 중요한 위치를 점한다. 우선 207-5번지 2호 건물지의 경우 건물지 내에서 채취한 목탄시료의 AMS분석을 통한 절대연대가 560~570년 대지조성→620년 폐기에 이르는 시간폭을 나타내는 것으로 생각된다. 한편 314-5번지의 경우에는 선축된 1호 노지에서 460년, 2호에서 580년의 절대연대가 나온 점을 고려할 때 '1호→2호'로의 전환시점은 대략 6세기 중후반 무렵으로 생각된다.

이 절대연대 자료를 참고하여 부여지역에서 조사된 주구부 굴립주건물지의 중첩관계에 의한 변천양상을 접목시키면 아래와 같은 표로 정리할 수 있다.

구분	→ 500	538 사비천도	567 능사건립	600	660 백제멸망	비고
Aa1형식		‖‖‖‖‖‖‖‖‖‖‖‖‖‖‖‖				쌍북314-5(1호)
Aa2형식	‖‖‖‖‖‖‖‖‖‖‖‖‖‖‖					동남202-1(1단계)
Aa3형식				‖‖‖‖‖‖‖‖‖‖‖		두시럭골, 정동리
Ba2형식				‖‖‖‖‖‖‖‖‖		동남172-2
Bb3형식			‖‖‖‖‖‖‖‖‖‖‖‖‖‖‖			쌍북207-5(2호)
Bb4형식				‖‖‖‖‖‖‖‖‖‖‖		쌍북314-5(2호)

5. 맺음말

이상에서 살펴본 것처럼 부여지역에서 조사된 주구부 굴립주건물지는 아직까지는 극히 빈약한 수량에 불과하다. 일반적으로 유행한 굴립주건물지와는 외곽에 돌려진 주구의 유무에 따라 단순 구분된다. 주구의 분류기준은 주구부 분묘에 선행연구사례가 있어 이를 최대한 활용하여 분석하였다. 주구의 입지와 형태에 따라 부여관내 자료의 경우 모두 7가지 유형(Aa1~3, Ab4, Ba2, Bb3 · 4)으로 분류되며, 한성기나 웅진기에 이미 출현하였지만 사비기에는 조사사례가 미확인된 유형은 앞으로 조사사례가 증가한다면 채워질 가능성이 많다고 생각된다.

주구부 굴립주건물지의 격에 대해서는 사면형의 Aa2형식, 특히 동남리 202-1번지 1단계의 경우가 국가시설물(심상육 · 이미현 2011)에 가까운 최고 정점에 해당하며, 평지형(B형)인 쌍북리 207-5번지 2호나 동 314-5번지 2호도 시기적으로 앞선 동남리 202-1번지 1단계보다는 격이 떨어지지만 일반주거와는 크게 구별되는 특수성격(제의 등)의 건물지라고 할 수 있다. 또한 단순 배수기능의 주구가 아닌 복합적인 기능을 가진 건물지도 일반 건물지와는 일정부분 차별적이라 할 수 있다. 앞으로 관련자료가 증가한다면 주구부 굴립주건물지의 특수한 성격이 보다 구체화될 것으로 예상한다.

따라서 본고에서 미처 다루지 못한 부분에 대해서는 아래와 같은 향후 연구과제로 남겨 보다 복합적이고 심층적인 연구를 이어가고자 한다.

■ 향후 연구과제 ■

관내의 여타 굴립주건물지 및 수혈주거지와의 관련성 검토

한성기나 웅진기 사례와의 비교검토

건축고고학적 위치 확인

출토유물의 종합적 비교검토를 통한 편년체계 수립

:: 인용목록 ::

도면 1   일제강점기 지도
도면 2-①   한국전통문화대학교 고고학연구소, 2013: 14 사진 3상.
도면 2-②   한국전통문화대학교 고고학연구소, 2013: 14 사진 3중.
도면 2-③   한국전통문화대학교 고고학연구소, 2013: 14 사진 3하좌.
도면 2-④   한국전통문화대학교 고고학연구소, 2013: 14 사진 3하우.
도면 3-①   충청남도역사문화원 2007b: 31 圖面 4.
도면 3-②   충청남도역사문화원 2007b: 49 圖面 10.
도면 3-③   충청남도역사문화원 2007b: 181 圖面 33.
도면 3-④   충청남도역사문화원 2007b: 185 圖面 46.
도면 4-①   부여군문화재보존센터 2012a: 9 도면 4上.
도면 4-②   심상육 · 이미현 2012: 6 도면 3.
도면 4-③   부여군문화재보존센터 2012a: 9 도면 4下右.
도면 4-④   부여군문화재보존센터 2012a: 11 사진 2.
도면 4-⑤   부여군문화재보존센터 2012a: 12 사진 3.
도면 4-⑥   부여군문화재보존센터 2012a: 12 사진 6.
도면 4-⑦   부여군문화재보존센터 2012a: 12 사진 4.
도면 4-⑧   부여군문화재보존센터 2012a: 12 사진 7.
도면 4-⑨   부여군문화재보존센터 2012a: 13 사진 11.
도면 4-⑩   부여군문화재보존센터 2012a: 13 사진 12.
도면 5-①   부여군문화재보존센터 2012b: 19 그림 7.
도면 5-②   부여군문화재보존센터 2012b: 28 사진 9.
도면 5-③   부여군문화재보존센터 2012b: 29 사진 11.
도면 5-④   부여군문화재보존센터 2012b: 28 사진 10.
도면 5-⑤   부여군문화재보존센터 2012b: 29 사진 12.
도면 6-①   한국문화재보호재단 2012b: 도면 3.
도면 6-②   한국문화재보호재단 2013: 15 도면 3.
도면 6-③   한국문화재보호재단 제공
도면 6-④   한국문화재보호재단 제공
도면 6-⑤   한국문화재보호재단 제공

도면 6-⑥ 한국문화재보호재단 제공

도면 6-⑦ 한국문화재보호재단 제공

도면 6-⑧ 忠淸南道歷史文化院 2007b: 170 圖面 3.

도면 6-⑨ 忠淸南道歷史文化院 2007b: 173 圖面 4.

도면 7-① 한국문화재보호재단 2012b: 도면 3.

도면 7-② 한국문화재보호재단 제공

도면 7-③ 한국문화재보호재단 제공

도면 7-④ 한국문화재보호재단 제공

도면 7-⑤ 한국문화재보호재단 제공

도면 7-⑥ 한국문화재보호재단 제공

도면 7-⑦ 한국문화재보호재단 제공

도면 8-① (재)충청문화재연구원 2009: 177 圖面 6-①.

도면 8-② (재)충청문화재연구원 2009: 177 圖面 6-②.

도면 8-③ (재)충청문화재연구원 2008: 19 圖面 5.

도면 8-④ (재)충청문화재연구원 2008: 46 圖面 24.

도면 8-⑤ (재)충청문화재연구원 2008: 80 圖面 42.

도면 9-① (財)忠淸文化財研究院 · 大田地方國土管理廳 2005: 21 圖面 5 · 6.

도면 9-② (財)忠淸文化財研究院 · 大田地方國土管理廳 2005: 22 圖面 7.

도면 9-③ (財)忠淸文化財研究院 · 大田地方國土管理廳 2005: 41 圖面 17.

도면 9-④ (財)忠淸文化財研究院 · 大田地方國土管理廳 2005: 51 圖面 21.

도면 9-⑤ (財)忠淸文化財研究院 · 大田地方國土管理廳 2005: 95 圖面 41.

도면 10   국립공주박물관 · (주)현대건설 1999: 22 · 23 도면 2 · 3.

도면 11-① 한국문화재보호재단 제공

도면 11-② 부여군문화재보존센터 2012a: 9 도면 4上.

도면 11-③ (재)충청문화재연구원 2008: 46 圖面 24.

도면 11-④ 忠淸南道歷史文化院 2007b: 173 圖面 4.

도면 11-⑤ 한국문화재보호재단 제공

도면 11-⑥ 한국문화재보호재단 제공

도면 12-① 정치영 외 2011: 281 사진 18.

도면 12-② 현대환 · 양지훈 2011: 268 그림 12.

도면 12-③ 현대환 · 양지훈 2011: 268 그림 12.

도면 12-④ 현대환 · 양지훈 2011 : 268 그림 12.
도면 12-⑤ 현대환 · 양지훈 2011 : 268 그림 12.
도면 12-⑥ 이인학 2011 : 347 사진 5.
도면 13-① 부여군문화재보존센터 2012a : 13 사진 12.
도면 13-② 한국문화재보호재단 제공
도면 13-③ 한국문화재보호재단 제공
도면 13-④ 한국문화재보호재단 제공

:: 참고문헌 ::

國立公州博物館, 1999, 『艇止山』.
국립부여문화재연구소, 2009, 『扶餘 官北里百濟遺蹟 發掘報告Ⅲ -2001~2007年 調
　　　　查區域 百濟遺蹟篇-』.
權五榮 · 李亨源, 2006, 「삼국시대 壁柱建物 연구」, 『韓國考古學報』 60, 韓國考古學會.
김종만, 2004, 『사비시대 백제토기 연구』, 서경문화사.
김종만, 2007, 『백제토기의 신연구』, 서경문화사.
동방문화재연구원, 2010.6, 「부여 사비 119안전센터 신축부지 내 유적 발굴조사 약
　　　　보고서」.
배덕환, 2005, 「先史 · 古代의 地上式建物」, 『東亞文化』 創刊號, 東亞文化研究院.
배덕환 · 김민수, 2009, 「三國時代 高床建物의 住居로서의 可能性」, 『聚落研究』 1,
　　　　취락연구회.
부여군문화재보존센터, 2010.12, 「부여 구아리 319번지 부여중앙성결교회 증개축
　　　　부지 내 "부여중앙성결교회유적" 발굴조사 약보고서」.
부여군문화재보존센터, 2012a, 「부여 동남리 202-1번지 공동주택 신축부지 정밀발
　　　　굴조사 약보고서」.
부여군문화재보존센터, 2012b, 「사비119안전센터 신축부지(쌍북리 184-11번지)
　　　　내 유적 발굴조사 약보고서」.
徐大源 · 李仁鎬 · 崔旭 · 朴根成, 2012, 『扶餘 迂回國道連結 都市計劃道路 改設工事
　　　　區間內 扶餘 佳塔里 가탑들 遺蹟』, (財)錦江文化遺産研究院.

심상육, 2012, 「부여지역 백제 벽주(늑대벽)건물지」, 『제36회 한국고고학전국대회 농업의 고고학』, 韓國考古學會.

심상육·이미현, 2012, 「百濟 壁柱式 建物址 新出 報告」, 『제11회 백제학회 정기발표회 금강유역권 신출토자료와 그 해석』, 백제학회.

吳昇烈, 2011, 「京畿地域 周溝墳墓에 대한 硏究」, 仁荷大學校大學院 碩士學位論文.

李建壹, 2011, 「湖西地域 百濟住居址의 地上化過程에 관하여」, 『湖西考古學』 24, 호서고고학회.

李建壹, 2012, 「扶餘地域 百濟 竪穴式住居址」, 『제36회 한국고고학전국대회 농업의 고고학』, 韓國考古學會.

李南奭, 2014, 『사비시대의 고고학』, 서경문화사.

李東憲, 2011, 「統一新羅 開始期의 印花文土器 -歷年代 資料 確保를 위하여-」, 『한국고고학보』 81, 한국고고학회.

이인학, 2011, 「행정중심복합도시 중앙녹지공간 및 생활권 2-4구역 건설예정지역내 연기 나성리유적」, 『제35회 한국고고학전국대회 삼국시대 남해안지역의 문화상과 교류』, 韓國考古學會.

임종태, 2012, 「부여지역 백제 굴립주건물지」, 『제36회 한국고고학전국대회 농업의 고고학』, 韓國考古學會.

정치영·주혜미·이동희·정은지, 2011, 「부여 송국리유적 14차 발굴조사 성과」, 『제35회 한국고고학전국대회 삼국시대 남해안지역의 문화상과 교류』, 韓國考古學會.

정훈진, 2012, 「부여지역 백제 주구부 굴립주건물지」, 『제36회 한국고고학전국대회 농업의 고고학』, 韓國考古學會.

정훈진, 2013a, 「부여지역 사비기 굴립주건물지의 공간활용방식 연구시론」, 『제37회 한국고고학전국대회 주거의 고고학』, 韓國考古學會.

정훈진, 2013b, 「부여지역 소규모 발굴조사 최신 성과 -백제유적을 중심으로-」, 『제2회 백제문화권 유적조사연구 학술발표』, 국립부여문화재연구소.

정훈진·원대운·윤종철, 2011a, 「부여 쌍북리 207-5번지 유적 백제 건물지」, 『제35회 한국고고학전국대회 삼국시대 남해안지역의 문화상과 교류』, 韓國考古學會.

정훈진·원대운·남선영·윤종철, 2011b, 「부여 쌍북리 207-5번지 단독주택부지 내 유적」, 『제24회 호서고고학회 학술대회 호서지역 문화유적 발굴성과』, 湖西考古學會.

정훈진·이진호·김지혜·정홍선·남선영·최민석, 2012, 「부여 쌍북리 314-5번지 제2종 근린생활시설 신축부지 내 유적」, 『제26회 호서고고학회 학술대회 호서지역 문화유적 발굴성과』, 湖西考古學會.

조원창, 2011, 『백제의 토목건축』, 서경문화사.

조은경, 2012, 「삼국시대 벽구조에 대한 고찰」, 『백제문화 기획연구 관련 국제학술회의』(자료집), 국립부여문화재연구소.

충남대학교 백제연구소, 2003, 『사비도성』.

忠淸南道歷史文化院, 2007a, 『-扶餘 個人住宅 新築敷地- 東南里 702番地遺蹟·雙北里 243-8番地遺蹟(試掘)』.

충청남도역사문화원, 2007b, 『부여 서동공원 조성부지 -동남리 172-2번지일대 유적-』.

충청남도역사문화원, 2007c, 『부여 가탑리유적』.

(財)忠淸文化財硏究院·大田地方國土管理廳, 2005, 『扶餘 井洞里 遺蹟』.

(재)충청문화재연구원, 2008, 『부여 쌍북리 두시럭골 유적』.

(財)忠淸文化財硏究院, 2009, 『扶餘 雙北里 현내들·北浦 遺蹟』.

한국문화재보호재단, 2011, 「부여 쌍북리 207-5번지 단독주택 신축부지 내 문화유적 발굴조사 약보고서」.

한국문화재보호재단, 2012a, 「부여 쌍북리 201-4번지 농업용 창고시설 신축부지 내 문화유적 발굴조사 약보고서」.

한국문화재보호재단, 2012b, 「부여 쌍북리 314-5번지 제2종 근린생활시설 신축부지 내 문화유적 발굴조사 약보고서」.

한국문화재보호재단, 2013, 「부여 쌍북리 207-5번지 유적」, 『2011년도 소규모 발굴조사 보고서IV -충남2·대전·충북-』.

한국전통문화대학교 고고학연구소, 2013, 「충청·호남권 주배관 건설공사 -논산~부여구간(부여관리소) 내 문화유적 발굴조사 약보고서」.

현대환·양지훈, 2011, 「湖西地域 原三國時代 住居構造와 展開」, 『제23회 호서고고학회 학술대회 발표요지 금강유역 마한 문화의 지역성』, 湖西考古學會.

부여지역 백제 사비기 기와건물지의
축조기법과 대외교섭

조원창

1. 머리말

부여지역에서 발견된 백제 사비기의 건축유구는 수혈주거지를 비롯해 대벽건물지[1], 굴립주건물지, 기와건물지 등 다양하다. 이중 기와건물지를 제외한 나머지의 건축유구는 지붕이 초가형이라는 점에서 지붕에 기와를 올린 기와건물지와 큰 차이를 보이고 있다.

그 동안 부여지역의 사비기 기와건물지는 사지나 일명 사지, 관북리 백제유적 등에서 주로 확인되었다. 이들 유적 중 가장 다수를 차지하는 것은 사지이다. 이는 나성 내·외부 모두에 분포하고 있으며 남북장축을 한 1탑1금당식의 가람배치를 보이고 있다. 나성 외곽의 사지로는 동나성 밖의

---

1) 이는 달리 벽주건물지라 부르기도 한다(忠南大學校百濟硏究所·大田地方國土管理廳 2003: 280). 대벽건물지는 벽체만을 놓고 볼 때 일반 굴립주건물지에 비해 주기둥 사이에 보조기둥이 더 많이 시설된 것이 사실이나 벽 자체가 모두 기둥으로 시설된 것은 아니다. 따라서 주기둥과 보조기둥 사이의 관계, 벽면(벽체) 마감처리 등에 대한 세부적 검토가 필요하다고 생각된다.

능산리사지와 백마강 너머의 왕흥사지, 금강사지 등이 있다.

일명 사지는 최근까지 사지로 불리고 있던 것이나 그 성격이 분명치 않은 유적들이다. 금성산 와적기단 건물지를 비롯해 동남리건물지, 규암 외리유적 등을 들 수 있다. 이들 건물지 및 주변에서는 와당을 비롯해 청동제 소탑편, 불상광배편, 금동관음보살상 등이 검출되어 불교적 색채가 강함을 엿볼 수 있다. 그러나 백제 사비기 가람배치를 구성하는 탑지나 회랑지, 동서회랑 북단 건물지 등이 확인되지 않아 사지로 보기에는 다소 어려움이 있다. 그 외 부소산성 내 건물지, 동남리건물지, 용정리건물지, 화지산건물지 등 구제 및 학술발굴 등을 통해 알려진 일반 기와건물지도 조사된 바 있다.

기와건물지는 지붕에 기와를 올리고 있다는 점에서 여타 건축유구와는 다른 복잡한 구조를 보이고 있다. 즉, 축기부[2]를 비롯해 적심시설, 초석, 고맥이, 기단, 계단, 산수시설 등의 요소를 가지고 있다. 아울러 건물의 하중을 지탱하기 위한 기단토의 판축공법 등도 찾아지고 있다. 특히, 기단은 동 시기의 고구려나 신라에 비해 다양한 재료와 형식을 보여주고 있다.

따라서 본고는 백제 사비기 부여지역의 기와건물지를 중심으로 이의 건축고고학적 특성과 대외교섭적 측면을 살펴보고자 한다. 이를 위해 2장에서는 기와건물지를 사지, 일명 사지, 성격 미상의 건물지 등으로 분류하고 그 개략적 내용을 알아보도록 하겠다. 그리고 3장에서는 2장에서 살핀 기와건물지를 분석하여 각 부분의 축조기법과 백제를 중심으로 한 중국, 신라, 일본 등과의 대외적인 건축문화 교섭을 검토해 보고자 한다. 아울러 현재 고고학적으로 밝혀지지는 않았지만 우리나라 건축기술의 변천과 백제인의 생활방식을 통해 주질 및 난방시설과 같은 새로운 건물지 요소 등에 대해서도 유추해 보고자 한다.

---

2) 기단 아래에 시설된 부분으로 정지 및 되파기공법을 사용하고 있다. 특히 후자의 경우는 되파기한 굴광 내부에 판축 및 성토다짐공법으로 축토하고 있다(조원창 2008c).

2. 부여지역 백제 사비기 기와 건물지의 자료검토

1) 사지

(1) 군수리사지 朝鮮古蹟研究會 1937a ; 국립부여문화재연구소 2010a ; 조원창 2008a

중문지-목탑지-금당지-강당지 등이 남북장축으로 배치된 1탑1금당식 가람이다(도 01). 목탑지는 수직횡렬식의 단층 전적기단, 금당지는 이중기단으로 조성되었다. 금당지 하층기단의 남면은 합장식(도 02), 동·서·북면은 수직횡렬식 와적기단으로 축조되었다. 하층기단 상면에 방형초석이 놓여 있는 것으로 보아 변주가 시설된 것으로 파악된다. 목탑지의 기단은 전을 이용해 수직횡렬식으로 조성하였다. 금당지 동쪽으로 별도의 와적기단 건축물이 축조된 것으로 보아 1탑3금당식의 가람배치도 배제할 수 없다. 심초석은 지하에 매립되어 있고 사도가 시설되어 있다. 사원의 축조 시기는 심초부 출토 불상과 당탑지의 기단 재료 등을 검토해 볼 때 능사 이전인 6

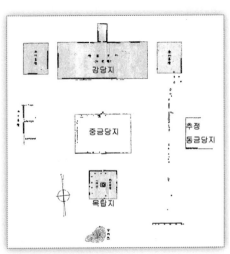

01 | 군수리사지 가람배치

02 | 군수리사지 금당지 남면 합장식 와적기단

세기 3/4분기 초반[3])으로 추정된다.

(2) 능산리사지國立扶餘博物館·扶餘郡 2000 : 조원창 2006a

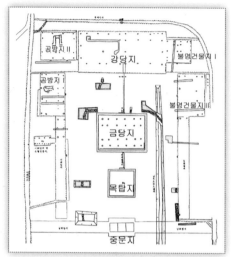

03 | 능산리사지 가람배치

04 | 능산리사지 목탑지

중문지-목탑지-금당지-강당지 등이 남북장축으로 배치된 1탑1금당식 가람이다(도 03). 목탑지(도 04) 및 금당지만 이중기단으로 조성되었고 나머지 건물은 모두 단층기단이다. 이중기단 중 상층은 가구기단이고 하층은 치석기단으로 조성되었다. 단층기단은 할석난층기단 및 와적기단으로 축조되었으며 후자의 경우 평적식 및 수직횡렬식으로 조성되었다. 강당지는 1동2실 건물이고 서실에서 아궁이 및 온돌이 확인되었다. 서회랑 북단에서 노시설 등이 확인되어 공방지로 추정된 바 있으나 이는 통일신라기의 유구로 판단된다. 목탑지에서 수습된 사리감의 명문으로 보아 능사의 조성시기는 567년경으로 파악되었다.

---

3) 필자는 군수리사원의 창건연대에 대해 성왕 패사 후~능사 창건 전으로 추정한 바 있다(조원창 2008a).

(3) 왕흥사지 국립부여문화재연구소 2009a

중문지-목탑지-금당지-강당지 등이 남북장축으로 배치된 1탑1금당식 가람이다(도 05). 목탑지에서 사도 및 사리감이 확인되었다. 목탑지는 이중기단, 금당지는 할석조의 단층기단으로 조성되었다. 강당지는 전면(남면)이 가구기단으로 조성된 반면, 동·서·북면은 할석으로 축조되었다. 가구기단 앞으로는 기와와 할석을 이용하여 만든 산수(낙수받이)가 시설되어 있다(도 06). 동·서 회랑 북단에서 장방형 건물지가 검출되었고 기단은 평적식의 와적기단 및 혼축기단으로 시설되었다. 축조시기는 577년경이다.

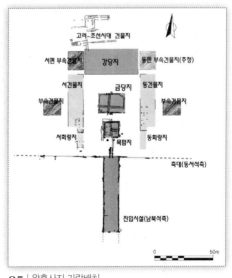

05 | 왕흥사지 가람배치

06 | 강당지 남면기단 및 산수시설

(4) 금강사지 國立博物館 1969 ; 조원창 2011a

중문지-목탑지-금당지-강당지 등이 동서장축으로 배치된 1탑1금당식 가람이다(도 07). 그 동안 발굴조사된 백제사지 중 유일한 동향가람이다. 금당지[4]는 단층의 가구기단(도 08)으로 조성되었고 목탑지는 남아

---

4) 금당지 전면으로는 포석으로 불리는 한 매의 판석이 놓여 있다. 이의 성격에 대해서는 여러 의견이 분분하여 여기에서는 그 존재만을 기술하고자 한다.

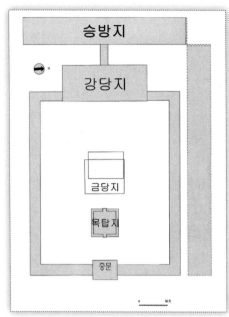

07 | 금강사지 가람배치

08 | 금당지 가구기단

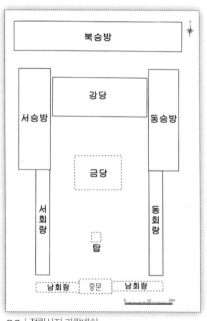

09 | 정림사지 가람배치

있는 판축토의 존재로 보아 이중의 가구기단으로 추정되었다. 지대석 중 우석에는 우주를 올리기 위한 홈이 4각형으로 음각되어 있다. 하층기단 상면의 너비로 보아 변주가 시설되었을 것으로 판단된다. 출토 와당으로 보아 축조시기는 6세기 4/4분기로 추정된다.

(5) 정림사지 忠南大學校博物館 · 忠淸南道廳 1981 ; 국립부여문화재연구소 2011

중문지−5층석탑−금당지−강당지−추정 승방지 등이 남북장축으로 배치된 1탑1금당식 가람이다(도 09). 석탑 아래에서 황색 및 적갈색의 판

축토로 이루어진
축기부(도 10)[5]
가 확인되었다.
동·서회랑 북단
에는 남북으로
세장한 한 동의

10 | 정림사지 5층석탑 아래 축기부 판축토

건물지가 조성되어 있다. 강당지는 동·서·남면이 평적식, 북면이 합장
식의 와적기단으로 축조되었다. 동·서회랑지의 기단은 합장식 와적기
단으로 조성되었다. 정림사지보다 선축된 공방지의 원형 노지에 대한 고
고자기측정 결과 A.D 625±20년으로 도출되어 정림사의 창건 연대는 7
세기대로 추정되었다.

(6) 부소산사지 國立文化財研究所 1996 ; 조원창 2011b

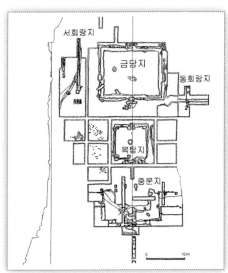

11 | 부소산사지 가람배치

12 | 금당지 이중기단

중문지－목탑지－금당지 등이
남북장축으로 배치된 1탑1금당식

---

5) 이는 목탑이 아닌 석탑의 축기부로 확인되었다(조원창 2010b).

가람이다(도 11)[6]. 발굴조사 결과 강당지가 없는 백제사지로 알려졌으나 금당지 북쪽으로 평탄지가 살펴지고 있어 이의 존재를 마냥 부정하기도 어렵다. 목탑지 및 금당지의 훼손상태가 심하여 기단의 존재는 확인할 수 없다. 다만, 금당지의 경우 변주가 없는 이중기단(도 12)으로 추정되었다. 서회랑지에서는 평적식의 와적기단이 확인되었다. 조성시기는 목탑지 주변 출토 당식 대금구 및 와당으로 보아 7세기 초로 추정되었다.

2) 관북리 백제유적忠南大學校博物館 · 忠淸南道 1999 ; 국립부여문화재연구소 2009b

(1) 건물지(a)

건물지(a)는 동서배수로와 남북배수로가 직각으로 만나는 위치에 조성되었다. 건물지의 정면인 남쪽에 와적기단(도 13)과 할석난층기단이 혼축되어 있다. 와적기단 전면으로는 동서길이 205cm, 남북너비 84cm, 높이 약 10cm의 돌출부가 시설되어 있다. 와적기단은 평적식으로 평면 와열 1열이며 약 7단(25cm) 정도 와적되어 있다. 기단의 규모는 동서길

13 | 건물지(a) 남면 와적기단

이 18.5m, 남북너비 5.6m이다. 이 건물지는 할석기단에서 와적기단으로 변화하는 최초의 사례로 알려진 바 있고, '관북리'라는 부소산성 아래의 중심지역에 위치하고 있다는 점에서 사비천도 이전의 건축유구로 추정된 바 있다(조원창

---

6) 금당지 북면에 대한 조사가 이루어지지 않아 자세한 가람배치는 살필 수 없다. 그러나 후면에서 관찰되는 평탄지 및 동 · 서회랑의 연결상태 등을 고려해 볼 때 강당지가 위치할 가능성이 높다(조원창 2011b).

2000). 이 외에 '北舍'명 옹기출토 건물지에서도 평적식의 와적기단을 살필 수 있다.

(2) '나'지구 남서구역 중앙부 건물지

서면기단 3m, 북면기단 9.5m만 남아 있는 건물지이다(도 14). 서면기단은 평적식으로 평면 와열 2열로 조성되었으나 남쪽부는 멸실되었다. 북면기단은 수직횡렬식으로 40~50cm 크기의 암키와로 축조하였으나 동쪽부로 갈수록

14 │ '나'지구 중앙부 건물지

잔존상태가 불량하다. 기단 내부에서 1기의 원형 초석이 검출되었는데 원래의 위치가 아닌 것으로 확인되었다. 건물의 조성시기는 7세기 전반으로 추정되었다.

(3) '라'지구 대형 전각건물지 및 와적기단 건물지

대형 전각건물지는 동서길이 35m, 남북너비 18.5m(혹은 19.25m)로 정면 7칸, 측면 4칸의 규모를 가지고 있다(도 15). 적심토는 평면 방형으로 모두 36개이며, 2.4~2.5m의 크기를 보이고 있다. 기단은 기와와 할석을 사용한 혼축기단이며(도 16), 와적기단의 경우 평적식과 수직횡렬식을 혼용하였다. 적심토 상부에서 초석이 검출되지 않는 것으로 보아 기단토 상면이 훼실되었음을 알 수 있다. 출토 와당으로 보아 건물지는 7세기 전반의 것으로 추정되었다.

와적기단 건물지는 모두 4곳에서 확인되었고 대형 전각건물지에 선축되어 조성되었다. 평적식으로 조성되었으나 대형 건물지의 적심토 및 조선시기의 대규모 구덩이들에 의해 잔존 상태가 불량하다. 이들 건물지는

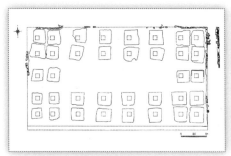

15 │ '라'지구 대형 전각 건물지

16 │ 대형 전각 건물지 동면 혼축기단

대형 전각건물지와의 비교를 통해 6세기 4/4분기의 것으로 추정되었다.

3) 일명 사지

(1) 금성산 와적기단 건물지 國立扶餘博物館 1992

17 │ 금성산 와적기단 건물지 이중기단

'天王'명 기와가 수습되어 전 천왕사지로도 불리고 있다. 건물지는 이중기단으로 상층이 할석기단, 하층은 평적식의 와적기단으로 조성되었다(도 17). 하층기단 상면에 변주가 시설되었으며 전면으로는 우수방지용의 암키와가 세워있다. 기단의 규모는 동서길이 18.04m, 남북너비 14.72m이다.

(2) 동남리유적 중앙건물지 朝鮮古蹟硏究會 1940a ; 忠南大學校博物館 1993 · 1994, 忠南大學校博物館 2013

일명 동남리사지로도 불리고 있다(부여군 2006). 일제강점기 당시 남북장축의 탑이 없는 가람으로 이해되었다. 1990년대 이후 발굴조사 결과 적심토 시설 대형건물지(도 18)[7], 굴립주건물지, 저수시설, 수조시설 등의 유구가 확인된 반면, 회랑지나 중문지 등의 유구는 검출되지 않았다. 출토유물은 납석제 불상편을 비롯한 와제 광배편, 천왕명 기와편, 중국제 청자, 와당, 장경병 등이 있다.

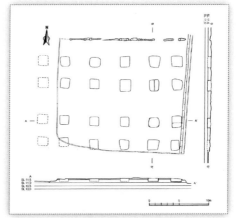

18 | 동남리유적 중앙 건물지

(3) 규암 외리유적朝鮮古蹟研究會 1937b : 부여군 1998

1937년 문양전이 출토되어 발굴조사가 실시되었다. 조사 결과 와적기단 건물지 및 온돌시설 등이 확인되었다. 문양전은 와적기단과 접해 남북으로 길게 뻗은 상태로 조사되었다(도 19). 유적으로부터 100여m 떨어진 지점에서 금동관음보살입상[8]이 수습된 것으로 전해지고 있어 사지로 추정되고 있다. 정밀

19 | 외리유적 문양전 및 와적기단

---

7) 동서 5칸, 남북 3칸의 기와건물로 남북 주칸의 어칸은 570cm, 양 협칸은 385cm로 계측되었다. 동서 주칸은 동쪽 끝의 협칸 만 380cm, 나머지는 503~505cm이다(부여군 1998: 176~177).

8) 현재 일본에 전해지고 있다.『조선고적조사보고』에 의하면 보살상은 독존으로 보관에 화불이 조각되어 있다. 왼손으로는 정병을 들고 있어 금동관음보살입상임을 알 수 있다(조선고적연구회 1937b: 67 제 17도).

발굴조사가 실시되지 않아 정확한 유구 성격 및 배치 등은 알 수 없다.

4) 기타 건물지

(1) 화지산 건물지國立扶餘文化財研究所 2002

20 | 화지산 초석건물지

백제에서 조선시기에 걸쳐 건물지, 석정, 석곽묘, 토광묘, 옹관묘, 목책시설 및 구상유구 등이 확인되었다. 백제 사비기의 건물지로는 초석건물지(도 20), 굴립주건물지, 석벽건물지 등을 들 수 있고 이 중 초석건물지에서 기와가 검출되었다. 기와건물지는 기단이 없이 축조되었고 원형 초석 아래에는 적심토가 시설되었다.

(2) 동남리 건물지忠淸南道歷史文化研究院 · 扶餘郡 2008

도로공사 중에 발견된 사비기의 기와건물지이다(도 21). 정 · 측면 2

21 | 동남리 건물지

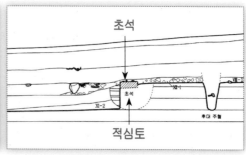

22 | 동남리 건물지 적심토

칸 규모의 건물로 기단은 시설되지 않았다. 정면 주칸은 330cm, 측면 주칸은 190cm 정도로 계측되었다. 적심토(도 22)의 평면은 원평, 타원형이며 초석은 자연 할석과 주좌부가 치석된 것이 뒤섞여 있다. 초석의 다양성으로 보아 주변 건물지에서 수습하여 재사용하였음을 알 수 있다.

(3) 중정리 건물지 忠淸南道歷史文化硏究院·扶餘郡 2008

조선시기 유구 조성 및 근래의 경작 등으로 인해 백제시기의 건물지는 대부분 멸실되었다. 해당지역 내에서는 사비기의 판단 삼각돌기식 연화문와당을 비롯한 연목와 등이 수습되었다.

(4) 용정리 소룡골 건물지 忠南大學校博物館

2동의 건물지가 확인되었다(도 23). 남건물지의 경우 이중기단으로 조성되었고 전면에서 할석으로 조성된 산수시설이 검출되었다. 기단의 길이는 24m, 산수의 길이는 26m이다. 적심석은 평면 원형이며 초석은 모두 유실되었다. 적심 간의 간격은 450cm이다. 건물의 전체 규모는 27m 이상일 것으로 추정되었다.

북건물지는 남건물지에서 북동쪽으로 31m 정도 떨어져 있다. 기단의 잔존 길이는

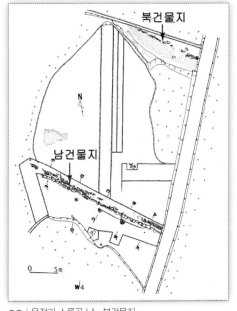

23 | 용정리 소룡골 남·북건물지

11.3m이다. 조사지역의 대부분이 밭으로 경작되고 있어 완벽한 조사는 이루어지지 못하였다. 두 건물지 모두 동시기의 것으로 추정되며 건물의

조성시기는 사비시대 후기로 편년되었다.

(5) 왕포리 건물지 忠淸文化財硏究院 · 大田地方國土管理廳 2003

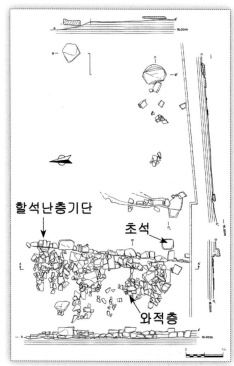

할석난층기단

초석

와적층

24 | 왕포리 건물지

도로공사 중에 확인되어 유구의 전모는 알 수 없다. 산 경사면을 'L'자 모양으로 절개하고 기와건물(도 24)을 조성하였다. 기단은 할석난층으로 460cm 정도 확인되었다. 초석은 25~60cm 정도의 자연할석을 이용하였다. 초석 아래에는 원형으로 보이는 적심토가 시설되었다. 산 경사면 위쪽으로 기단석이 확장되고 있어 건물의 규모는 더 컸을 것으로 생각된다.

(6) 군수리유적 1·2호 건물지

忠淸文化財硏究院 · 大田地方國土管理廳 2003

군수리사지 남동쪽으로 약 100여m 정도 떨어져 있다. 1호 건물지(도 25)는 복합식 와적기단, 2호 건물지(도 26)는 평적식 와적기단으로 축조되었다. 두 건물지는 약 20여m 정도 떨어져 있으며 표고 5.5~6m 정도의 저지대에 입지하고 있다. 1호 건물지의 규모는 동서길이 7m, 남북너비 8m 정도이며 기단 높이는 최대 20cm 정도이다.

25 | 군수리유적 1호

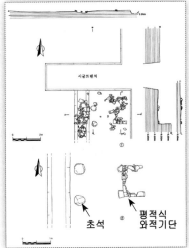

26 | 군수리유적 2호

(7) 부소산성 서문지 주변 건물지 國立文化財硏究所 1996

1985년 서문지 주변지역 조사 중 확인되었다. 건물지(도 27)의 동면(10m 잔존)과 북면(2.5m 잔존) 일부가 평적식 와적기단으로 조성되었다. 평면 와열은 1~3열 정도이며 너비는 약 40cm이다. 와적은 최고

27 | 부소산성 서문지 주변 건물지

12단 정도 남아 있다. 내부에서 초석이 검출되지 않는 것으로 보아 많은 멸실이 이루어졌음을 확인할 수 있다.

3. 기와 건물지의 축조기법과 대외교섭

여기에서는 앞에서 살핀 부여지역 백제 사비기 기와 건물지의 건축기법에 대해 살펴보고자 한다. 이를 위해 기와 건물지를 구성하는 기단, 초석, 적심토, 산수시설, 온돌시설 등의 축조기법에 대해 알아보도록 하겠다. 특히 기단의 경우는 다양한 재료를 이용한 각양각색의 축조기법이 눈에 띄어 백제 기단 건축술의 특성을 잘 보여주고 있다.

아울러 사비기에 등장하였던 가구기단과 추녀마루의 장식, 목탑에서의 공양석과 심초석의 분리 등에 대해선 중국 남북조와의 대외교섭을 통해 등장한 건축 요소로 이해하였다. 이와 같은 과정을 통해 백제의 건축기술은 진일보 하게 되었고 6세기 후반 이후에 이르러서는 신라 및 일본에 까지 그 기술을 전파하여 백제 건축기술의 우수성을 발휘하였다.

1) 기단의 다양성

부여지역에는 기와건물지 이외에 대벽(벽주)건물지, 굴립주건물지, 초가건물지[9] 등이 분포하고 있다. 그런데 대벽(벽주)건물지나 굴립주건물지의 경우 건물의 기초시설이라 할 수 있는 기단이 조성되지 않았고, 초가건물지의 경우도 그 사례가 거의 알려져 있지 않다. 아울러 화지산 건물지 및 동남리 건물지의 경우 기와건물지 임에도 불구하고 기단이 시설되지 않았음을 살필 수 있다. 이렇게 볼 때 사비기의 모든 기와건물지에 기단이 시설된 것은 아니었음을 확인할 수 있다[10].

하지만 부여지역의 사비기 기와건물지에서는 동 시기 다른 유형의 건

---

9) 부여 화지산 석벽건물지(國立扶餘文化財硏究所, 2002: 278 도면 127)를 들 수 있다.
10) 이러한 건물지는 아마도 기단토가 생토면이거나 성토된 기단토가 많지 않을 경우로 생각해 볼 수 있다. 일종의 토축기단토만으로 기단을 대신 한 것으로 파악된다.

물지나 여타 지역(국가)에 비해 다양한 형식의 기단을 엿볼 수 있다. 여기에서는 그 유형과 축조기법에 대해 간단히 살펴보고자 한다.

(1) 가구기단

가구기단이란 지대석, 면석, 갑석 등 서로 다른 부재를 정교하게 치석하여 결구한 기단을 의미한다. 백제의 가구기단은 중국 남북조시대를 거치면서 사비기 부여지역에 유입된 기단형식으로 파악되었다(조원창 2011a)[11].

가구기단은 사지의 금당지 및 목탑지에 주로 조성되었고 왕흥사지의 경우는 특이하게 강당지에서 확인되었다[12]. 사지에서 당탑지 이외의 건물은 할석기단 및 와적기단, 혼축기단 등으로 축조되었고 기타 성격 미상의 건물지도 동일한 기단 양상을 보여주고 있다.

기단은 금강사지 금당지(도 28)와 같이 단층의 가구기단으로 조성된 것이 있는 반면, 능산리사지 당탑지와 같이 이중기단의 상층기단(도 29), 그리고 금강사지 목탑지와 같이 상하층기단 모두가 가구기단으로 조성된 사례도 살필 수 있다. 특히 금강사지 당탑지의 경우 우주를 받치기 위한 우석(도 30)이 조성되어 있어 가구기단의 발전된 모습을 보여주기도 한다.

이러한 가구기단의 축조기법은 신라 황룡사지 중금당지 및 통일신라 보령 성주사지 금당지에서도 확인되고 있어 주변국이나 이후 시기의 건물지 등에 큰 영향을 미쳤음을 살필 수 있다.

가구기단은 사지 내에서도 금당지나 목탑지, 그리고 극히 한정된 강당지에서 만 확인되고 있어 이의 위계성을 엿볼 수 있다. 아울러 사지 이외의 추정왕궁지(관북리 백제유적)나 성격 미상의 기와건물지에서는 살

---

11) 그러나 중국에서 관찰되는 면석에서의 탱주는 확인되지 않고 있다. 다만, 우주의 경우는 금강사지 금당지의 우석, 그리고 익산 미륵사지의 사례를 보아 백제에도 존재한 건축부재로 판단된다.
12) 왕흥사지 강당지에서의 가구기단 조성은 조원창 2010 참조.

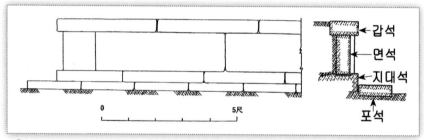

28 | 금강사지 금당지 가구기단

29 | 능사 5층목탑 이중기단 복원   **30** | 금강사지 금당지 지대석 중 우석

필 수 없어 기단 특유의 종교성과 장엄성을 내포하였던 것으로 생각된다.

(2) 와적기단

와적기단은 축조기법에 따라 합장식, 수직횡렬식, 합장식, 사적식, 복합식(조원창 2006b) 등으로 분류할 수 있으나 백제에서는 아직까지 사적식이 확인된 바 없다. 따라서 본고에서는 사적식을 제외한 나머지 형식의 축조기법과 사례 등을 살펴보고자 한다.

① 평적식[13]

가장 일반적인 와적기단 형식이다. 정림사지(도 31)를 비롯한 관북리,

---

13) 혼축기단에서 와적의 축조형식이 평적식에 해당될 경우 형식상여기에도 포함시켰다.

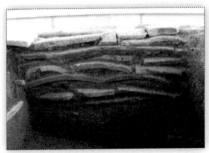

31 | 정림사지 강당지   **32** | 금성산 와적기단 건물지

금성산 와적기단 건물지(도 32) 등에서 살필 수 있다. 평면 와열 및 와적 아래의 지대석 유무에 따라 여러 형식으로 구분된다(조원창 2004).

② 수직횡렬식

관북리 백제유적 및 군 수리사지 금당지 동·서· 북면(도 33)기단에서 찾아 볼 수 있다. 기단토나 대지 조성토 등을 완성한 후 'U' 자 모양으로 굴광하고 그 내부에 완형의 암키와를 종방향으로 세워 기단을 조성하였다. 이 때 기와의

33 | 군수리사지 금당지 북면기단

등면을 밖으로 향하게 하고 기와의 끝부분까지 기단토 및 대지조성토를 축토하고 있다.

③ 합장식

군수리사지 금당지(도 34) 및 동방건물지 남면기단, 정림사지 강당지 (도 35) 북면기단에서 살필 수 있다. 전자의 경우 어골로 보이는 와적 중

34 | 군수리사지 금당지 남면기단   35 | 정림사지 강당지 북면기단

앙에 한 매의 암키와가 세워 있고 바닥에도 한 매의 암키와를 깔고 있으나 후자에서는 바닥에서의 암키와를 살필 수 없다. 이로 보아 후자는 전자의 퇴화된 형식으로 이해할 수 있다.

축조기법은 평적식과 마찬가지로 기단토를 완성한 후 기단이 조성될 부분을 절개한 후 합장식으로 와적하였다. 기단굴광선과 기단 사이에는 흙을 충전하여 완충작용을 이루도록 하였다.

군수리사지 금당지 남면기단을 통하여 합장식의 장식성에 대해 강조되었으나(조원창 2000) 정림사지의 발굴을 통하여 이러한 주장은 바뀌어져야 할 것으로 생각된다.

④ 복합식

군수리사지 강당지(도 36) 및 군수리유적 1호 건물지(도 37) 등에서 확인되었다. 전자의 경우 합장식(下)+평적식(上)으로 축조되었고 후자는

36 | 군수리사지 강당지   37 | 군수리유적 1호

수직횡렬식(下)+평적식(上)으로 조성되었다.

위에서 살핀 와적기단 형식 중 평적식은 사비천도 전에 등장한 것으로 판단되고, 합장식과 수직횡렬식은 군수리사지의 사례로 보아 6세기 3/4분기 경에 조성된 것으로 생각된다. 평적식이 가장 대중적으로 사용되었고 그 다음으로 수직횡렬식, 합장식의 순으로 조성되었다. 백제의 와적기단 축조기법은 6세기 후반~7세기 전반 무렵 신라 및 일본에도 그 기술이 전파되었다.

그 동안 부여지역에서 발굴조사된 기와건물지 중 와적기단이 조성된 사례를 살피면 아래의 표 1과 같다.

표 1 | 와적기단의 형식과 관련 유적

구분	관련유적	비고
평적식 (사비천도 전 ~7세기 전반)	●능산리사지 강당지, 서회랑(공방지Ⅰ) 및 동회랑 북단 건물지(불명건물지Ⅱ) ●관북리 백제유적 건물지(a)·'북사'명 옹기출토 건물지(b)·건물지b 동편 건물지(c) '나'지구 남서구역 중앙부 건물지 '라'지구 대형 전각건물지 및 와적기단 건물지 ●정림사지 강당지·동회랑 북단 건물지 ●왕흥사지 동·서회랑지 ●금성산 와적기단 건물지 ●규암 외리유적 ●부소산사지 서회랑지 ●부소산성 서문지 주변 건물지 ●군수리유적 2호 건물지	관북리 건물지(a)의 경우 석축기단과 와적기단이 혼축되었으며 가장 선행되는 와적기단 형식임.
수직횡렬식 (6세기 3/4분기 ~7세기 전반)	●군수리사지 금당지 ●능산리사지 남회랑지 ●관북리 백제유적 '나'지구 남서구역 중앙부 건물지 '라'지구 대형 전각건물지	군수리사지 및 관북리 백제유적 '나'지구 건물지의 경우 완형의 암키와 사용.
합장식 (6세기 3/4분기 ~7세기 전반)	●군수리사지 금당지·동방건물지, ●정림사지 강당지·동서 회랑지	
복합식 (6세기 3/4분기 ~7세기 전반)	●군수리사지 강당지(합장식〈하〉+평적식〈상〉) ●군수리유적 1호 건물지(수직횡렬식〈하〉+평적식〈상〉)	

(3) 전적기단

부여 군수리사지 목탑지(도 38) 및 밤골사지(도 39) 등에서 살필 수 있다. 두 유적 모두 수직횡렬식으로 조성되었으나 전자가 1매의 전을 사용한 반면, 후자는 2매의 전을 사용하여 축조상의 차이점이 발견된다. 석축기단이나 와적기단에 비해 사비기 부여지역에서 그 사례를 거의 살필 수 없다. 이러한 기단형식은 신라[14]나 고구려[15]의 유적에서는 아직까지 확인된 바 없다.

군수리사지 목탑지의 경우 대지조성토를 'U'자 모양으로 굴광한 후 그 가운데에 전을 세우고 좌우로 흙을 채워 기단을 조성하였다. 축조기법으로 보아 수직횡렬식 와적기단과 같은 양상을 보이고 있다. 밤골사지 전적기단은 출토 와당으로 보아 7세기 전반기의 것으로 추정된다[16].

38 | 군수리사지 목탑지   **39** | 밤골사지 건물지

사지 외의 다른 건물지에서 확인된 바 없어 전적기단의 희귀성을 엿볼 수 있다. 기단에 사용된 전은 모두 무문이며 기단을 조성하기 위한 전

---

14) 통일신라기 황룡사지 서금당지 3차 이중기단(文化財管理局 文化財研究所 1984: 76 삽도 27), 합천 죽죽리사지 금당지에서 평적식의 전적기단을 확인할 수 있으나 고신라의 것으로는 알려진 바 없다.
15) 고구려의 경우 자료 확인이 어려워 본고에서는 제외하였다.
16) 시굴조사 과정에서 검출되어 정확한 규모는 파악하기 어렵다. 아울러 전적기단 건물지가 사지 내에서 어떠한 성격의 건물였는지, 그리고 다른 건물지에도 전적기단을 시설하였는지 등 확실한 내용은 알 수 없다.

용전으로는 생각되지 않는다. 석축기단이나 와적기단에 비해 백제사회에서 유행한 기단형식으로는 파악되지 않는다.

(4) 혼축기단

기와 및 할석 등의 석재, 혹은 석재와 전의 혼합 등을 통해 기단을 조성한 것을 말한다. 능산리사지 강당지·불명건물지 Ⅰ·Ⅱ·회랑지 및 왕흥사지 회랑지, 관북리 백제유적 내 '라'지구 대형 전각건물지가 대표적이다. 특히 왕

40 | 일본 혈태폐사 금당지

흥사지 서회랑지의 경우 평적식 와적기단 아래에 1매의 석재가 놓여 있어 여장 아래의 미석(眉石)[17]을 연상시키고 있다. 이러한 와적기단계의 혼축기단은 일본 백봉시기의 혈태폐사 금당지(도 40)에도 영향을 미치고 있다.

특히 와적기단과 석축기단이 혼축된 경우 이것이 처음부터 동시기에 축조된 것인지, 아니면 시기차를 두고 다른 부재가 후축된 것인지 발굴조사 과정에서 주의 깊게 관찰해 보아야 한다[18]. 이는 후축되었을 경우 기단을 축조하기 위한 기단토의 재굴광이 선행되어야 하기 때문에 평면 제

---

17) 이것은 본래 석성의 상부, 여장 밑에 여장을 쌓기 위해 눈썹처럼 판석을 약간 나오게 설치한 돌을 의미한다(문화재청 2007: 117). 흔히 석성이나 판축토성의 석렬, 건축기단의 최하부 등에서 찾아볼 수 있다.
18) 능산리사지 서회랑 북단 건물지의 경우 평적식의 와적기단과 할석기단이 서로 혼축되어 있다. 조사 결과 와적기단이 후축된 것으로 확인되었다(國立扶餘博物館·扶餘郡 2000).

토 시 기단굴광선이 다르게 나타난다.

(5) 협축기단

41 | 쌍북리 건물지 협축기단

편축기단과 상대되는 용어로서 마치 담장지와 같은 축조기법을 보이고 있다. 부여 쌍북리 건물지(도 41)에서 살필 수 있다. 이 건물지의 경우 완전한 발굴이 이루어지지 않아 전체 양상은 파악할 수 없다. 건물지 주변에서 기와가 수습되지는 않았지만 초가형의 건물에 두터운 판축기단토를 시설하기 어렵다는 점에서 기와건물지로 분류하였다. 기단은 기단토를 완성한 후 전면의 개구부를 절개하여 협축식으로 조성하였다.

고구려 및 신라의 기와건물지에서는 아직까지 이러한 형식의 기단이 확인된 바 없다. 다만, 웅진기로 편년되는 부여 용정리 하층 건물지(扶餘文化財研究所 1993: 23)에서 협축기단이 살펴지고 있다.

(6) 이중기단

42 | 용정리 소룡골 남건물지

단면상 상층과 하층으로 나누어진 기단을 의미한다. 고구려의 경우 평양성기의 정릉사지 및 토성리사지 등에서 확인되고 있고, 백제의 경우는 사비기의 기와건물지에서 만 검출되고 있다.

이중기단은 주로 사지의 당탑지에 시설되어 있으나 일부 금성산 와적기단 건물지 및 용정리 남건물지 등에서도 살필 수 있다. 아울러 하층기단 상면에서 邊柱가 시설된 것도 확인할 수 있다.

백제 사비기 이중기단은 축조재료 및

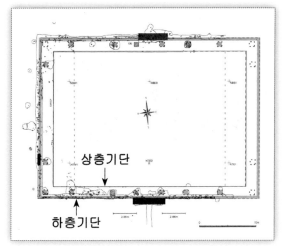

43 │ 군수리사지 금당지

구조에 따라 아래와 같이 크게 5가지 형식으로 구분할 수 있다(조원창 2011c).

첫째, 하층기단−치석(장대석)기단　　　상층기단−가구기단
　　예 능산리사지 금당지(邊柱 무)
둘째, 하층기단−와적기단　　　　　　　상층기단−할석난층기단
　　예 금성산 와적기단 건물지(邊柱 유)
셋째, 하층기단−가구기단　　　　　　　상층기단−가구기단
　　예 금강사지 목탑지[19]
넷째, 하층기단−할석기단　　　　　　　상층기단−할석정층기단
　　예 용정리 소룡골 남건물지(도 42)
다섯째, 하층기단−와적기단　　　　　　상층기단−와적기단
　　예 군수리사지 금당지(邊柱 유, 도 43)

---

19) 금강사지 목탑지가 이중의 가구기단 상태로 확인된 것은 아니나 기단의 높이로 보아 상·하층 모두 가구기단으로 추정되었다. 아울러 목탑지 하층기단 상면의 너비를 분석하여 변주가 있는 것으로 추정하였다(조원창 2011a).

2) 적심토의 유행

44 | 능산리사지 금당지 판축 적심토

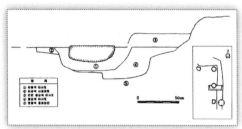

45 | 화지산 건물지 2중 적심토

46 | 용정리 소룡골 남건물지 적심석

기둥을 받치는 초석 아래에 조성된 보강시설로서 재료가 흙으로 이루어졌다. 주로 사비기의 기와건물지에서 확인되고 있다. 북위시기에 조성된 낙양 영령사에서 적심토가 확인되는 것으로 보아 중국 건축문화의 백제 전파를 판단케 한다.

적심토는 기단토 내에 적심공을 굴광하고 그 내부에 판축공법(도 44) 혹은 성토다짐공법으로 흙을 축토한 것을 의미한다. 이의 평면형태는 원형을 비롯해 방형(장방형), 부정형 등으로 구분되며, 단면형태도 1단과 2단(도 45)[20]으로 나누어진다. 이 중 원형[21]과 방형(장방형)[22]은 사비천도 이후에 조성된 것으로 생각되며 부정형은 왕흥사지 서회랑지의 사례로 보아 6세

---

20) 거의 대부분이 단면 1단이며, 화지산건물지(國立扶餘文化財硏究所 2002)가 2단의 구조를 보이고 있다.
21) 능산리사지의 중문지, 금당지로 보아 567년경에 축조되었음을 알 수 있다.
22) 동남리 건물지의 사례로 보아 사비천도 직후에 등장한 것으로 생각된다.

기 4/4분기 경에 등장하였음을 알 수 있다.

적심토는 사지의 당탑지[23] 및 관북리 백제유적 내 대형건물지, 동남리 건물지, 화지산 건물지 등에서 살필 수 있는 바와 같이 백제 사비기에 아주 유행하였던 적심시설이었다. 이는 석재로 조성된 적심석(도 46)[24]이 부여지역의 사비기 기와건물지에서 흔치 않다는 점에서도 유추해 볼 수 있다.

통일신라기 및 고려시기의 기와건물지에서 적심토의 축조 사례가 거의 확인되고 있지 않다는 점에서 백제 건축기법의 특성을 잘 보여주고 있다.

3) 초석의 사용

굴립주건물지나 대벽건물지, 수혈주거지 등에서 거의 살필 수 없는 건축부재이다. 부여지역 사비기 기와건물지에서 관찰되는 초석은 활석, 치석[25] 등으로 구분되며 평면 형태는 원형, 방형, 부정형 등으로 나눌 수 있다. 능산리사지 강당지에서

47 | 용정리사지 상층 금당지 초석

는 방형, 원형, 부정형의 초석이 함께 확인되었다. 이는 선축된 건물지의 초석을 재사용한 것으로 이해할 수 있다.

기와건물이면서 초석을 사용하지 않은 웅진기 정지산유적과 같은 건

---

23) 군수리사지, 능산리사지, 왕흥사지 등에서 살필 수 있다.
24) 용정리 남건물지에서 살필 수 있다.
25) 초석의 전체 면을 다듬은 것이 아니라 기둥이 놓이는 상면만을 치석해 놓았다.

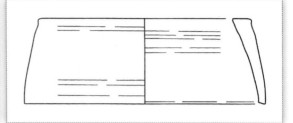

48 | 풍납토성 출토 추정 주질   **49** | 홍련봉 제2보루 출토 추정 주질

50 | 백봉리 기와건물지의 주질   **51** | 군창지 북고 서남 모서리의 주질

축물은 아직까지 부여지역에서 검출되지 않았다. 아울러 통일신라기 초석에서 흔히 관찰되는 상면에서의 각형, 원형의 몰딩 또한 살필 수 없다. 그리고 익산 미륵사지 금당지에서와 같은 고주형 초석이나 초반 등의 시설도 아직까지 부여지역의 사비기 기와건물지에서는 확인되지 않았다. 그러나 방형 초석에 기둥을 꽂을 수 있는 원형 투공(도 47)[26)]이 용정리사지 상층 건물지에서 출토된 바 있어 기둥 시설의 특이성을 보여주고 있다.

고주형 초석이나 초반은 중국의 경우 일찍이 한대 예제건축(中國社會科學院考古研究所 2003)[27)]에서 확인된 바 있다. 따라서 익산의 미륵사

---

26) 할석기단과 같은 층위에서 확인되었다. 이러한 모양의 초석은 경주 사천왕사지에서도 검출된 바 있다.

27) 예제건축은 장안성 남쪽에 위치하고 있으며 南堂·北堂 등 여러 동의 건물지와 우물, 배수관로, 산수시설, 명문 초석, 鐵鼎, 오수전·화천 등이 수습되었다.

지나 제석사지에서 관찰되는 이러한 건축부재는 중국 남북조를 통해 익산 경영과 관련하여 새롭게 채택된 백제의 건축요소로 이해할 수 있다[28].

한편, 기둥뿌리의 부식을 막기 위한 柱櫨[29]이 초석 위에 놓이는 경우가 있는데 삼국시기 풍납토성 내 경당지구 출토 유물(도 48) 및 고구려 홍련봉 제 1 · 2보루 출토 유물(도 49)[30] 등이 이것으로 추정되고 있다. 아울러 고려 중기 기와 건물인 백봉리 온돌 건물지(기호문화재연구원 2010, 도 50) 및 조선시기 창고로 사용된 부여 군창지(조선시기, 도 51)에서도 이러한 주질을 찾아볼 수 있다.

이로 보아 주질은 삼국시기 이후 조선시기에 이르기까지 일부 기와 건물에만 선택적으로 사용되었음을 고고학적으로 확인할 수 있다. 이러한 유물의 형적은 향후 사비기 기와건물지에서도 검출될 가능성이 높으므로 발굴조사 시 많은 주의를 기울여야 할 것으로 생각된다.

4) 이동식 화로의 사용

사비기의 부여지역 기와건물지 중 온돌시설이 확인된 예는 능산리사지 강당지 서실 및 북편건물지 등에서 살필 수 있다. 이 중 북편 건물지는 최근 능사의 승역(승당)으로 추정되어 지금까지 발굴된 백제사지 중 유일한 사례에 해당되고 있다(조원창 2013c).

능산리사지 강당지 서실에서 검출된 온돌시설(도 52)은 'ㄱ'자 형태

---

28) 이러한 고주형 초석이나 초반은 백제 한성기 및 웅진기의 건물지에서 아직까지 확인된 바 없다. 다만, 전주 동고산성 내의 기와건물지(전북문화재연구원 · 전주시 2006: 113 사진 30) 등에서 일반 초석과 초반이 확인되는 것으로 보아 통일신라기를 거치면서 일반 기와건물에도 사용된 것으로 이해된다.

29) 于志公 2001: 137 ; 한욱 2008: 71. 한편으로 고래 옆에 놓이면서 기둥의 주근을 보호하는 것도 넓은 의미에서 柱櫨에 포함시켜야 할 것이다.

30) 2보루 출토 추정 주질은 위가 좁고 아래가 넓은 원통형의 토제품으로 잔존 높이 7cm, 추정 저경 18cm이다(高麗大學校考古環境研究所 · 서울특별시 2007: 75).

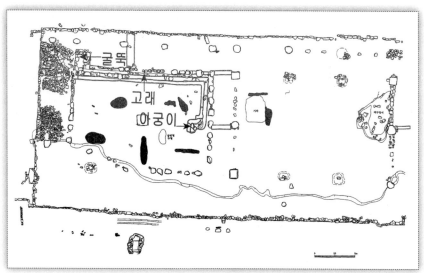

굴뚝

고래

아궁이

52 | 능산리사지 강당지 서실 온돌시설

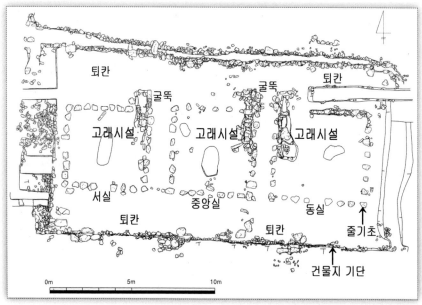

퇴칸

굴뚝

굴뚝

퇴칸

고래시설

고래시설

고래시설

서실

중앙실

동실

줄기초

퇴칸

퇴칸

건물지 기단

0m   5m   10m

53 | 능사 북편 건물지 2 평면도

의 쪽구들로 아궁이→고래→연도→굴뚝 등의 구조로 이루어졌다. 온돌은 북벽과 접해 있으며 서실의 생활면은 기단토 상면(흙)을 그대로 사용하였다. 구들장과 생활면의 높이가 높지 않아 고래에 걸터앉아 생활하였던 것으로 생각된다. 굴뚝은 북벽과 접한 서북 모서리에 조성되었다. 아울러 구들의 구조로 보아 실내에 신발을 신고 들어가는 입식생활이었음을 알 수 있다.

능사의 북편에서 검출된 대형·소형의 승방은 강당지 서실과 달리 고래가 "l"자형(도 53)으로 시설되어 있다. 대체로 동벽이나 서벽과 접해 짧은 쪽구들로 조성되었고 굴뚝은 북벽과 접해 만들어졌다.

위의 자료로 볼 때 백제 사비기 부여지역의 기와건물지에는 온돌시설이 일반화되지 않았음을 살필 수 있다[31]. 그런데 사원이나 관아 건물의 경우 숙식은 아니더라도 설법이나 회의 등은 꾸준히 진행되었을 것으로 생각된다. 특히 추운 겨울에도 이러한 활동이 멈추지 않았음을 전제할 때 고래와 같은 온돌시설 외의 난방시설은 분명 필요하였을 것이다[32]. 예컨대 이동식 화로 등을 들 수 있다. 이러한 내용은 현재 드러난 고고학적 자료를 근거로 추정한 것이기에 지금 당장 확인할 수는 없으나 당시의 생활방식을 고려해 볼 때 충분히 가능하였을 것으로 생각된다.

5) 산수시설

일부 기와건물의 경우 우수로부터 기단이나 생활면의 보호를 위해 돌이나 전, 기와 등을 기단 외곽에 깔아두는 경우가 있는데 이를 산수(散

---

31) 물론 후대의 교란이나 정지 등으로 인해 온돌시설이 멸실될 수도 있지만 대부분의 고래나 아궁이 등은 생활면보다 아래에 조성되어 있어 이의 훼실이 쉽지 않다. 예컨대 초석이나 적심이 남아 있는 경우 이의 멸실을 기대하기는 어려울 듯싶다.
32) 능산리사지에서 볼 때 고래 바닥은 생활면보다 훨씬 아래에 위치하고 있음을 볼 수 있다. 이는 기단석이나 초석, 혹은 적심 등이 유실될지라도 고래의 흔적은 쉽게 멸실되지 않음을 의미한다.

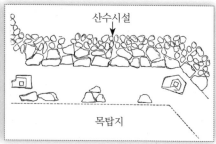

| 54 | 왕흥사지 서건물지 산수시설 | | 55 | 청암리사지 목탑지 산수시설 |

水)라 한다(조원창 2012: 187). 그 동안 사비기 유적에서는 왕흥사지 강당지(동서 46.8m · 남북 19.2m) 남면기단 및 서건물지 서면 기단부(도 54)에서 확인된 바 있다. 그러나 고구려 정릉사지 및 토성리사지 · 청암리사지(도 55) 목탑지 등에서 이러한 산수시설이 일찍부터 확인된 바 있어 향후 백제 한성기 및 웅진기의 기와건물지에서도 조사될 가능성이 높다[33].

왕흥사지 강당지 산수시설은 기단 외곽에서 30cm 정도 떨어져 남면기단보다 조금 길게 너비 60cm로 축조하고 그 내부에 할석 및 기와를 세워 완성하였다. 곽의 동단부는 내부의 시설물이 밀려남을 방지하기 위해 커다란 할석으로 막아놓았다. 반면, 서건물지 산수시설은 기와를 세워 조성한 것은 동일하나 기단과 거의 접해 축조하였다는 점에서 강당지의 것과 차이를 보인다.

이러한 산수시설의 존재는 한편으로 처마의 길이나 건물의 형식(주심포식 · 다포식 · 하앙식 등)을 유추할 수 있다는 점에서 향후 건물을 복원할 시 중요한 자료로 활용될 수 있다.

---

33) 중국의 경우 일찍이 서안에 위치한 한대 예제건축(中國社會科學院考古研究所 2003)에서 산수시설을 살필 수 있고 북위 낙양 영령사(中國社會科學院考古研究所 1996)에서도 이러한 시설을 엿볼 수 있다. 전자는 강돌을 중심으로 하였고 후자는 기와편을 위주로 사용하였다.

6) 추녀마루의 장식

기와집은 기본적으로 지
붕에 기와를 올린 것으로 평
기와의 끝단에는 와당(막새)
이 자리하는 경우도 있다. 수
막새의 경우 드림새에 연화
문을 비롯한 파상문, 무문 등
이 장식되어 있고 암막새[34]

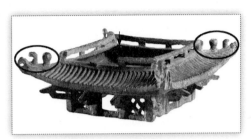

56 | 금성산 와적기단 건물지 출토 청동제 소탑

의 경우는 지두문처럼 보이는 손누름자국이 시문되어 있다. 그러나 통일
신라시기에 일반적으로 보이는 귀면와 등은 거의 확인되지 않고 있다.

금성산 와적기단 건물지 주변에서 수습된 청동제 소탑편(도 56)의 추
녀마루를 보면 잡상은 아니지만 마치 장식물처럼 보이는 조형물[35] 3개
가 조각되어 있음을 확인할 수 있다. 맨 앞의 것은 새의 머리 형태로 되어
있고 가운데의 것은 'ㄱ'자 형태로 꼬부라져 있다. 그리고 맨 뒤의 것은
대가 달린 구형으로 장식되어 있다.

본래 잡상은 우리나라의 경우 고려시기 이후에 등장하고 있으며(조
원창 2013a) 조선시대의 경우 궁궐유적이나 왕릉, 4대문, 신원사 중악단,
홍국사 대웅보전 등 왕실과 관련된 기와 건물에서 주로 확인되고 있다.
새나 원숭이 등 조류 및 서유기에 등장하는 인물들을 주 대상으로 하였으
며 장식 및 벽사의 기능을 담당한 것으로 알려져 있다.

---

34) 군수리사지에서 수습된 바 있다. 익산 제석사지에서도 백제 사비기의 암막새가 출
토된 것으로 보고된 바 있으나 이는 당초문의 시문양상으로 보아 통일신라기의 기와
로 판단된다.
35) 한 층의 옥개석만 남아 있고 소형이어서 조형물의 형상 및 종류는 살피기가 어렵다.
이러한 조형물은 중국의 경우 한대 건축물에서 일찍부터 확인되고 있다. 아울러 우
리나라의 경우는 잡상이 등장하기 이전인 통일신라시대 부도(도 57·58)에서도 찾
아볼 수 있다

57 | 전 원주 흥법사지 염거화상 탑(통일신라 844년)

58 | 전 원주 흥법사지 염거화상 탑 옥개석 마루 장식

59 | 동한시대 기와집의 추녀마루 장식

백제 사비기 기와건물에 잡상이 올렸다는 기록이나 실물은 현재 존재하지 않는다. 그러나 소탑편의 추녀마루에 3개의 조형물이 올려 있음은 확연히 살필 수 있다. 물론 탑파이기 때문에 여느 기와건물에도 똑같이 조형물이 올렸는지는 확인할 수 없다. 하지만 장식적 효과나 벽사적 측면에서 잡상의 모양과는 다른 조형물을 사비기의 기와건물에 사용하였을 가능성은 충분히 고려해 볼 수 있다. 이는 중국 한대(도 59) 이후의 건축물에 이러한 장식물이 시설되어 있는 것으로도 유추해 볼 수 있다.

7) 중국 남북조 건축문화의 유입

부여 왕흥사지에서는 상평오
수전이라 불리는 동전이 수습되
었다. 이는 북제 때 사용된 것으로
이것이 왕흥사지에서 출토되었다
는 점은 백제와 북제(550-577) 사
이에 교류가 있었음을 의미한다.

왕흥사지 목탑지에서 관찰되는
가장 큰 특징은 심초석과 공양석
이 분리되었다는 사실이다. 이전

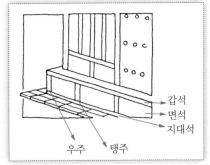

60 | 하남성 낙양 영무 석실 가구기단북위

시기의 군수리사지나 능산리사지의 경우 심초석 겸 공양석은 기단토의
아래인 지하에 하나의 판석으로 조성되었다. 비록 왕흥사지 목탑지의 경
우 심초석은 유실되었지만 이를 지탱하였던 판축토가 확인되어 이의 존
재를 판단케 한다(국립문화재연구소 2009a).

중국 남북조 사원 중 이처럼 심초석과 공양석이 분리되어 나타난 곳
은 바로 업성에서의 조팽성사지이다. 이 사지는 동위~북제시기의 것으
로 상평오수전이 사용된 시기와 일부 일치하고 있다.

따라서 부여 왕흥사지에 조성된 심초석과 공양석의 존재는 577년
경 중국 북제와의 밀접한 교류 속에서 등장하였음을 알 수 있고(조원창
2008b) 이러한 북제와 백제와의 대외교섭은 상평오수전이라는 동전을
통해서도 확인할 수 있다.

한편, 가구기단에서 확인되는 우주[36]의 존재도 금강사지 금당지[37]의
사례로 보아 6세기 4/4분기 경 중국 남북조(도 60)에서 그 기술이 유입되

---

36) 이는 달리 동자주라고도 부른다.
37) 국립박물관 1969: 11.

었음을 알 수 있다(조원창 2011a). 이는 567년경에 조영된 능산리사지 당탑지에서 이러한 우주 및 우석이 확인되지 않는 사실로도 유추해 볼 수 있다.

우석은 이후 익산 미륵사지 및 통일신라기의 가구기단(성주사지 금당지)에 영향을 미치고 있다. 아울러 백제의 가구기단 축조기술은 신라의 황룡사지(조원창 2009), 감은사지(조원창 2005), 사천왕사지 등에서도 찾아볼 수 있어 삼국통일을 전후하여 백제의 건축 장인이 신라 사회에서 크게 활약하였음을 보여주고 있다.

8) 일본 건축문화의 시원

61 | 회외사 강당지의 평적식 와적기단

588년 위덕왕 때 백제의 와박사, 사공, 노반박사, 화공 등은 일본 대화정권의 실권자였던 소아마자의 요청으로 일본에 파견된다. 이들에 의해 일본 최초의 사원인 비조사가 창건되었고 일본은 바야흐로 가람불교가 성립하게 되었다(조원창 2004).

비조사의 탄생은 한편으로 일본 사회에 기와집이 등장하는 계기를 마련하였고 초석[38], 가구기단, 이중기단 등을 탄생시켰다. 아울러 백제의 2사 제도를 본뜬 법사사와 니사로서의 비조사, 풍포사 등이 조영되었다.

백제의 와박사는 한편으로 와요를 조성하고 백제와는 다른 문양의 와

---

38) 초석이 등장하기 이전의 일본 가옥은 굴립주로 조성되었다.

당[39]을 제작하였다. 이러한 백제의 요업기술은 이후 법륭사 약초가람, 오산구미사, 굴사 등 비조시기의 여러 사원과 三井瓦窯, 隼上り瓦窯, 楠葉瓦窯 등에도 영향을 미치게 되었다(조원창 2004).

백제에서 일본으로 전파된 건축기술은 비조사 외에 산전사, 회외사(도 61), 고려

62｜백제대사 목탑지의 축기부 판축토

사, 백제대사(도 62) 등 비조·백봉기의 대부분 사원에서 찾아볼 수 있다 (조원창 2013b). 이는 결과적으로 비조·백봉기 일본의 건축기술이 백제를 기반으로 성립되었음을 의미하는 것이라 할 수 있다.

4. 맺음말

이상으로 백제 사비기 부여지역의 기와건물지에 대해 살펴보았다. 부여 이외의 익산지역에도 미륵사지 및 제석사지, 왕궁리유적 등이 분포하고 있어 완전한 사비기의 건축문화 특성은 살피지 못하였다. 그러나 기본적으로 부여지역의 건축문화와 익산지역의 그것이 큰 차이 없이 연계되어 있다는 점에서 기본적인 속성파악은 이루어졌다고 생각된다.

기와건물지는 동 시기의 대벽건물지나 굴립주건물지, 수혈주거지 등과 비교해 지붕에 기와를 올렸다는 가장 큰 차이점이 있다. 특히 부여지역

---

39) 이는 판단 형식에 의거 삼각돌기식 및 원형돌기식으로 부를 수 있다. 일본에서는 전자의 집단을 화조, 후자의 집단을 성조라 부르고 있다(大脇潔 1994).

사비기 기와건물지에서 관찰되는 현저한 건축기법의 특성으로는 기단의 다양성을 들 수 있다. 뿐만 아니라 백제의 건축기술은 신라 및 일본의 비조문화에도 큰 영향을 미쳐 일본의 경우 가람불교를 탄생시켰다.

향후, 부여지역에서는 폐사지의 학술조사나 일반 구제조사 등을 통해 기와건물지가 계속적으로 발굴될 것이다. 이에 발맞춰 새로운 백제의 건축요소 역시 출현되기를 기대해 본다.

:: 인용 목록 ::

도 01 朝鮮古蹟研究會, 1937, 「第四 扶餘軍守里廢寺址發掘調査(槪要)」, 『昭和11年度 朝鮮古蹟調査報告』, 圖版 第59.

도 02 國立扶餘文化財硏究所, 2010, 『扶餘軍守里寺址 I-木塔址·金堂址 發掘調査報告書』, p.179 사진 41.

도 03 國立扶餘博物館·扶餘郡, 2000, 『陵寺』, p.5 도면 5.

도 04 國立扶餘博物館·扶餘郡, 2000, 『陵寺』, p.220 도판 10-①.

도 05 국립부여문화재연구소, 2010, 『2009 백제문화를 찾아서』, p.31.

도 06 국립부여문화재연구소, 2009.09.29, 「6세기대 최대 규모의 백제 강당지 확인 보도자료」, 첨부사진 2.

도 07 國立博物館, 1969, 『金剛寺』, 圖面 2.

도 08 國立博物館, 1969, 『金剛寺』, 圖版8-b.

도 09 國立扶餘文化財硏究所, 2011, 『扶餘 定林寺址』, p.83 도면 22.

도 10 忠南大學校博物館, 1981, 『定林寺』, 圖面 19 및 20 작도.

도 11 國立文化財硏究所, 1996, 『扶蘇山城』, p.22 도면 2.

도 12 필자사진.

도 13 忠南大學校博物館·忠淸南道, 1999, 『扶餘官北里 百濟遺蹟 發掘報告(Ⅱ)』, p.187 圖版 45-1.

도 14 국립부여문화재연구소 홈페이지.

도 15 國立扶餘文化財硏究所, 2009, 『扶餘 官北里百濟遺蹟 發掘報告(Ⅲ)』, p.149 도면 47.

도 16 국립부여문화재연구소, 2007, 『2006 백제문화를 찾아서』, p.17 사진 6.

도 17 國立扶餘博物館, 1992, 『扶餘錦城山瓦積基壇建物址發掘調査報告書』, p.81 圖版 24.

도 18 충남대학교박물관·부여군, 2013, 『부여 동남리유적』, p.29.

도 19 朝鮮古蹟研究會, 1937, 「第六 扶餘窺岩面に於ける文樣塼出土の遺蹟と其の遺物」, 『昭和十一年度 朝鮮古蹟調査報告』, 圖版 第70 其一.

도 20 國立扶餘文化財硏究所, 2002, 『花枝山』, p.455 도판 18.

도 21 忠淸南道歷史文化硏究院·扶餘郡, 2008, 『扶餘 中井里建物址·東南里遺蹟』, p.140 원색도판 2-01.

도 22 忠淸南道歷史文化硏究院·扶餘郡, 2008,『扶餘 中井里建物址·東南里遺蹟』, p.199 도면 5-① 중.

도 23 忠南大學校博物館,『扶餘 龍井里 百濟建物址 發掘調査報告書』, p.25 도면Ⅱ.

도 24 忠淸文化財硏究院·大田地方國土管理廳, 2003,『扶餘 佳塔里·旺浦里·軍守里 遺蹟』, p.122 도면 65.

도 25 忠淸文化財硏究院·大田地方國土管理廳, 2003,『扶餘 佳塔里·旺浦里·軍守里 遺蹟』, p.156 圖面 87.

도 26 忠淸文化財硏究院·大田地方國土管理廳, 2003,『扶餘 佳塔里·旺浦里·軍守里 遺蹟』, p.170 圖面 97.

도 27 필자사진.

도 28 國立博物館, 1969,『金剛寺』, p.11 Fig. 3.

도 29 필자사진.

도 30 國立博物館, 1969,『金剛寺』, 圖版 6-b.

도 31 國立扶餘文化財硏究所, 2011,『扶餘 定林寺址』, p.348 사진 30.

도 32 國立扶餘博物館, 2010,『百濟瓦塼』, p.166.

도 33 國立扶餘文化財硏究所, 2010,『扶餘軍守里寺址 Ⅰ-木塔址·金堂址 發掘調査報告書』, p.179 사진 40.

도 34 國立扶餘文化財硏究所, 2010,『扶餘軍守里寺址 Ⅰ-木塔址·金堂址 發掘調査報告書』, p.176 사진 31.

도 35 國立扶餘文化財硏究所, 2011,『扶餘 定林寺址』, p.346 사진 22.

도 36 朝鮮古蹟硏究會, 1937,「第四 扶餘軍守里廢寺址發掘調査(槪要)」,『昭和十一年度 朝鮮古蹟調査報告』, 圖版第 55.

도 37 忠淸文化財硏究院·大田地方國土管理廳, 2003,『扶餘 佳塔里·旺浦里·軍守里 遺蹟』, p.137 寫眞 232-②.

도 38 國立扶餘文化財硏究所, 2010,『扶餘軍守里寺址 Ⅰ-木塔址·金堂址 發掘調査報告書』, p.189 사진 71.

도 39 國立扶餘文化財硏究所, 2006,『扶餘 觀音·밤골寺址 試掘調査報告書』, p.87 원색 7.

도 40 每日新聞社, 1987,『佛敎藝術』174號, 口繪 7.

도 41 필자사진.

도 42 忠南大學校博物館, 『扶餘 龍井里 百濟建物址 發掘調査報告書』, p.27 圖面Ⅳ 중.

도 43 國立扶餘文化財硏究所, 2010, 『扶餘軍守里寺址 Ⅰ-木塔址·金堂址 發掘調査報告書』, p.59 도면 21.

도 44 國立扶餘博物館·扶餘郡, 2000, 『陵寺』, p.222 도판 12-②.

도 45 國立扶餘文化財硏究所, 2002, 『花枝山』, p.43 도면 15.

도 46 忠南大學校博物館, 『扶餘 龍井里 百濟建物址 發掘調査報告書』, p.37 圖版Ⅲ-②.

도 47 扶餘文化財硏究所, 1993, 『龍井里寺址』, p.88 도판 31.

도 48 국립중앙박물관, 1999, 『특별전 백제』, p.22.

도 49 高麗大學校考古環境硏究所·서울특별시, 2007, 『紅蓮峰 第2堡壘』, p.152 도면 75-8.

도 50 필자사진.

도 51 國立扶餘文化財硏究所, 2003, 『扶蘇山城 發掘調査報告書Ⅴ』, p.472.

도 52 國立扶餘博物館·扶餘郡, 2000, 『陵寺』, p.15 도면 10.

도 53 한국전통문화학교 고고학연구소, 2010, 『扶餘 陵山里寺址』, p.130 도면 58.

도 54 국립부여문화재연구소, 2010, 『2009 백제문화를 찾아서』, p.9 사진 8.

도 55 朝鮮古蹟硏究會, 1940, 「第二 平壤淸岩里廢寺址の調査(槪報)」, 『昭和十三年度 朝鮮古蹟調査報告』, p.9 第 一圖 중.

도 56 國立扶餘博物館, 1997, 『국립부여박물관』, p.91 下.

도 57 필자사진.

도 58 필자사진.

도 59 2009, 『河南博物院』, p.68.

도 60 劉敦楨 저/鄭沃根 외 공역, 2004, 『中國古代建築史』, p.183 그림 72-1.

도 61 飛鳥資料館, 1983, 『渡來人の寺-檜隈寺と坂田寺』, p.2.

도 62 奈良文化財硏究所, 2003, 『吉備池廢寺址發掘調査報告-百濟大寺跡の調査』, PL.10-1.

:: 참고문헌 ::

國立文化財研究所, 1996, 『扶蘇山城』.

國立博物館, 1969, 『金剛寺』.

國立扶餘博物館, 1992, 『扶餘錦城山百濟瓦積基壇建物址發掘調査報告書』.

國立扶餘博物館 · 扶餘郡, 2000, 『陵寺』.

國立扶餘文化財研究所, 2002, 『花枝山』.

國立扶餘文化財研究所, 2003, 『扶蘇山城 發掘調査報告書Ⅴ』.

國立扶餘文化財研究所, 2009a, 『王興寺址Ⅲ-木塔址 金堂址 發掘調査 報告書』.

國立扶餘文化財研究所, 2009b, 『扶餘 官北里百濟遺蹟 發掘報告(Ⅲ)』.

國立扶餘文化財研究所, 2010a, 『扶餘軍守里寺址 I-木塔址 · 金堂址 發掘調査報告書』.

國立扶餘文化財研究所, 2010b, 『2009 백제문화를 찾아서』.

國立扶餘文化財研究所, 2011, 『扶餘 定林寺址』.

國立博物館, 1969, 『金剛寺』.

국립중앙박물관, 1999, 『특별전 백제』.

기호문화재연구원, 2010, 『평택 백봉리유적』.

文化財管理局 文化財研究所, 1984, 『皇龍寺』.

문화재청, 2007, 『한국성곽 용어사전』.

每日新聞社, 1987, 『佛教藝術』147號.

부여군, 1998, 『백제의 고도 부여 – 그 역사와 문화의 발자취』.

부여군, 2006, 『扶餘文化財大觀』.

扶餘文化財研究所, 1993, 『龍井里寺址』.

전북문화재연구원 · 전주시, 2006, 『全州 東固山城』.

조원창, 2000, 「백제 와적기단에 대한 일연구」, 『한국상고사학보』33호.

조원창, 2004a, 『백제 건축기술의 대일전파』, 서경문화사.

조원창, 2004b, 「백제 기단 축조술의 대신라 전파」, 『건축역사연구』42.

조원창, 2006a, 「부여 능사 제3건물지일명 공방지I의 건축고고학적 검토」, 『선사와 고대』24.

조원창, 2006b, 「신라 와적기단의 형식과 편년」, 『신라문화』28.

조원창, 2008a, 「백제 군수리사원의 축조기법과 조영주체의 검토」, 『한국고대사연구』51호.

조원창, 2008b, 「백제 사비기 왕흥사 목탑지 축조기법의 특성과 그 계통」, 『한국상고
　　　사학보』 62.

조원창, 2008c, 「百濟 木塔址 編年과 軸基部 築造技法에 관한 硏究」, 『建築歷史硏究』
　　　59.

조원창, 2009, 「황룡사 중건가람 금당지 기단축조술의 계통」, 『문화사학』 32호.

조원창, 2010a, 「백제 사비기 강당지 기단의 형식과 변천」, 『文化史學』 제34호.

조원창, 2010b, 「백제 정림사지 석탑 축기부 판축토의 성격」, 『한국고대탑구』 5.

조원창, 2011a, 「부여 금강사의 축조시기와 당탑지 기단구조의 특성」, 『文化史學』 제
　　　36호.

조원창, 2011b, 「백제 사비기 부여 부소산사지의 축조기법과 가람배치 검토」, 『역사
　　　와 담론』 제59집.

조원창, 2011c, 「백제 기단축조술의 대신라 전파」, 『백제의 토목건축』, 서경문화사.

조원창, 2012, 『기와건물지의 조사와 해석』.

조원창, 2013a, 「고려시기 잡상 연구」, 『지방사와 지방문화』 16권 1호.

조원창, 2013b, 「백제사지 일본사지 비교연구」, 『백제 사찰과 주변국 사찰과의 비교
　　　연구 –정림사지와 미륵사지를 중심으로-』.

조원창, 2013c, 「부여 능사의 승역 구조와 성격」, 『고고학』 제12-3호.

忠南大學校博物館, 『扶餘 龍井里 百濟建物址 發掘調査報告書』.

忠南大學校博物館, 1981, 『定林寺』.

忠南大學校博物館, 1993 · 1994, 「扶餘 東南理遺蹟 發掘調査 略報告書」.

忠南大學校博物館, 1999, 『扶餘官北里百濟遺蹟發掘報告(Ⅱ)』.

忠南大學校博物館, 2013, 『부여 동남리유적』.

忠南大學校百濟硏究所 · 大田地方國土管理廳, 2003, 『泗沘都城』.

忠淸南道歷史文化硏究院 · 扶餘郡, 2008, 『扶餘 中井里建物址 · 東南里遺蹟』.

忠淸文化財硏究院 · 大田地方國土管理廳, 2003, 『扶餘 佳塔里 · 旺浦里 · 軍守里 遺蹟』.

한욱, 2008, 「유구를 통한 6 · 7세기 백제가람 건물의 복원적 연구」, 홍익대대학원 박
　　　사학위논문.

奈良文化財硏究所, 2003, 『吉備池廢寺址發掘調査報告 – 百濟大寺跡の調査』.

大脇潔, 1994, 「飛鳥時代初期の同范軒丸瓦」, 『古代』 제 97호.

飛鳥資料館, 1983, 『渡來人の寺 –檜隈寺と坂田寺-』.

朝鮮古蹟研究會, 1937a, 「第四 扶餘軍守里廢寺址發掘調査(槪要)」, 『昭和十一年度 朝鮮古蹟調査報告』.

朝鮮古蹟研究會, 1937b, 「第六 扶餘窺岩面に於ける文樣塼出土の遺蹟と其の遺物」, 『昭和十一年度 朝鮮古蹟調査報告』.

朝鮮古蹟研究會, 1940a, 「第四 扶餘に於ける百濟寺址の調査(槪報) 甲 扶餘東南里廢寺址發掘調査」, 『昭和十三年度 朝鮮古蹟調査報告』.

朝鮮古蹟研究會, 1940b, 「第二 平壤淸岩里廢寺址の調査(槪報)」, 『昭和十三年度 朝鮮古蹟調査報告』.

于志公, 2001, 『梁思成全集』第7卷, 中國建築工業出版社.

中國社會科學院考古研究所, 1996, 『北魏洛陽永寧寺』, 中國大百科全書出版社.

中國社會科學院考古研究所, 2003, 『西漢禮制建築遺址』, 文物出版社.

劉敦楨 저/鄭沃根 외 공역, 2004, 『中國古代建築史』.

2009, 『河南博物院』.

부여지역
소규모 발굴조사 최신 성과

정훈진

1. 머리말

소규모 국비지원 발굴사업은 일정 규모 이하의 개인단독주택, 농어업 시설물, 개인사업자의 건축물, 그리고 소규모 공장 건축부지 내의 지역 지하에 분포하고 있거나 분포할 가능성이 많은 문화재 조사비용을 국비 에서 전액 지원하는 제도이다. 이 사업은 복권위원회 복권기금의 지원을 받아 문화재청에서 시행하고 있으며, 해마다 민원건수가 증가하는 추세 에 있고 사업규모도 이에 걸맞게 증가하였다. 현재 소규모 국비지원 발 굴조사는 한국문화재재단에서 전담하여 진행하고 있다.

부여읍내에서의 국비지원 발굴조사는 백제 사비도성 내에서 이루어 지는 점에서 다른 지역에 비해 그 의미가 더욱 크다고 할 수 있다. 특히 2010년부터 우리 재단에서 국비지원 발굴사업을 전담하게 된 다음 올해 로 4년째 발굴조사를 진행해 오고 있으며, 가능한 한 총합적이고 체계적 으로 실시하고자 온갖 노력을 경주하고 있다. 뿐만 아니라 발굴결과가 국립부여문화재연구소에서 추진 중인 백제도성 연구의 종합적인 정보구

축사업 및 부여군의 고도보존 및 부여사비왕궁지구 정비사업과 맞물려 중요하고 유익한 자료로서의 가치를 발휘할 수 있도록 노력을 경주하고 있다.

우리 재단에서는 2010년부터 2013년까지 총 4년에 걸쳐 709건의 발굴(표본, 시굴, 정밀발굴 등)조사를 실시하였고 이 중 부여지역에서는 모두

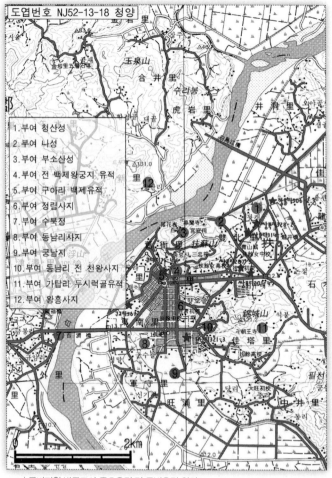

01 | 국비지원 발굴조사 중요유적 및 주변유적 위치도

103건의 조사를 진행하였다. 이를 세부적으로 살펴보면, 아래 표와 같다.

구분	총 조사건수	부여지역 조사건수		표본조사	시굴조사	발굴조사
		건수	비율			
2010년	157	16	10	0	13	3
2011년	180	29	16	8	14	7
2012년	195	32	16	5	18	9
2013년	177	26	15	0	17	9
계	709건	103건	15%	13	62	28

이 가운데 발굴조사된 백제유적을 중심으로 중요한 유적을 선별하여 모두 9개 유적을 대표적으로 살펴보았다.[1] 해당 유적들을 가나다순으로 살펴보기로 하자.

2. 구교리 367번지 유적

1) 조사개요

- 유적명 : 부여 구교리 367번지 제2종 근린생활시설 신축부지 내 유적
- 조사지역 : 충남 부여군 부여읍 구교리 367번지
- 조사면적 : 777㎡
- 조사기간 : 2013. 4. 26 ~ 2013. 9. 25 [발굴(시굴) : 2013. 3. 21 ~ 3. 26]

---

1) 이 유적들은 국립부여문화재연구소에서 실시중인 백제문화권 종합 학술연구 발표회의 2012년(별도의 자료집 작성 안함)과 2013년에 발표한 자료를 중심으로 선별하였으며, 해당유적 원고는 호서고고학회에 게재된 원고를 참고하여 수정한 것이다. 국립부여문화재연구소, 2013, 「한국문화재보호재단 조사 부여지역 백제유적 신보고」, 『백제문화권 유적조사연구 학술발표』(제1회 「백제도성 연구정보 협력」 연구성과 발표 요지문).

- 유적성격 : 백제시대 특수건물지(수혈주거지+초석건물지+적심토건물
지), 초석건물지, 와적기단, 와적배수로 등 총 23기의 건축유
구 확인[2]

2) 유적의 입지 및 환경

본 유적은 부여읍의 서쪽인 백마강변에 위치하고 있으며, 부소산의 서쪽 자락이 뻗어 내린 능선의 남동쪽 사면 저지대에 해당한다. 조사지역은 조사 이전에 컨테이너를 설치하여 자재창고로 사용하고 있었다.

유적의 전반적인 지세는 북고남저, 동고서저의 지형이며, 주변유적은 북동쪽으로 구교리 159-4번지 제1종 근린생활시설부지 내 유적, 부여 문화관광형시장 조성사업부지 내 유적, 동남쪽으로는 동남리 525-1번지(하이마트부지)유적, 구교리 387-7번지 유적, 구교리 386-2번지 및 386-3번지 유적 등이 분포한다.

3) 조사내용

발굴조사에서는 표토층에서 약 2m 정도의 깊이에서 유구가 확인되었다. 확인된 유구는 총 23기의 백제시대 건축유구로서, 최상부층인 3단계의 유구는 특수건물지(수혈주거지+초석건물지+적심토건물지)를 비롯해 동·서 초석건물지, 동편건물지, 와적기단, 수혈 및 구상유구, 폐와무지 2기, 적심 1기, 주혈군 등이며, 2단계의 유구는 석렬유구, 특수건물지의 중앙부 남쪽 하단에서 확인된 와적렬 및 계단시설, 굴립주건물지, 조사지

---

2) 한국문화재보호재단, 2013, 「부여 구교리 367번지 제2종 근린생활시설 신축부지 내 유적 발굴조사 약보고서」.
정훈진·김철구·김미현·최민석, 2013, 「부여 구교리 367번지 근린생활시설부지 유적」, 『제28회 호서고고학회 학술대회 호서지역 문화유적 발굴성과』, 湖西考古學會.

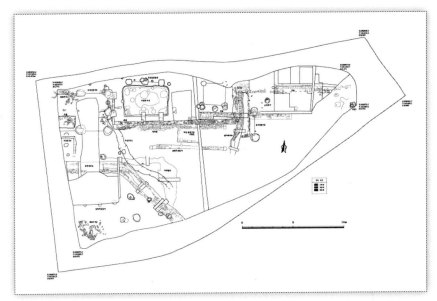

02 | 발굴조사 유구분포도

역 남서쪽의 와적배수로 등, 최초의 1단계 유구는 특수건물지 하부의 기단 석렬, 동편건물지 하부의 석렬유구, 조사지역 남서쪽의 굴립주 토담, 또한 2단계에 조성된 와적배수로 하부에 선축된 배수로 등이다.

조사과정에서 3단계의 특수·동편·초석건물지 등은 학술적 중요성으로 인해 석축부분을 제거하지 않았고 1·2단계의 유구는 3단계 유구조성층의 남쪽에 일부 노출된 부분과 각 유구 사이의 탐색트렌치를 통해 확인된 유구이다. 이 중 주요 유구에 대한 조사내용은 다음과 같다.

(1) 3단계

3단계의 유구는 조사지역 내 최상부층이자 최종적으로 조성된 유구로, 특수건물지를 비롯하여 초석건물지, 동편건물지, 와적기단 등이며 그외 수혈 및 구상유구, 폐와무지, 적심 1기 등이 조사되었다.

① 특수건물지

　조사지역의 북쪽 중앙부에 위치하며, 유구의 구성은 축대로 추정되는 석축시설 내에 수혈주거지, 초석건물지 및 적심토건물지, 건물지 동편의 암거 배수로 등으로 조성되어 있다. 먼저, 석축시설은 동서장축의 'ㄴㅓ' 자상으로 세장방형을 띠고 있으며, 미리 계획된 성토대지의 가장자리를 단면 'U'자형으로 굴착하고 할석을 사용하여 허튼쌓기의 형태로 축조되었다. 내부는 황갈색사질점토로 충전되었고, 할석의 상부 일부는 한 면을 남쪽으로 맞추고 있다.

　석축의 내부시설은 동서장축의 긴 내부공간을 동서 2개로 분할 사용한 것으로 추정되며, 서쪽의 수혈주거지 및 방형 적심토건물지와 동쪽의 초석건물지가 조합된 형태를 보인다. 석축시설과 수혈주거지, 적심토건물지, 초석건물지는 장축방향이 거의 동일하며, 내부시설 중 서쪽의 경우, 수혈주거지의 내부에서 적심토 건물지의 남쪽 적심토 흔적이 확인되지 않아 수혈주거지가 적심토건물지를 파괴한 후축유구로 판단된다. 따라서 특수건물지의 내부시설 변천은 先(서)적심토건물지-초석건물지(동), 後수혈주거지(서)-초석건물지(동)의 순으로 추정된다.

　석축시설 내 서쪽의 수혈주거지는 평면형태가 장방형이고, 내부의 토층양상은 회갈색사질점토의 단일층으로 퇴적되었으며, 내부시설은 북벽을 중심으로 벽구와 다수의 주혈이 확인되었다.

　석축시설 내 동편에는 초석건물지가 확인되며, 상하로 2개의 건물지가 중첩된 양상을 보인다. 즉, 상부 건물지는 중첩된 상부의 초석 2매(남쪽 석축에서 70cm 이격)만 남아 있는 건물지이고, 하부는 중첩된 하부의 초석 혹은 토심으로 남아 있는 정면·측면 각 1칸의 작은 건물지였던 것으로 추정된다. 특히 하부의 단칸 건물지는 기둥의 남쪽열이 석축(축대)에서 90cm 정도 들인 위치에서 노출되었으며, 북쪽열은 남쪽열에서 북쪽으로 2.2m 정도 떨어져 적심토 1개소와 경계사벽 내 토심의 흔적으로

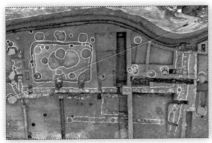

03 | 3단계 특수건물지 전경   04 | 3단계 서쪽 초석건물지 2호 전경

남아 있다. 초석의 하부에는 1매의 초반 또는 적심의 형태로 작은 할석들
이 받쳐져 있다.

적심토건물지는 수혈주거지의 북쪽에 크기 약 50~60cm, 전반적인 깊
이는 약 15~20cm 정도의 방형 적심토 3개가 약 1.6m의 등간격으로 배
치되어 있으며, 적심토의 상부에는 지름 20~30cm 정도의 소형 주혈들이
2m 정도의 간격으로 중복되어 있다.

암거 배수로는 특수건물지의 동편 석축(축대)에 바로 연접하여 잔존
길이 약 4m, 폭 50cm 정도로 남북방향으로 진행하고 있다. 깊이는 약 15~
20cm 정도이며, 1매 정도의 할석이 덮개 역할을 하고 양쪽에 1매씩의 할
석이 입수적된 암거식이며, 내부에는 회갈색사질점토로 채워져 있다.

② 동편 건물지

특수건물지의 북동쪽으로 약 10m 정도 진행하는 석렬 1기가 확인
된 것으로, 축조양상은 폭 30cm 정도 'U'자상으로 굴착하여 조성되었고,
1~2단 정도의 할석을 쌓고, 빈공간을 황갈색사질점토로 충전하였다. 남
쪽으로 조성된 기단으로 추정되며, 기단의 중앙부는 후대의 파괴로 인해
대부분 결실된 상태이다. 기단의 동쪽 하부로는 북쪽으로부터 대지조성
토가 계단식으로 조성된 흔적이 있고, 기단의 하부에는 1단계에 해당하
는 석렬유구(기단)가 확인되었다.

③ 와적기단

특수건물지 동편으로 석축시설과 축은 약간 틀어져 있으나, 약 1.0~1.3m 정도 떨어져 남북방향으로 나란하게 확인되었다. 와적기단의 북쪽은 동편 건물지의 석렬이 중복되어 있으며, 남쪽은 서쪽으로 꺾여 약 80cm 정도 진행하다가 끊겨져 있다.

기단의 축조 양상은 1매의 편평한 할석으로 기저부를 만들고 그 상부에는 암갈색사질점토를 바른 후 암키와를 횡적한 양상이다. 잔존한 와적은 1~3매 정도이며, 대부분은 동쪽으로 함몰되었다. 한편, 와적기단의 동쪽으로는 기단에서 1.5m 정도 떨어져 지형에 맞게 구지표로 추정되는 암황갈색사질점토층 상부 경사면에 크고 작은 기와편이 깔려 있었다.

이는 와적기단과 평행하게 퇴적된 것으로 볼 때, 건물대지의 범위 혹은 지붕의 처마선과 관련이 있을 것으로 추정된다.

④ 초석건물지 2호

조사지역의 북서쪽에서 총 6매의 초석이 확인된 건물지이다. 잔존양상으로는 남향의 정면 2칸, 측면 2칸으로 확인되며, 북서쪽 모서리의 초석 1매는 조사 경계부와 맞물려 있고, 남서쪽의 초석은 조사 경계 외곽에 있을 것으로 추정된다. 북쪽의 동서방향 초석은 약 2.7m 정도의 등간격으로 3매가 일직선상에 있고, 동쪽의 초석 3매는 약 1.8m 정도의 등간격으로 배치되어 있다. 중앙부의 초석열은 동쪽 끝단에서만 확인되고, 중앙부에는 확인이 되지 않았다. 초석의 축조는 암갈색사질점토층을 완만한 'U'자상으로 굴착하여 축조되었고, 크기는 40~50×50~60cm, 두께는 30cm 정도의 화강암이며, 상면은 기둥자리만 다듬어 편평하다.

⑤ 초석건물지 3호

특수건물지의 동쪽 와적기단 하부에 남북방향의 초석 2매가 배치되었다. 북쪽 초석은 크기 55×40cm이며, 초석 상면에는 지름 20cm 정도의 음각 주좌가 확인되었다. 남쪽 초석은 지름 65cm 정도의 원형에 가까운 할석을 사용하였으며, 상면에 주좌흔적은 확인되지 않았다. 초석의 주칸거리는 2.5m 정도이며, 두 초석의 주변에서 건물지 관련된 추가흔적이 확인되지 않아 특수건물지의 출입시설로 추정된다.

(2) 2단계 유구

2단계의 유구는 3단계 유구층 하부에 탐색트렌치를 설치하거나, 기 노출된 유구에서 층위상 2단계로 구분된 유구로, 특수건물지 동쪽 하부에서 석렬유구 및 특수건물지 남쪽 하단의 와적렬과 출입시설로 추정되는 계단, 굴립주 토담, 남서쪽의 와적배수로 등이다.

① 와적렬과 계단지

와적렬은 특수건물지 석축시설의 하부를 조사하는 과정에서 부분적으로 노출되었으며, 총 길이 약 10m 정도이다. 특수건물지의 석축과는 남쪽으로 약 10~15cm 정도 이격되어 있으며, 석축의 진행방향과는 약간 북서쪽으로 축이 틀어진 양상으로, 건물지 처마와 관련된 산수시설로 추정된다. 또한 와적렬의 중앙부 남쪽에는 방형으로 돌출된 석축이 있는데, 노출규모는 남북 2.3m 정도, 동서 약 1.5m 정도이다. 노출된 형태로볼 때, 건축물의 중앙부에 설치한 출입시설로 판단되며, 하부구조만 잔존하는 것으로 추정된다.

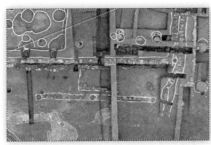

05 | 2단계 특수건물지 동편 하부 석렬 및 추정 계단, 굴립주 토담 전경 06 | 2단계 와적배수로 전경

② 굴립주 토담

와적렬과 추정 계단의 남쪽에서 동서방향의 일직선으로 7m 정도 확인되었다. 지름 30cm 정도의 주혈이 약 3.5m 정도의 등간격으로 3개가 확인되었으며, 주혈과 주혈 사이에는 고맥이시설로 추정되는 소할석이 채워져 있었다. 토층양상 및 와적렬·추정 계단시설과 나란한 진행양상을 볼 때, 2단계의 유구로 판단된다.

③ 와적배수로

조사지역의 남서쪽에서 동-서 방향으로 진행하다가 남동방향으로 꺾이는 배수로이다. 조사구역 내에서 확인된 범위는 동서 약 5.9m, 남동 약 7.9m 정도이며, 내부 폭은 60~70cm 정도이다. 축조양상은 대부분 암키와를 3~4단 정도 횡평적하였으며, 부분적으로는 상·하단에 전이 사용되기도 하였다.

배수로의 깊이는 약 20~25cm 정도이며, 내부에는 암회갈색사질토와 흑갈색사질점토가 퇴적되었다. 배수로의 남쪽으로는 상부에 후대 유구인 굴립주가 중복되어 부분적으로 와열이 교란되어 있으며, 배수로의 북서쪽 내부에는 일부 함몰된 와열이 바닥에서 확인되었는데, 이는 선축된 1단계의 중복된 배수로로 추정된다.

배수로는 조사구역 내에서 일부분만 노출되어 전체윤곽은 알 수 없지만·배수로의 중앙부 굴절되는 각도가 약 135°정도인데 이는 3차 학술자문회의에서 언급된 팔각전지의 모서리 각도와 유사하다. 이에 배수로의 남쪽 연장선에서 굴절되는 변화를 탐색하고자 남쪽 경계사벽의 일부를 제거하였으나 연장선만 확인하였다. 또한 국립부여문화재연구소의 협조 하에 배수로 서쪽 경계외부에 대한 지하물리탐사를 실시하였으며, 탐사결과 와적배수로의 서쪽으로 연장되어 팔각으로 꺾이는 듯한 구조물의 흔적이 확인되기는 하였지만 팔각전지와의 관련성 여부는 조사대상지 서쪽지역에 대한 발굴조사 이후에야 정확한 실체파악이 가능할 것으로 예상한다.

(3) 1단계 유구

1단계의 유구는 3단계의 특수건물지 하부를 조사하는 과정에서 확인되었으며, 기존의 대지조성토를 최초로 굴착하여 기단 석렬이 조성되었고, 동편건물지의 하부에서도 나란한 방향의 석렬이 확인된 유구들이다.

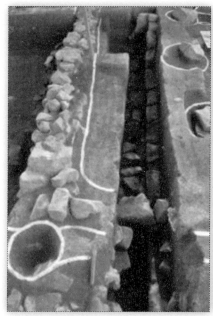

07 | 1단계 특수건물지 하부기단 전경

08 | 1단계 동편 건물지 하부 석렬 전경

09 | 1단계 하부 기단 전경

10 | 1단계 추정 답도 전경

또한 조사지역 남서쪽, 2단계에 해당하는 와적배수로에 선축되어 중복된 배수로와 황갈색점토 등이 완만하게 굴착된 추정 답도시설 등이다.

① 기단 석렬

특수건물지 동쪽 하부에 탐색트렌치에서 확인되었으며, 전체 노출길이는 동서로 약 8.4m 정도이다. 기단은 크기 30~50cm 정도의 판석형 할석으로 남쪽에 면을 맞추어 거의 수직으로 쌓아올렸으나 특수건물지 동단~와적기단의 하부에는 단락되어 있다. 기단은 대부분 1단 정도만 남아있으며, 서단부근은 할석 4매가 입수적되어 있다. 또한 최서단 1매가 남쪽으로 꺾여 있어 이 부분이 남쪽으로 돌출된 출입구였을 가능성도 배제할 수 없다. 일단 잔존상태로 보아 기단의 중앙부가 이격되어 동서방향으로 대칭된 배치구조를 보이고 있다. 이 기단석렬은 3단계 유구의 하부에서 탐색조사에 의해서만 확인되어 전체형태를 파악하기 어려우나 1단계보다는 아주 정형적인 것으로 추정된다.

위의 기단과 북쪽으로 1.2m 떨어져 나란하게 배치된 기단이 3단계 동편건물지 하부에서 확인되었다. 1열의 석렬로 약 15m 정도 노출되었고 조사지역 동쪽 경계부까지 이어지는 양상이다.

② 추정 답도시설

조사지역 중앙부 하부층에서 확인되었으며, 2단계의 와적배수로에 선축된 유구이다. 최초 조사시에는 와적배수로를 보호하기 위한 토둑으로 추정하였으나, 2차 전문가검토회의에서 제기된 특수건물지의 성격(추정 가묘)에 준하여 조사를 진행한 결과, 조사지역의 남쪽으로는 폭 1~1.5m 정도로 북쪽으로 진행하다가 약 5m 정도의 지점에서 서쪽으로 꺾이면서 폭 30~40cm 정도로 좁아지는 양상으로 확인되었다. 유구의 내부에는 완만한 'U'자상으로 굴착되어 황갈색사질점토층이 퇴적되었으며, 동쪽의 토층양상에서는 후대의 퇴적층 영향으로 답도가 단절된 양상이다.

4) 조사성과

1) 본 유적에서는 다수의 주혈을 포함한 총 23기의 백제시대 건축유구가 확인되었으며, 각각의 유구는 흑갈색점질의 저습지를 성토한 퇴적층을 굴착하여 축조되었으며, 전반적으로는 3단계로 구분되어 조성되었다.

2) 특수건물지는 조사지역의 북쪽 중앙부에 위치하며, 축대로 추정되는 석축시설 내에 세장방형의 공간을 동서로 나누어 양쪽에 각각의 건물을 배치한 형태이다. 건물지는 2회 이상 사용된 것으로 추정되는데, 1차는 동쪽의 초석건물지와 서쪽의 적심토 건물지가 조합된 형태이며, 2차는 적심토 건물지 대신 수혈주거지가 조합되어 사용된 것으로 확인되었다. 이렇게 동일한 구획(석축시설 : 담장 또는 축대) 내에 2동 이상의 건물이 축조된 예는 흔치 않은데, 고구려의 집안 동대자유적을 비롯하여 6~7세기 경주 황룡사 초창가람, 부여 능산리사지, 왕흥사지, 익산 미륵사지, 왕궁리유적 등과 경주 감은사지 등에서도 확인되는 1동 2실의 특수건물지[3]와 외형상 닮아 있다. 또한 이러한 건물지의 분포범위가 특정지역에 한정되지는 않고, 삼국 모두[4]에서 확인되는 점으로 볼 때, 본 유적의 특수건물지도 이러한 맥락에서 이해할 수 있을 것이다. 비록 1동 2실 건물지와 세부적인 기둥 및 지붕의 배치형태는 상이하지만 기본적인 평면배치에서 강한 유사성을 보인다는 점을 확인할 수 있었다.

아울러 2차 전문가검토회의에서 특수건물지의 성격은 일반건물이 아닌 일종의 가묘일 가능성[5]이 제기됨에 따라 이러한 형태의 건물지가 절터나 궁궐이 아닌 곳에서 확인되었다는 점에서 본 유적의 학술적 중요성

---

3) 조은경, 2012,「삼국시대 벽구조 건물에 대한 고찰」,『백제문화 기획연구 관련 국제학술회의』, 국립부여문화재연구소.
4) 배병선, 2009,「왕궁리유적 백제건물지의 구조 분석」,『익산 왕궁리유적의 조사성과와 의의』, 국립부여문화재연구소.
5) 박순발, 2013,「동아시아 고대 도성 廟壇의 기원과 전개」,『한국 고대 도성의 의례공간과 왕권의 위상』, 제26회 한국고대사학회 합동토론회 발표요지.

을 인지할 수 있다.

3) 초석건물지는 총 3동이 확인되었는데, 초석의 상부 표면은 치밀하게 다듬지 않았으며, 건물지 3호의 1곳 외에는 주좌도 발견되지 않았고, 기단도 석축기단이 확인되지 않아 돌을 많이 사용하지 않는 백제시대 건축수법의 일단을 엿볼 수 있다. 또한 초석 하부의 경우, 초석건물지 2호의 1기를 제외하고는 돌을 거의 사용하지 않은 적심토의 형태를 띠고 있어 주로 백제지역에서 발견되는 특징적인 건축요소를 확인할 수 있었다.

4) 와적기단은 조사지역의 동쪽에서 확인되었는데, 와적수법은 평적이고, 하단부에는 할석을 이용하여 기초를 마련하였으며, 적재된 기와 사이에는 암갈색사질점토를 발라 견고하게 시설하였다. 이러한 와적기단은 백제기단 중 특이한 기법으로, 왕궁이나 사찰, 일반 건물 등 거의 모든 건물에 잡석과 와적을 혼용하여 자연석 기단과 함께 사용되었으며, 부여의 금성산 건물지와 군수리사지, 신라의 천관사지, 인용사지 등에서 확인된 예가 있다. 주로 백제 사비기의 6세기 전반에서 7세기 후반에 이르기까지 사용된 기법[6]으로 볼 때, 본 조사지역에서 확인된 와적기단 건물지 조성연대를 어느 정도 가늠해 볼 수 있을 것으로 판단된다.

5) 남서쪽에서 확인된 와적배수로는 팔각전지(八角殿址)의 부속 배수로일 가능성이 제기되면서 신라의 나정, 고구려의 평양 청암리사지(추정 금강사지) 등에서 확인된 팔각건축물과 대비되는 백제지역의 초현예로 볼 수 있다. 추후 본 조사지역의 남서쪽에서 조사가 진행된다면 와적배수로의 정확한 성격이 규명될 수 있을 것으로 기대한다.

---

6) 조원창, 2011,『백제의 토목 건축』, 서경문화사.

3. 구아리 71-4 · 6번지 유적

1) 조사개요

- 유적명 : 부여 구아리 71-4 · 6번지 단독주택 및 근생시설 신축부지 내 유적
- 조사지역 : 충남 부여군 부여읍 구아리 71-4 · 6번지
- 조사면적 : 555㎡
- 조사기간 : 2012. 10. 16 ~ 2012. 11. 27[발굴(시굴) : 2012. 7. 23 ~ 7. 27]
- 유적성격 : 백제시대 경작유구, 구상유구, 수혈유구, 추정배수로 등 총
13기 외 주혈군 확인[7]

2) 유적의 입지 및 환경

본 유적은 부여읍의 북서쪽에 해당하는 곳으로 서쪽으로는 1km 떨어져 금강이 남류하고 있으며, 북쪽으로는 부소산(106m)이 자리하고 있다. 조사지역의 지형은 부소산에서 서남쪽으로 내려오는 능선의 말단부로 해발 16~17m에 해당한다. 조사지역은 부소산성의 서남쪽에 위치하는 구드래 음식타운 초입부에 해당하며, 주변에는 민가와 상가들이 밀집분포하고 있는데, 이 건물들의 건축과정에서 원지형이 대부분 변경된 것으로 보인다.

유적 주변에는 남쪽에 접한 구아리 백제유적을 비롯하여 북서쪽으로는 부소산성과 관북리 백제유적이 위치하고 있다. 관북리 유적은 10여 차례에 걸친 발굴조사가 진행된 바 있으며, 현재는 정비복원 중에 있다.

---

7) 한국문화재보호재단, 2012,「부여 구아리 71-4 · 6번지 제2종 근린생활시설 신축부지
내 유적 발굴조사 약보고서」.
이경식 · 정훈진 · 박순영 · 김미현 · 정홍선 · 전은정 · 가영경, 2012,「부여 구아리
71-4 · 6번지 단독주택 및 제2종 근린생활시설부지 유적」,『제26회 호서고고학회 학술
대회 호서지역 문화유적 발굴성과』, 湖西考古學會.

3) 조사내용

발굴조사에서는 지표 및 교란층의 바로 아래에서 2차례에 걸친 조선시대 성토층이 확인되었으며, 그 아래로 암갈색사질점토층(IV층-제1문화층)과 적황색사질점토층(VI층-제2문화층)에서 백제시대 유구가 확인되었다. 제1문화층에서는 경작유구·구상유구·방형유구 등 3기가, 제2문화층에서는 수혈유구 8기·추정 배수로 1기·구상유구 1기 외에 주혈 다수가 조사되었다. 유물은 경작유구와 추정배수로에서 백제 토기편이, 2차 성토층에서 조선후기 기와편과 백자편이 각각 출토되었다.

(1) 제1문화층

① 경작유구

경작유구는 조사지역의 북동쪽에 치우쳐 있으며, 조사범위의 1/3에 걸쳐 확인된다. 유구는 이랑과 고랑으로 판단되는 열이 반복적으로 확인되는 것으로 보아 밭 유구인 것으로 파악된다. 이랑과 고랑의 장축방향은 남-북(N-5°-E)향이다. 유구는 북쪽 조사경계 외부로 연장되며, 남서쪽으로 가면서 이랑 및 고랑이 삭평되어 형태가 불분명해지면서 더 이상 확인되지 않았다. 유구의 확인범위는 남북 950cm, 동서 1,140cm이며, 규모는 폭이 이랑 40~60cm, 고랑 35~70cm, 최대깊이 13cm로 지금까지 확인된 밭 유구에 비해 폭이 넓은 편이다. 전반적으로 이랑과 고랑이 뚜렷하기는 하지만

11 | 조사지역 토층양상(동남벽)

부분적으로는 불규칙한 양상을 보이기도 한다. 유물은 남서쪽 고랑에서 고배 대각편이 출토되었다.

② 구상유구

조사지역의 남서쪽에 치우쳐 위치하며, 구의 끝부분은 조사구역의 동·서쪽 외부로 연장될 것으로 판단된다. 구의 현재 규모는 길이 18m, 최대너비 270cm, 최대깊이 45cm 이며, 장축방향은 동-서(N-85°-W)향이다. 유구는 서쪽에서 동쪽으로 가면서 낮아지게 조성되었으며, 단면은 완만한 U자 형태를 띤다. 구의 내부에는 상부에

12 | 제1문화층 경작유구(남→북)

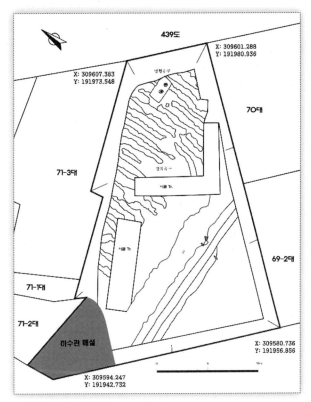

13 | 제1문화층 유구배치도

서 확인되는 1차 성토층의 토양과 동일한 흙이 채워져 있으며, 토층상에서 유수의 흔적이 확인되지는 않았다. 한편, 구의 남쪽으로는 구와 평행한 방향으로 폭 86cm의 둑이 자리하고 있는데, 구와의 상관관계는 명확하지 않다. 내부에서 확인된 유물은 없다.

③ 방형유구

방형유구는 조사지역의 북동쪽 경계부근에서 확인되었는데, 경작유구 및 제2문화층의 1호 수혈을 파괴하고 조성되었다. 유구의 평면형태는 장방형이며, 장축방향은 동-서(N-85°-W)향이다. 유

14 | 제2문화층 방형유구 토층

구의 규모는 길이 220cm, 너비 120cm, 최대깊이 50cm이다. 벽면은 거의 수직에 가까우며, 바닥은 평탄하게 정지하였다. 내부에는 2개의 목주가 45cm의 간격을 두고 위치하고 있었다. 동쪽의 목주 하부에는 기와편을 동그랗게 돌려 하부의 하중을 받을 수 있도록 하였다. 목주의 길이는 50cm이고 지름은 30cm 전후로 원목을 다듬지 않고 사용하였으며, 목주 주변에는 3cm 안팎의 두께로 회색니질토가 감싸고 있다. 내부토는 다양한 점질토이며, 부분적으로 물의 영향을 많이 받아 뻘층화한 상태이다. 출토유물은 동쪽 목주의 하부에서 확인된 기와편이 유일하다. 이 시설과 유사한 것이 추정 왕궁지로 알려진 관북리 유적[8]에서 조사된 된 바 있는

---

8) 국립부여문화재연구소, 2009,『扶餘 官北里遺蹟 發掘報告Ⅲ -2001~2007年 調査區域 百濟遺蹟篇-』.

데 둘의 상관관계
는 앞으로 다양하
게 검토하여 지면
을 달리해 보고할
예정이다.

(2) 제2문화층

① 추정배수로

추정배수로는
조사지역의 남서
쪽 경계와 접하
여 확인되었다.
유구의 평면형태
는 일자형이며, 장
축방향은 남-북
(N-20°-E)향에 가
깝다. 잔존규모
는 길이 230cm, 너비
140cm이며, 내부 폭은
40~50cm, 높이 36cm
이다. 유구는 적황색사
질점토 위에 축조하였
는데, 크고 작은 할석
부분적으로 치석을 사
용하였으며, 치석한 부

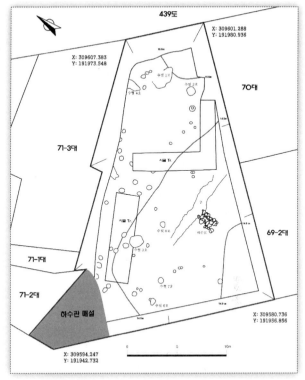

15 | 제2문화층 유구배치도

16 | 제2문화층 추정배수로(남→북)

분이 내측으로 향하도록 쌓아 벽을 조성하였다. 양쪽벽은 모두 2~3단으로 눕혀쌓기를 하였으며, 상부에는 판석형 할석을 덮었다. 내부에는 대부분을 암갈색사질점토가 채워져 있었으며, 일부 회색 니질토 및 모래층이 혼입되기도 하였다.

이 유구는 노출된 현상만으로는 정확한 용도를 파악할 수 없으나 부여지역에서 조사된 도로 양쪽에 있는 측구와 유사하여 배수로로 추정하였다.

② 구상유구

구상유구는 제1문화층의 구와 동일한 위치에서 확인되었으며, 형태 및 구조 또한 서로 비슷하다. 다만 구의 형태가 서쪽으로 갈수록 불분명해지는 차이가 난다. 유구의 단면은 완만한 U자형이고, 장축방향은 동-서(N-85°-W)향이다. 잔존규모는 길이 130cm, 최대너비 50cm, 최대깊이 20cm이다. 내부에는 제1문화층의 암갈색사질점토가 채워져 있었으며, 바닥은 상부층의 구상유구와는 달리 부분적으로 움푹움푹 파여 불규칙한 모습을 보였다. 내부에서 확인된 유물은 없다.

구의 동쪽에 치우쳐 남쪽에는 추정배수로의 북편과 접해 있는데, 이를 통해 추정배수로와의 상관관계를 짐작해 볼 수 있다.

4) 조사성과

본 유적에서는 모두 2개의 백제시대 문화층이 확인되었다. 상층인 제1문화층에서는 경작유구와 구상유구 및 방형유구가 1기씩 확인되었는데, 경작유구의 고랑에서 삼국시대 고배 대각이 출토되었다. 제2문화층에서는 수혈 8기, 추정배수로 1기, 그리고 구상유구 1기 외에 다수의 주혈(47개)이 확인되었다. 제2문화층 역시 추정배수로에서 확인된 유물을 통해 삼국(백제)시대 문화층으로 판단된다.

한편 상부의 표토층과 제1문화층 사이에는 2차례에 걸쳐 형성된 성토

층이 확인된다. 북동쪽으로 인접한 관북리유적(대형건물지)에서도 확인
되었던 대지성토의 흔적이 본 유적에서도 확인되었지만 이 성토층이 제
1문화층(백제유구층)의 상부에서 확인되어 백제시대와는 무관한 것으로
판단된다. 특히 2차 성토층 내에서 조선시대 후기의 기와편 및 백자편이 확
인된 것으로 보아 조선후기 이후에 이루어진 성토층인 것으로 파악된다.

4. 동남리 321-3번지 유적

1) 조사개요

- 유적명 : 부여 동남리 321-3번지 단독주택 신축부지 내 유적
- 조사지역 : 충남 부여군 부여읍 동남리 321-3번지
- 조사면적 : 390㎡
- 조사기간 : 2012. 8. 6 ~ 2012. 9. 25[발굴(시굴) : 2012. 6. 20 ~ 6. 22]
- 유적성격 : 백제시대 굴립주건물지 4동, 수혈유구 8기, 구상유구 9기,
  상격미상유구 1기, 수레바퀴혼 1기, 조선시대 수혈유구 11
  기, 구상유구 3기 등 37기 외 다수의 주혈 확인[9]

2) 유적의 입지 및 환경

본 유적은 부여읍의 남쪽에 위치한 궁남지에서 북쪽으로 이어지는 야

---

9) 한국문화재보호재단, 2012, 「부여 동남리 321-3번지 단독주택 신축부지 내 유적 발굴
조사 약보고서」.
정훈진·조은이·정홍선·전은정·가영경, 2012, 「부여 동남리 321-3번지 단독주택
신축부지 유적」, 『제26회 호서고고학회 학술대회 호서지역 문화유적 발굴성과』, 湖西
考古學會.

트막한 능선상에 해당하며, 최근까지 밭으로 경작되었던 지역으로 조사 이전에 건물신축을 위한 성토용 토사를 나누어 적치해 놓은 상태였다.

유적 주변에는 '동남리 304-21 · 309-9번지', '동남리 317-3번지' 등 백제 사비시대와 관련 있는 많은 매장문화재가 조사되고 있어 본 유적에서도 사비기와 관련된 매장문화재가 부존할 가능성이 많다고 예상하였다.

3) 조사내용

발굴조사에서는 조선시대에서부터 백제시대 구상유구를 비롯하여 수혈 및 굴립주건물지, 주혈 등 37기의 유구들이 확인되었다.

조사결과, 토층양상을 살펴보면 상부의 최근 조성된 흑갈색부식토(현표토, 1층) - 암갈+적갈색부식토 (매립+복토층, 2층) - 암갈색부식토(복토층, 3층) - 연갈색부식토(복토층, 4층) - 암갈색사질점토(제1문화층, 조선시대 문화층, 5층) - 흑갈색사질점토(제2문화층, 백제시대 상층 문화층, 6층) - 적갈색사질점토(제3문화층, 백제시대 하층 문화층, 7층) 등이 위에서 아래로 퇴적되어 있었다. 결과적으로 이번 조사대상지역 내에서는 3개의 문화층이 확인되었으며, 근대부터 백제시대에 이르는 유구와 유물들이 확인되었다.

본 유적에서 백제시대에 해당하는 문화층은 2개가 확인되었는데, 상부문화층에서 구상유구 6기와 수혈유구 2기가 확인되었고 하부문화층에서는 굴립주건물지 4기, 수

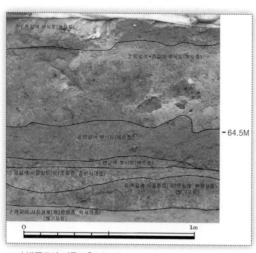

17 | 발굴조사 기준토층도(북벽)

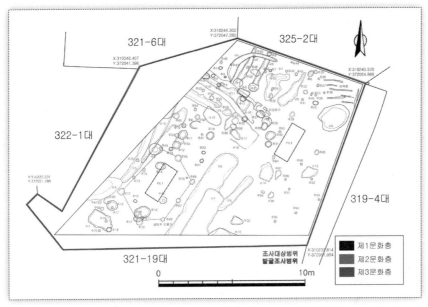

혈유구 6기, 구상유구 3기, 미상유구 1기, 수레바퀴군 등이 확인되었다.

(1) 상부문화층(제1문화층)

① 구상유구

조사구역 북쪽 중앙에서 1기, 서쪽 벽에서 2기, 남쪽 중앙에서 3기가 중복되어 확인된다. 제토 시 구상유구는 흑갈색사질점토층에 갈색사질토가 채워진 상태로 노출되었다. 단면형태는 'U'자형이며, 장축방향은 동-서방향으로 이어지는 구상유구 4호를 제외하고, 구상유구 5~9호는 경사면 위쪽에서 아래쪽으로 떨어지는 남-북방향이다. 유물은 백제토기 구연부편, 저부편 등이 출토되었다

19 | 상부문화층 조사 후 전경   **20** | 상부문화층 구상유구 6~8호 전경

(2) 하부문화층(제2문화층)

① 굴립주건물지

조사지역 서쪽과 남동쪽 하단부에서 4기가 확인되었다. 유구의 윤곽은 적갈색사질점토층에서 흑갈색 사질점토가 채워진 상태로 노출되었다.

굴립주건물지 2호는 유적의 북서쪽 중앙 부분의 해발고도 13.2m정도에서 확인되었다. 수혈유구 17호와 중복되어 있으며, 북쪽으로 구상유구 10 · 11호가 위치한다. 건물지는 적갈색사질점토를 기반으로 주혈의 내부에는 암갈색사질점토로 채워져 확인된다. 각 주혈의 규모는 18~50cm 정도이고, 깊이는 8~18cm이다. 평면형태는 동서방향으로 긴 (장)방형

21 | 하부문화층 조사 후 전경   **22** | 하부문화층 굴립주건물지 2호 전경

으로 추정된다. 규모는 길이 160cm, 너비 100cm이며, 주혈간의 거리는 70~100cm로 정면 4칸 측면 1칸의 건물로 보인다.

굴립주건물지 3호는 유적의 남서쪽의 해발고도 12.76m정도에서 확인되었다. 건물지는 적갈색사질점토를 기반으로 주혈의 내부에는 암갈색사질점토로 채워져 확인된다. 각 주혈의 규모는 24~68cm 정도이고, 깊이는 12~30cm이다.

평면형태는 남북방향의 육각형이나 출입시설로 추정되는 남쪽과 북쪽기둥이 돌출된 형태이다. 건물지 규모는 길이 466cm, 너비 290cm이며, 주혈간의 거리는 80~170cm이다. 주기둥을 중심으로 볼 때 3호는 정면 2칸 측면 1칸으로 추정된다. 장방형 건물의 외부로 맞배형 지붕구조를 지탱하는 목주가 남북으로 1개씩 돌출된 동지주건물지로, 남쪽 동지주의 경우 수리나 보조기둥의 흔적이 확인된다. 출토유물은 없다.

굴립주건물지 4호는 유적의 남동쪽 경사면 하단부의 해발고도 13m 정도에서 확인되었다. 북동쪽으로 수혈유구 15호가 확인된다. 건물지는 적갈색사질점토를 기반으로 주혈의 내부에는 암갈색사질점토로 채워져 확인된다. 각 주혈의 규모는 18~50cm 정도이고, 깊이는 6~20cm이다. 평면형태는 일자형으로 규모는 길이 350cm, 너비 156cm이며, 주혈간의 거리는 180~214cm이며, 정면 2칸 측면 1칸으로 추정된다. 배치형태, 내부시설 등이 확인되지 않는 것으로 보아 창고시설로 추정된다.

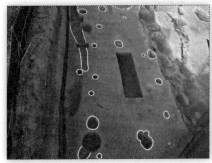
23 | 하부문화층 굴립주건물지 3호 전경

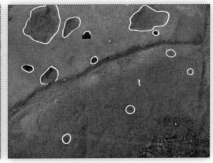
24 | 하부문화층 굴립주건물지 4호 전경

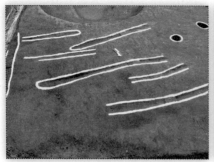
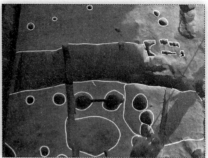

25 | 3문화층 수레바퀴흔 전경　　　　　　**26** | 3문화층 구상유구 10 · 11호 전경

　② 구상유구

　10 · 11호는 조사구역 북서쪽에 위치하고 있으며, 수혈유구 11호와 미상유구 등 4기가 중복되어 확인되었다. 장축방향은 동-서방향으로 조사경계 바깥으로 연결될 것으로 보인다. 동쪽은 삭평 또는 유실되어 확인되지 않는다. 구상유구 10호가 조성된 후 구상유구 11호가 중복되어 조성되었으며, 구의 내부에는 흑갈색사질점토가 목탄과 함께 확인되었으며, 백제시대 토기 구연부편, 파수부 등이 출토되었다.

　③ 수레바퀴군

　조사지역 북동쪽 해발고도 13.6m에서 확인되었다. 유구의 서쪽으로 굴립주건물지 1호가 위치하고 있다. 길이 86~154cm, 폭 6~12cm, 깊이 2cm로 확인된다. 내부에는 갈색사질점토가 퇴적된 상태이며, 출토유물은 확인되지 않았다.

　4) 조사성과

　본 유적에서는 모두 2개의 백제시대 문화층이 확인되었다. 표토에서 아래로 제2층인 상부문화층에서는 구상유구 6기와 수혈유구 2기가 조사되었고 제3층인 하부문화층에서는 굴립주건물지 4기, 수혈유구 6기, 구상유구 3기, 성격미상유구 1기, 수레바퀴흔 1기 등이 조사되었다.

굴립주 건물지는 백제시대 하부문화층에서 4동이 확인되었는데, 평면형태는 一자형 1기, ㄱ자형 2기, 육각형 1기가 확인되었다. 기둥은 주혈을 굴착한 후 기둥을 세우고 점성이 강한 흙으로 보강하여 고정하는 방법으로 조성하였으며, 주혈의 깊이는 깊지 않아 견고성이 떨어지거나 단순한 형태의 건물에 사용되었을 것으로 추정된다. 1·2호 굴립주건물지는 ㄱ자형으로 추정되며, 내부에서 난방·취사시설로 추정되는 시설은 확인되지 않아 주거용 건물 이외의 창고와 유사한 용도로 사용되었을 것으로 추정된다. 3호 굴립주건물지는 돌출된 출입구를 가진 동지주건물지로서 정면 2칸, 측면 1칸의 평면형태는 장방형이다. 이러한 동지주건물지는 쌍북리 207-5번지 유적 건물지 1호[10]와 사비도성 군수리 S-5호 지상식건물지[11]에서 조사된 사례가 있다.

구상유구는 조선시대 문화층에서 3기가 확인되었으며, 백제시대 상부문화층에서 6기, 하부문화층에서 3기 총 12기가 확인되었다. 조선시대 문화층에서 확인된 구상유구 3기는 중복되어 확인되었다. 백제시대문화층에서 조성된 구상유구 9기중 구상유구 5·12·9호는 물의 흐름과 관련되어 자연적으로 조성되어 폐기된 것으로 추정된다. 중복되어 확인되는 6·7·8호 및 10·11호 구상유구는 내부토층에서 물이 흐른 흔적이 뚜렷하지 않은 점, 유물들이 집중 산포되어 있는 점 등을 볼 때 생활형 폐기장성격이 강한 것으로 추정된다.

---

10) 한국문화재보호재단, 2011, 「부여 쌍북리 207-5번지 단독주택 신축부지 내 문화유적 발굴조사 약보고서」.
11) 충남대학교 백제연구소, 2003, 『사비도성』.

5. 부여 쌍북리 201-4번지 유적

1) 조사개요

- 유적명 : 부여 쌍북리 201-4번지 농업시설(창고시설) 신축부지내 유적
- 조사지역 : 충남 부여군 부여읍 쌍북리 201-5번지
- 조사면적 : 987㎡
- 조사기간 : 2011. 12. 12 ~ 2012. 2. 17[발굴(시굴) : 2011. 10. 5 ~10. 기
- 유적성격 : 백제시대 건물지 2동 · 수혈유구 10기 · 구상유구 7기 등 총
  14기의 생활유구와 다수의 주혈(목주) 확인[12]

2) 유적의 입지와 환경

부여 쌍북리 201-5번지 유적은 부여읍의 북쪽에 위치한 부소산(해발 106m)의 동쪽에 형성된 저지대에 위치하고 있다. 유적의 북쪽에는 북나성 구간이 지나가며 동쪽에는 청산성이, 남쪽에는 월함지가 인접하여 있다. 현재 주변지역 일대는 북쪽으로 쌍북3리 마을이 조성되어 있으며, 남쪽으로는 대부분 논으로 이루어진 경작지대에 해당한다. 조사지역의 원래 지형은 서쪽의 부소산성과 동쪽의 청산성 사이에 펼쳐진 얕은 구릉지대로 남쪽으로 가면서 점차 경사가 낮아지는 저평한 지형에 해당되었으나, 마을의 조성과 도로 개설로 인해 2~3m 가량 복토되어 있는 상태이다.

주변유적으로는 쌍북리 183-1번지 유적(정미소 부지), 백제큰길 연결도로 부지내 유적, 쌍북리 280-5번지 창고신축(신성전기) 부지내 유적,

---

12) 한국문화재보호재단, 2012, 「부여 쌍북리 201-4번지 농업용창고 신축부지 내 유적 발굴조사 약보고서」.
정훈진 · 이진호 · 김지혜 · 정홍선 · 남선영 · 윤종철, 2012, 「부여 쌍북리 201-4번지 농업시설(창고시설) 신축부지 내 유적」, 『제26회 호서고고학회 학술대회 호서지역 문화유적 발굴성과』, 湖西考古學會.

27 | 조사대상지 주변 유적분포도   **28** | 공중에서 본 유적 주변

쌍북리 207-5번지 단독주택 신축부지내 유적, 쌍북리 155-4번지 다세대 주택 신축부지내 유적 등 다양한 유적이 분포하고 있다.

3) 조사내용

발굴조사에서는 백제시대에 해당하는 5개 문화층에 걸쳐 건물지 2동 · 수혈유구 10기 · 구상유구 7기 등 19기의 유구와 다수의 목주(주혈)들 이 확인되었다. 최상층의 제1문화층에서 수혈유구 9기 · 구상유구 3기, 제2문화층에서 목책열을 갖춘 석축기단 건물지 1동, 제3문화층에서 수혈 유구 1기 · 구상유구 4기, 제4문화층에서 굴립주건물지 1동이 조사되었 다. 최하부에 위치한 제5문화층은 몇 기의 목주와 석렬 등이 트렌치 내부 에서 노출되었는데, 상부 층위에서 확인된 유구의 보존을 위해 그 양상만 을 파악한 체 조사를 마무리하였다. 이외에도 각 문화층에 걸쳐 다수의 목주 및 주혈들이 확인되었다.

(1) 백제시대 제1문화층

구상유구 1호는 '一'자형으로 길게 이어지며, 장축방향은 남-북향이 다. 조사지역 남 · 북벽의 토층에서도 유구의 굴광선이 확인되는 것으로

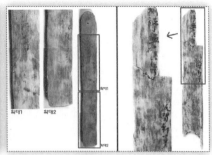

29 | 구상유구 1호 내 유물 노출광경   30 | 구상유구 1호 수습 목간

보아 조사지역 바깥으로도 연결될 것으로 보이며, 내부에는 갈색의 점토가 퇴적되어 있었다. 유구의 바닥면에서 다량의 토기편이 노출되었는데, 유물수습 후 복원 결과 몇 개체의 중·대형호로 접합됨이 확인되었다. 이외에도 유리 도가니편 1점과 목간 등을 포함한 목제품이 출토되었다.

(2) 백제시대 제2문화층

건물지 1호는 조사지점의 서쪽 경계에 걸쳐져 있는 상태로 일부만 노출된 상태이며 남쪽 모서리 일부는 유실되거나 교란된 상태이다. 건물지의 축조방법은 '대지조성⇒기단성토(점토와 모래를 이용)⇒목주설치 및 기단석축(되파기 후 설치)⇒나무 울타리(목책) 조성' 등의 순으로 진행된 것으로 보이며 자세한 상황은 다음과 같다. 먼저 회청색 사질점토층(일부 갈색 부엽토 혼입) 상에 회청색 사질점토와 황갈색 점토를 쌓아 기단부를 만들고, 이후 기단부의 외곽 경계를 따라 되파기 한 후 할석들을 허튼층쌓기 하여 석축기단을 조성하였다. 되파기의 경우 2차에 걸쳐 이루어졌는데, 기단 상부의 황갈색 점토를 15~25cm 가량 먼저 파낸 후 되메우고 다시금 25~40cm 깊이로 되파서 석축을 쌓은 것이 확인된다. 석축의 경우 구지표 상면으로 1~2단이 노출된 상태이며 3단 이상으로도 일부 확인은 되나 교란과 유실이 심한 편이다. 되파기로 인해 메워진 석축의 경우 1~4단까지 확인되는데, 건물지의 남쪽에서 북쪽으로 갈수록 깊어지는 양상으로 이로 인해 지표 상부로 노출된 석축의 경우 일정한 레벨로 이어지지만, 지표 아래 묻힌 석축의 경우 입면상 삼각형에 가까운 형태로 시설되어 있다. 이는 지반 강화와 관련하여 땅이 무른 곳에 더 많은 노력을 기울인 것으로 파악된다. 석축에 사용된 석재는 15~40cm 크기로 대개 20~30cm 내외의 할석이 주로 사용되었으며 지표 상부로 노출된 석재의 경우 판판한 면을 바깥으로 가게 하여 면을 맞추려는 시도가 보이는 반면, 되파기로 인해 묻힌 석재의 경우 면맞춤 없이 울퉁불퉁한 상태로 쌓인 것이 확인된다. 기단부 상면에서는 4개의 주혈이 확인되었는데, 별도의 시설없이 굴착한 흔적만이 보이며 잔존 너비 20~35cm, 깊이 10cm

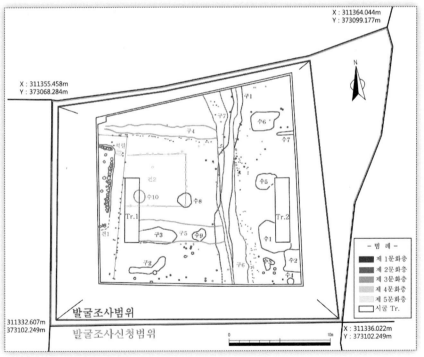

31 | 발굴조사 대상지역 유구배치도

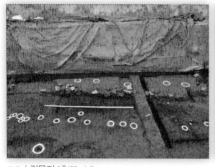

이내이다. 이는 지표 위로 노출된 기단부의 높이가 10cm 이내인 것과 연관하여 보면 기단부 상부가 일정부분 유실됨에 따른 결과로 보이며 주혈과 석축간의 거리는 20~30cm로 일정한 양상을 보이고 있다. 석축 외곽으로는 목책열이 확인되는데, 'ㄱ'자 형태로 꺾이며 건물지를 감싸고 있으며 건물지와의 간격은 1m 정도로 일정한 편이다. 건물지 남쪽의 경우 별다른 시설이 없음에도 목책열이 이어지는데, 마당 등의 공간활용 흔적으로 추정되며, 이곳에서 유리도가니 1점과 유리편 1점이 수습되었다. 그리고 목책열의 단면 절개 조사 중 목책열 하부에 별도의 목주들이 일정 간격으로 박혀 있는 것이 확인되었는데, 건물이 시설된 회청색 사질점토층을 기준으로 30~60cm 깊이로 박혀 있는 것을 보았을 때 지반강화와 연관된 시설로 추정된다.

(3) 백제시대 제3문화층

제3문화층에서는 1기의 수혈유구와 4기의 구상유구가 노출되었으며 이외에도 다수의 목주가 확인되었다. 구상유구의 경우 'ㅠ'자 형태로 중복된 양상을 보이고 있는데 구상유구 4호와 5호가 동-서 방향으로 각기 조성되어 있으며, 그 동쪽 끝을 구상유구 6호와 7호가 파괴하고 남-북 방향으로 조성된 양상이다. 평면상의 형태를 보았을 때, 건물지 1호가 있는

34 | 제3문화층 조사 전 모습(남→북)   35 | 제3문화층 조사 후 모습(남→북)

서쪽편을 제외하면 구상유구 4~7호에 의해 동서 10m, 남북 8m 폭의 방형에 가까운 구획양상을 보여주는데 내부에서 유구나 인위적인 시설의 흔적은 확인되지 않았다. 구상유구 7호를 제외하면 나머지 유구 내에는 갈색의 점질토가 혼입된 모래가 퇴적되어 있었으며, 유구 내부에서는 토기·기와편 등의 유물이 소량 수습되었다. 유구들의 방향성에 있어서 구상유구 4호와 5호가 동-서 방향에서 5° 이내, 6호와 7호는 남-북 방향에서 10° 이내의 차이만을 보여주고 있는 점이 주목된다.

목주의 경우 대부분 구상유구의 주변을 따라 이어지는데 구상유구와 연관된 시설로 추정되나 정확한 양상은 파악하기 어렵다. 확인된 목주들은 끝부분을 뾰족하게 가공한 흔적이 관찰되는데 비스듬하게 잘라내 사선형태의 끝을 가진 것과 4~6회 가량을 돌아가며 각지게 깎아낸 것이 관찰되며 대부분 후자의 양상을 보여주고 있다. 잔족 목주들의 크기는 길이 4~62cm, 두께 2~6cm 가량이며 대체적으로 30~50cm 길이에 5cm를 전후한 두께를 갖고 있는 편이다. 이와 같이 구상유구의 주변을 따라 노출된 중·소형의 목주 외에 조사지역의 남쪽에서 49~75cm 길이에 11~15cm 두께를 가진 대형의 목주가 4기 확인되었는데, 건물지와 연관된 것으로 보고 그 주변에 대한 평면하강 및 트렌치 조사를 시행하였으나 목주나 주혈이 추가로 확인되지는 않았다.

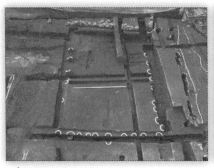

36 | 건물지 2호(북→남)   37 | 건물지 2호 목주 시설 방식

(4) 백제시대 제4문화층

건물지 2호는 갈색의 점토가 혼입된 황갈색 점토를 18~22cm 두께로 쌓은 후 그 위에 회갈색의 점토를 12~18cm 두께로 다시 쌓아 기단부를 조성하였고, 이 회갈색 점토상에 주공을 굴착한 뒤 목주를 시설하였다. 또한 목주 설치 후 점토를 채워넣어 단단히 고정시키고 다시금 암갈색의 점토를 8~10cm 두께로 피복하여 주공 굴착흔이 보이지 않고 목주만 보이도록 상면을 조성한 것이 확인되었다. 일부 목주의 경우 토층 단면상에서 보았을 때 회갈색 점토가 아닌 암갈색 점토 상면에 주공을 굴착하여 기둥을 시설한 것도 있기는 하나, 이런 양상은 건물지의 서쪽 끝에서만 확인되고 있다. 주기둥열에 해당하는 목주의 경우 12~74cm 길이에 8~16cm 두께를 보이며, 대부분 50cm 내외의 길이에 10cm 이상의 두께로 주변에서 확인되는 목주들과 비교하여 두터운 양상을 보이고 있다. 다만 건물지의 서쪽 경계부분이 불명확한데, 트렌치 조사와 더불어 평면을 낮추며 조사를 하였음에도 주공이나 목주가 추가로 확인되지 않았으며, 이를 통해 보았을 때 원래 이런 형태로 조성된 것인지, 혹은 후대의 교란으로 인해 건물지의 서쪽만 유실된 것인지 여부가 불분명하다.

4) 조사결과

1) 백제시대 제1문화층에서는 수혈유구 9기와 구상유구 3기가 조사되었다. 남-북향으로 길게 이어지는 구상유구를 중심으로 수혈유구들이 그 동서에 분포한 양상인데, 이 구상유구 1호 내부에서 유리도가니 1점 및 목간 2점이 출토되었다. 주변에 인접한 부여 쌍북리 두시럭골 유적에서 유리 및 청동 도가니가, 부여 쌍북리 현내들 · 북포 유적에서 도가니와 더불어 목간 수 점이 확인된 바 있는 등 공방시설과 연관된 작업공간으로 추정되고 있다.

2) 백제시대 제2문화층에서는 목책열과 석축기단을 갖춘 굴립주건물지 1동이 조사되었다. 조사지역의 서쪽 경계부분에 걸쳐 일부만 노출되었기에 전체적인 성격파악은 어려우나, 조성방법에 있어서 기단부를 조성하고 되파기를 통해 석축을 시설하였다는 점만 제외하면 거의 유사한 축조방법을 보여주는데, 이를 통해 사비기 백제의 시간경과에 따른 건물의 축조방법 변화 양상을 밝혀내는 데 중요한 자료가 될 것으로 기대된다.

3) 백제시대 제3문화층에서는 수혈유구 1기와 구상유구 4기가 조사되었다. 구상유구의 경우 후대에 조성된 건물지 1호로 인해 유실된 서쪽 구역을 제외하면 격자형태의 구획과도 같은 형태를 띠는데 그 내부에서 별도의 유구나 시설흔적은 확인되지 않았다. 다만, 4기의 구상유구 모두 일정한 방향성을 띠는 것으로 보아 사비기 백제의 도시구획과 관련하여 좋은 자료가 될 것으로 기대된다.

4) 백제시대 제4문화층에서는 건물지 2호로 명명한 'ㄷ'자 형태의 목주 건물지 1동이 확인되었다. 서쪽 부분의 목주가 확인되지 않아 정확한 양상은 파악하기 어렵지만, 축조방법에 있어서 기단부의 조성 후 목주를 설치하는 등 제 2문화층의 건물지 1호와 함께 축조방법의 변화양상을 보여주는 좋은 자료로 파악된다. 또한 인접한 부여 쌍북리 207-5번지 유적 및 쌍북리 280-5번지 유적에서 확인된 목주 건물지들과 함께 좋은 비교자료로 활용될 것으로 기대된다.

6. 부여 쌍북리 207-5번지 내 유적

1) 조사개요

- 유적명 : 부여 쌍북리 207-5번지 단독주택 신축부지 내 유적
- 조사지역 : 충남 부여군 부여읍 쌍북리 207-5번지
- 조사면적 : 722㎡
- 조사기간 : 2011. 3. 2 ~ 6. 10[발굴(시굴) : 2011. 1. 3 ~ 1. 14]
- 유적성격 : 백제시대 굴립주건물지 2기·목주열 2기·목조유구 1기·
  수혈유구 6기·구 4기, 통일신라시대 석렬유구 1기·수혈
  유구 9기·구 1기 등 총 28기의 생활유구와 다수의 주혈(목
  주) 확인[13]

2) 유적의 입지와 환경

부여 쌍북리 207-5번지 유적은 부여읍 중심지의 동쪽 외곽인 부소산
(해발 106m)과 금성산(해발 124m) 사이에 형성된 저지대에 입지하고 있
다. 지형은 부소산 아래 읍내에서 보면 백마강어귀인 청산성 방면으로
길게 트여 있다. 유적은 부여여중 남쪽일대의 경작지(전답)에 해당되며,
최근 건물신축을 위해 논을 2m 가량 복토한 상태였다. 주변유적으로는
북쪽에서 시계방향으로 백제큰길 연결도로 부지내 유적, 쌍북리 280-5번

13) 한국문화재보호재단, 2011, 「부여 쌍북리 207-5번지 단독주택 신축부지 내 유적 발
굴조사 약보고서」.
정훈진·원대운·남선영·윤종철, 2011, 「부여 쌍북리 207-5번지 단독주택부지 내
유적」, 『제24회 호서고고학회 학술대회 호서지역 문화유적 발굴성과』, 湖西考古學會.
정훈진·원대운·윤종철, 2011, 「부여 쌍북리 207-5번지 유적 백제 건물지」, 『제35회
한국고고학전국대회 삼국시대 남해안지역의 문화상과 교류』, 湖西考古學會.

38 | 발굴조사 대상지 주변 유적분포도　39 | 공중에서 본 유적 주변 모습(남쪽에서)

지 창고(신성전기)신축부지내 유적, 동 183-1번지(정미소부지) 유적, 동 155-4번지 다세대주택 신축부지내 유적, 쌍북리 폐사지(부여초교), 쌍북 3리 도시계획도로 개설구간내 유적 등이 있다.

3) 조사내용

발굴조사에서는 백제·통일신라시대 각 상·하부 4개 문화층에서 28 기의 유구와 다수의 목주(주혈)들이 확인되었다. 백제시대 유구는 상층 의 굴립주건물지 2기·수혈유구 2기·구 4기, 하층의 목주열 2기·목조 유구 1기·수혈유구 4기 등이고 통일신라 유구는 상층의 수혈 1기와 하 층의 석렬유구 1기·수혈유구 8기·구 1기 등이다.

(1) 백제시대

① 건물지 1호

유적의 북서편에서 확인된 굴립주건물지로서 평면형태는 남북방향 으로 긴 ㄷ자형이나 (장)방형으로 추정된다. 건물지 규모는 길이 510cm,

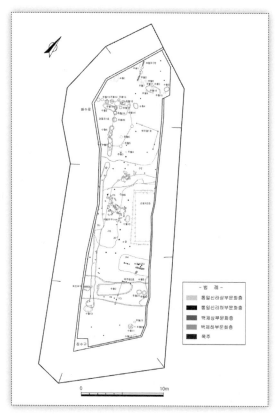

40 | 유구배치도

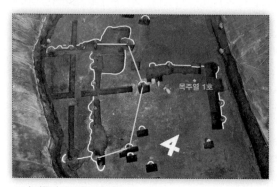

41 | 건물지 1호 · 목주열 전경

너비 245cm이다. 건물지는 자연퇴적된 암회색 사질토를 기반으로 하단을 뾰족하게 다듬은 목주로써 굴립주를 설치하였다. 목주의 직경은 10~24cm정도이고 목주간 거리는 38~128cm이다. 목주 중심의 건물 규모는 정면 8칸, 측면 4칸(북)이고 남동모서리에는 보조기둥도 존재한다. 별도의 내부시설은 없었고 동쪽 외부에 중앙부와 측면의 연장선과 관련 있는 주혈 3기를 연결할 경우 최대길이 220cm, 너비 470cm의 반육각형 전실공간이 된다. 이 건물지는 목주의 크기와 배치형태 등으로 보아 일반 민가라기보다는 어느 정도의 규모와 기능을 가진 지상식 건물지로 추정된다.

② 건물지 2호

중앙부 동쪽에서 노출되었으며, 1호와 같은 형태의 굴립주건물지로 추정된다. 당초의 구지표에서는 이중열의 목주만 발견되어 1호와 목주 설치방법이 다른 것으로 파악하였으나 기단토 조성방법을 확인한 결과 하부에서 1호와 유사한 굴립주가 노출되었으며, 2호의 경우에는 대지조성·판축수법·굴립주형태·대형주구 등으로 특징지어지는 건물지임이 드러났다. 건물지의 전체규모는 길이 1,140cm, 너비 570cm이며, 외진주 길이 620cm, 너비 300cm, 내진주 길이 540cm, 너비 240cm이다. 목주의 직경은 7~21cm 정도이고 목주간 거리는 24~98cm이다.

발굴결과를 토대로 한 축조과정은 우선 지반정지(회청/암회색 사질토

42 | 건물지 2호 조사후 모습

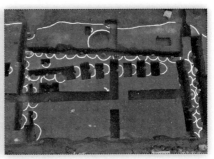
43 | 건물지 2호 내외진주 모습

44 | 건물지 2호 외열 기단조성 모습

45 | 건물지 2호 서쪽 주구 유물노출 모습

정지)→축기부 조성(목주열 주변 부분판축 및 성토로써 대지조성)→목주설치(성토대지에 내·외진주 및 외열 隅柱아래 초석 설치)→상부성토(전면 2차 성토하여 평탄대지 조성)→주구설치(남서모서리 제외 건물지 전체 구축)의 순으로 추정 복원할 수 있다. 이러한 일련의 축조과정을 통해 거의 절반만 발굴한 상황에서도 2호 건물지의 특별한 성격과 위상을 인지할 수 있다.

2호 건물지의 성격은 정확치는 않지만 주구에 다양한 유물이 집중되고 출토유물에는 청동도가니, 철제소찰·바늘, 가공목재, 초본제품(바구니, 발 등), 동물뼈(소 머리와 사슴 뿔 등), 식물유체(밤 껍질) 등이 포함되어 있어 주구에서의 의식 가능성도 엿보인다. 그만큼 2호가 특별한 의미와 중요성을 지닌 건물지였음을 암시하는 것으로 보인다.

건물지 축조시기는 주변유적 사례를 참조할 때 사비천도 이후인 6세기 말 이후로 추정되는데 현재 진행중인 AMS분석결과가 나오면 보다 정확해 질 것이다.

③ 목조유구

백제시대 상층에 형성된 구 3호의 서쪽 하부에 위치한 유구이다. 임시배수로 굴착과정에서 최초 노출되었지만 일부가 구역 경사벽 안에 들어 있어 전체형태는 알 수 없다. 유구의 평면형태는 말각장방형이고 노출 규모는 길이 180cm, 너비 40cm, 깊이 10cm이다. 유구는 백제하부문화층인 진갈색 유기물층(부엽포함)의 상부에 원목을 이용하여 조성하였다. 내부의 목재는 주로 종방향으로 최고 2단 정도 놓여 있었으며, 부분적으로 세

46 | 목조유구 노출 모습

47 | 구 2호 조사 모습   **48** | 구 2호 내부 어망추 노출 모습

워진 목주나 횡방향의 목재가 존재하나 뚜렷한 규칙성은 발견되지 않는다. 구역내 노출상태에서는 정확한 형태나 성격은 알 수 없다.

④ 구 2호

중앙부 북쪽에 치우쳐 일부분만 확인된 구로서 남쪽의 건물지 2호 성토대지 및 북쪽 주구를 파괴하고 조성되었다. 또한 구의 서쪽 상부에는 통일신라시대 구 1호가 직교상으로 후축되었다. 구의 어깨선은 고르지 않은데 가운데가 좁고 가장자리로 갈수록 넓어지는 형태이다. 구의 내부에는 흑갈색 사질점토가 채워져 있었으며, 백제토기편(뚜껑·완·호·삼족토기 등)과 모골기와, 은 도가니편 등이 출토되었고 중앙부 동쪽에는 어망추들이 10점 정도 밀집되어 있었다. 구의 동단부 배수로 굴착시 처음 노출된 동물유체는 머리가 없는 말뼈 1개체분이며, 그 외 개과의 뼈도 수습되었다.

이 구의 용도는 유수흔적 불분명, 유물집중 산포, 어망추의 밀집, 동물유체 등을 고려할 때 수로의 역할보다는 일정방식의 절차를 거친 폐기유적이었을 가능성이 많다.

(2) 통일신라시대

① 구 1호

통일신라시대 하부문화 층에서 동서방향의 백제 구 (2·3호)의 서편 상부에 남북 장축으로 조성되었다. 구의 북쪽 외부에는 통일신라시대 수혈과 주혈들이 구와 열상 으로 배치되어 있다. 평면형 태는 긴 구상이며, 단면형태 는 완만한 U자형이다. 구의 내부에는 여러 가지 유물과

49 | 구 1호(우) 및 석렬유구 조사 모습

유기물(동물뼈, 부엽 등 포함)이 채워져 있었다. 또한 구 외부에는 군데 군데 크고 작은 목주들이 인접되어 있어 의도적인 조성흔적이 있다. 구 의 남단은 유적 남쪽에서 원형으로 마감되어 있다.

유물은 내부에서 통일신라시대 토기호와 기와들 외에 백제의 삼족토 기편이 동반되었다.

② 석렬유구

구 1호와 마찬가지로 백제시대 문화층이 폐기된 이후 녹갈색 사질토 층(유기물 포함)과 유기물층에 조성되었다. 석렬은 20~40cm 전후의 할 석들을 이용하여 평면 부정형으로 한두 겹 깔아 조성하였는데 그 부석 범 위는 350cm 정도이다. 또한 부석된 범위에서 동쪽으로 약 2m 정도 떨어 져 잘 다듬어진 원통형 석확 1점이 발견되었다. 일반적으로 석확은 출입 구와 밀접한 석재이지만 본 유구에서의 부석된 할석들은 정형성이 거의 없어 정확한 용도는 알 수 없다.

유물은 통일신라시대의 편병편을 비롯한 경질토기들이 기와들과 동반되었다.

4) 조사결과

1. 본 유적에 대한 발굴조사 결과 고려시대 유물포함층을 비롯하여 백제와 통일신라시대 문화층 각 2개씩이 확인되었으며, 조사유구는 백제 상층의 건물지 2기·구 4기·수혈유구 2기, 그 하층의 목주열 2기·목조유구 1기·수혈유구 4기, 통일신라시대 상층의 수혈 1기, 하층의 석렬유구 3기·수혈유구 8기·구 1기 등과 다수의 목주(주혈)이다.

2. 백제시대 굴립주 건물지는 모두 2기로서 평면 (장)방형이고 내부시설은 없었다. 1호는 주혈을 파고 목주를 세웠고 정면으로 추정되는 동쪽에 전실공간을 둔 것으로 추정된다. 2호는 기반조성부터 부분판축과 성토대지, 2열의 목주, 외열 모서리의 초석, 부분개방형(비연속적) 주구(호)에 이르기까지 상당한 규모의 특별한 건물지였을 가능성이 많다. 내외진 주의 폭이 좁아 상부구조의 복원에 모순은 있지만 외열이 주 기둥이었던 것으로 추정된다. 유물은 2호의 대지조성토 내에서 백제 토기·기와편, 주구에서 청동도가니·철제갑주장식·목제주걱·초본바구니·동식물 유체 등이 출토되었다. 2호와 유사한 건물지가 부여 관내에서 〈이중열〉 사비도성 군수리유적(S-4호), 〈주구〉 정동리유적(1호), 〈목주열〉 정동리 유적, 쌍북리 280-5번지 창고신축(신성전기)부지내 유적, 사비 119안전센터 신축부지내 유적 등에서 간헐적으로 확인되고 있으나 본 유적의 건물지들이 보다 정형적이다.

3. 백제시대 상부 문화층에서 확인된 구 2기는 통일신라시대의 구와는 장축방향이 직교상인 동-서향이며, 부여읍에서 백마강 어귀로 통하는 청산성 방면을 향하는 것으로 생각되는 만큼 백제시대 당시의 생활 및 지형적 환경을 엿볼 수 있는 자료로 생각된다. 유적 인근지역인 쌍북리

155-4번지 다세대주택 신축부지 유적에서도 유사한 축의 도로유구가 일부 확인된 바 있다. 특히 구 2호에서는 생활유물들과 함께 어로구인 어망추가 5점 동반되었으며, 가축인 말·개(?)뼈 등 동물유체도 함께 발견되어 당시의 식문화 등을 추정할 수 있는 자료도 확보되었다.

4. 통일신라시대 유구로는 구 1호와 석렬유구 1호가 주목되는데 모두 하부 문화층에서 확인되었다. 특히 구 1호는 선대의 구 2·3호와는 장축 방향에 있어 직교상으로 변화된 양상을 나타낸다. 구는 기타 주혈·목주 등과 함께 조사구역 및 주변지역이 아주 습한 환경여건을 가졌음을 실증적으로 보여준다. 석렬유구는 정형적이지는 않지만 석확 등으로 보아 건물지의 일부로 생각되며, 구 1호와 더불어 왕조교체라는 시대 변화상을 잘 보여주고 있다.

5. 본 유적에서 확인된 백제~통일신라시대 생활유구들은 인근 쌍북리 280-5번지 창고신축부지내 유적을 비롯하여 쌍북리 155-4번지 다세대주택 신축부지내 유적, 쌍북리 564-21번지 제2종 근린생활시설 신축부지내 유적, 사비 119안전센터 신축부지내 유적, 관북리 백제유적, 정동리유적, 사비도성 군수리유적, 서동공원조성부지 동남리유적 등에서 확인되는 생활유구의 양상과 유사하다.

7. 부여 쌍북리 314-5번지 내 유적

1) 조사개요

- 유적명 : 부여 쌍북리 314-5번지 제2종 근린생활시설 신축부지 내 유적
- 조사지역 : 충남 부여군 부여읍 쌍북리 314-5번지
- 조사면적 : 622㎡
- 조사기간 : 2012. 3. 22 ~ 6. 25[발굴(시굴) : 2011. 12. 13 ~ 12. 16]

- 유적성격 : 백제시대 주구부 건물지 3동, 굴립주건물지 2동, 목주열 1
　　　　　　기, 수혈유구 21기, 구상유구 9기 등 총 36기의 생활유구와
　　　　　　부엽퇴적층 1개소 확인[14]

2) 유적의 입지와 환경

　발굴조사지역인 쌍북리 314-5번지 일원은 부소산성과 청산성 사이의
저구릉에 축조된 북나성의 남쪽에 해당하며, 지금의 쌍북3리 마을의 초
입부이다. 조사구역의 남동쪽에 인접해서는 월함지가 위치하며, 주변으
로는 경작지(논)가 넓게 펼쳐져 있다. 북쪽으로는 쌍북3리가 부채꼴모양
으로 형성되어 있고 해발은 11m 내외로 야트막한 편이다.

　유적에 접한 도로는 예로부터 부여-공주 사이를 왕래하던 옛길이며,
최근 백제역사재현단지 접속도로 개설공사로 인해 왕복2차선으로 확·
포장되었다.

　주변유적으로는 북쪽에 병풍처럼 둘려진 성곽 외에 쌍북리 252-1과
346-5번지 및 북포유적 등이 인접해 있고 남쪽에 인접한 백제역사재현도
로 접속도로구간내 유적 외에 쌍북리 207-5와 280-5번지 및 현내들유적
등 많은 유적이 있다.

3) 조사내용

　발굴조사는 발굴(시굴)조사시 수혈·목주 및 칠기蓋·백제토기편 등

---

14) 한국문화재보호재단, 2012, 『부여 쌍북리 314-5번지 제2종 근린생활시설 신축부지
　　내 유적 발굴조사 약보고서』.
　　정훈진·이진호·김지혜·정홍선·남선영·최민석, 2012, 「부여 쌍북리 314-5번지
　　근린생활시설부지 유적」, 『제26회 호서고고학회 학술대회 호서지역 문화유적 발굴
　　성과』, 湖西考古學會.

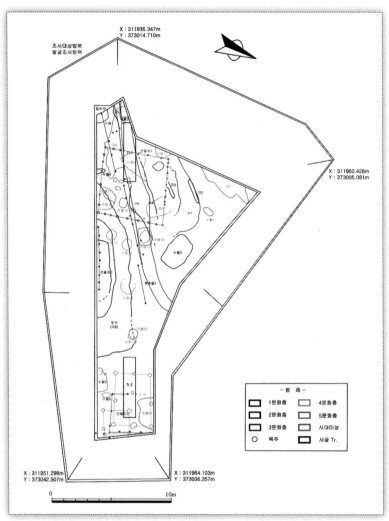

X : 311936.347m
Y : 373014.710m

조사대상범위
발굴조사범위

X : 311960.426m
Y : 373005.081m

- 범 례 -

☐ 1문화층		☐ 4문화층	
☐ 2문화층		☐ 5문화층	
☐ 3문화층		☐ 시대미상	
○ 목주		☐ 시굴 Tr.	

X : 311951.298m
Y : 373042.507m

X : 311964.103m
Y : 373036.357m

0   10m

50 | 발굴조사 유구분포도

이 확인된 문화층을 기준으로 현장조사를 진행하였다. 발굴결과 모두 5
개의 백제시대 문화층이 확인되었고 확인된 유구는 생활유구로서 주구
부 건물지 3동, 굴립주건물지 2동, 목주열 1기, 수혈유구 21기, 구상유구
9기 등 총 36기와 부엽퇴적층 1개소이다. 유물은 백제시대 토기류(개ㆍ

배 · 완 · 호 · 인화문병 · 기대 · 연가 · 유개호자), 기와류, 칠기류(이배 ·
개 · 완 · 대부완), 목기류(너와 · 인신형목기 · 무기형목기 · 대부완 · 건
축부재), 철기류(볏 · 부), 동식물유체 등이 출토되었다.

(1) 제1문화층

제1문화층은 주구부건물지 1동, 수혈유구 3기, 구상유구 5기, 목주열
1기 등이 확인되었으며, 이외에 시기미상의 구상유구와 수혈유구 1기 등
총 12기의 유구가 조사되었다. 유구는 흑청색 사질점토상에 조성되어 있
었다.

표 1 | 백제시대 제1문화층 유구 속성표

유구명	평면형태	장축방향	잔존 규모(cm)			출토유물	비고
			길이	너비	깊이		
수혈 2호	방형	동-서	308	205	26	토기편	
수혈 3호	부정형	북동-남서	194	52	18	동물뼈(말)	
수혈 4호	부정형	북서-남동	96	52	11	토기편	
구상유구 2호	구상	북동-남서	207	46	10	·	
구상유구 3호	구상	북동-남서	188	38	12	·	
구상유구 4호	구상	북동-남서	496	260	16	토기완 등	
구상유구 5호	구상	북동-남서	254	86	7	·	
구상유구 6호	반원형	북동-남서	1414	336	30	철볏, 주조철부, 칠목기, 인신형목기, 인화문토기병 등	건물지 2호 주구
건물지 2호	방형(?)	북동-남서	516	50	·	목부재, 칠기 등	
목주열	一字形	북동-남서	1600	·	·		

① 주구부 건물지 2호

주구부 건물지 2호는 조사구역의 남쪽 경계면에 접해 건물지(목주열)
와 주구(구상유구 6호)의 북변만 노출된 상태이다. 건물지는 남북방향에
가까운 북동-남서향이며, 주구를 포함한 노출규모는 길이 1,414cm, 너
비 310cm 정도이고 건물지의 노출규모는 길이 516cm, 너비 50cm 정도
이다. 건물지의 축조방법은 '지반정지→대지 및 기단조성(건물범위 굴착

후 점토·모래로써 성토)→주혈굴광(60~70cm 간격) 및 목주설치→생활면 조성(기단상부 점토피복, 목주만 노출)→주구 조성' 등의 순으로 축조한 것으로 보인다.

건물지는 대부분이 경계사벽에 들어있지만 일반적인 평면형태를 이루는 것으로 추정된다. 건물지의 목주열은 평면형태가 일직선은 아니나 일자형에 가까우며, 목주 잔존규모는 길이 40~64cm, 지름 8~16cm 정도이다. 목주의 하단은 뾰족하게 다듬은 흔적이 관찰된다. 건물지의 생활면 상부에는 내외 구분되는 피복흔적이 남아 있다. 건물지 북동쪽 모서리에는 탄화목판 2점(80×18×2cm, 70×21×2cm)이 한쪽면만 불어 그을려 남-북 방향으로 놓여져 있었는데 화재와 관련된 것으로 추정되며, 서단부근에는 상면과 측면을 치석한 40×30×16cm 크기의 할석이 확인되었는데 건물지와 관련된 석재로 추정된다.

주구는 건물지 외곽을 따라 연속적인 반타원형으로 돌려져 있다. 주구의 폭은 북동쪽이 가장 넓으며, 끝부분이 밖으로 돌출된 형태를 이룬다. 주구 내부에는 사질토와 니질토가 채워져 있었다. 구의 내부에서는 다량의 토기편과 탄화 목재들이 바닥면에서 노출되었고, 북쪽 일부에서 탄화된 초본류 및 판재들이 집중적으로 확인되었다.

유물은 대부분 주구 내부에서 출토되었으며, 건물지 내부에서는 탄화목판 옆에서 칠목기와 연봉장식이 동반되었다. 주구 출토품은 철볏(중앙부 서쪽)과 주조철부 1점씩, 훼기토기를 포함하여 (개)배·완·호·병·기대·인화문병 등 토기류 및 인신형목기·가공목 등 목기류 등이 출토되었다.

대형의 주구가 돌려진 굴립주건물지는 인근 쌍북리 207-5번지 유적에서도 조사되었는데 이 2호 건물지는 유구의 규모와 형태 및 출토유물 등을 종합해 볼 때 제의적 성격이 강한 건물지로 추정된다.

(2) 제2문화층

　　제2문화층에서는 주구부건물지 2동, 수혈유구 2기, 구상유구 1기 등
모두 5기의 유구가 확인되었으며, 구상유구는 건물지 1호의 주구에 해당
한다.

표 2 | 백제시대 제2문화층 유구 속성표

| 유구명 | 평면형태 | 장축방향 | 잔존 규모(cm) | | | 출토유물 | 비고 |
			길이	너비	깊이		
수혈 5호	말각방형	동-서	190	48	16	·	
수혈 6호	타원형	남-북	80	50	8	칠기 이배, (칠)목기 등	
구상유구 7호	반타원형	·	646	154	44	토기편	건1 주구
주구부 건물지 1호	방형	·	566	550	·	·	
주구부 건물지 3호	방형(?)	·	346	260	·	·	

① 주구부 건물지 1호

　　조사구역의 서쪽에 위치한 평면 방형의 지상식 건물지로서 북변에는
아미형 주구(구상유구 7호)가 배치되었다. 경사면 위쪽인 북쪽을 제외한
나머지는 후대유구의 중첩과 교란 및 삭평으로 인해 잔존상태가 양호하
지 않다.

　　축조방법은 2호와는 달리 비교적 단순한데 '기반정지⇒부분벽주용 굴
착⇒주혈굴광 및 목주설치⇒생활면 조성(기단상부 점토피복, 목주만 노
출)⇒주구 조성'의 순으로 생각된다.

　　건물지의 목주열은 방형으로 설치되었는데 主柱 외에 소수의 補柱
가 확인된다. 목주의 설치흔적은 경사면 위쪽인 북변에서 비교적 잘 관
찰된다. 주주의 간격은 평균적으로 60~70cm이며, 좁게는 50cm에서 넓
게는 80cm 정도의 간격을 보인다. 목주의 잔존규모는 주주의 경우 길이
32~80cm, 지름 6~20cm 정도이며, 보주의 경우에는 길이 10~50cm, 지름
4~10cm정도이다.

　　건물지 내부의 북서쪽 모서리에는 80×92×6cm 크기의 소형 수혈이

위치하는데 수혈 바닥면에서 소결흔이 관찰되고 그 상부에 소량의 목탄이 섞인 흑갈색 유기물집적토가 충전되어 있었다. 현재로서 정확한 성격을 규명할 수는 없지만 동남리 202-1번지 2호 건물지에서도 북서모서리에 방형의 수혈식 노지가 확인된 점으로 보아 1호의 수혈도 노지일 가능성을 배제할 수 없다.

주구는 건물지의 북변에만 한정되어 눈썹모양으로 감싸고 있는데 원래의 형태가 대부분 노출된 것으로 추정된다. 즉, 사면 위쪽에만 돌려진 주구로 생각된다. 주구 내부에서 소형 목주가 몇 개 확인되었으나 주구 내부시설은 아닌 듯하다.

유물은 대부완 저부편 1점과 자연유가 입혀진 토기 동체부편 1점이 수습되었다.

(3) 제3문화층

제3문화층 확인유구는 수혈유구 1기와 구상유구 1기 등 2기이다. 유구 수는 2기 뿐이나 구상유구 8호가 주구부 건물지 1호를 관통하면서 동서방향으로 길게 축조되어 있었다. 구상유구가 폐기된 이후 건물지 1호의 주혈과 목주들이 설치된 중첩양상을 보인다.

표 3 | 백제시대 제3문화층 유구 속성표

유구명	평면형태	장축방향	잔존 규모(cm)			출토유물	비고
			길이	너비	깊이		
수혈 7호	원형	·	184	78	25	·	
구상유구 8호	구상	북동-남서	1724	162	24	보주형 꼭지	가축발자국, 건1 중복

① 구상유구 8호

조사지역의 서단부에서 중앙부 북단까지 길게 조성된 유구이다. 유구의 평면형태는 북동쪽이 호상 기미로 휘어지지만 전체적으로 구상을 이룬다. 유구의 장축방향은 북동-남서향이며, 규모는 길이 1,724cm, 최대

너비 162cm, 깊이 24cm이다. 유구의 단면형태는 완만한 U자형을 띠며, 하부에 중첩된 유구가 없는 부분은 생토층을 굴착하고 조성되었다. 유구의 바닥은 생토면인 경우에 한해 말이나 소 등의 가축 발자국들이 빼곡히 밀집되어 노출된 것으로 보아 내부가 다습하거나 장기간 젖은 상태에서 발자국들이 형성되었을 것으로 추정된다. 구의 내부 서쪽에서 가공목(?)을 이용한 간이물막이시설이 확인되었는데 목질이 부식되어 얕게 남아 있었다. 구 주변에서 건축구조(마굿간 흔적)나 경작지 등 특별한 관련시설이 확인되지 않아 현재로서는 정확한 성격을 규명하기가 어렵다. 현장 학술자문회의에서 백제시대 가축 발자국의 초현예로서 학술적 중요성과 교육적인 전시 활용성이 제기되어 발자국이 온전한 부분을 중심으로 전사하여 국립부여박물관으로 이전하였다.

유물은 내부에서 보주형꼭지 1점이 출토되었을 뿐이다.

(4) 제4문화층

제4문화층에서는 굴립주건물지 2동과 수혈유구 8기가 확인되었으며, 부엽층 및 암갈색 사질점토층을 굴착하고 조성되었다. 유구의 분포는 동쪽에 건물지가 위치하며, 수혈들은 조사구역 중앙부근에 산재하고 있었다.

표 4 | 백제시대 제4문화층 유구 속성표

유구명	평면형태	장축방향	잔존 규모(cm)			출토유물	비고
			길이	너비	깊이		
수혈 8호	부정형	남-북	272	150	28	·	건1중복
수혈 9호	부정형	남-북	260	184	63	·	구9중복
수혈 13호	타원형	동-서	110	88	24	무기형 목기, 식물유체	수16중복
수혈 14호	원형	·	66	66	24		
수혈 15호	원형	·	80	68	20		
수혈 17호	타원형	·	142	90	20	개편	
수혈 18호	원형	·	224	210	45	토기, 기와편	
수혈 19호	원형	·	170	130	22	토기편	수20중복
굴립주건물지 1호	방형	동-서	420	290	·	·	
굴립주건물지 2호	방형		230	194	·	·	

① 수혈유구 13호

수혈유구 13호는 주구부 건물지 1호의 동쪽 하부에서 확인된 평면 타원형의 수혈이다. 전체 규모는 길이 110cm, 너비 55cm, 깊이 24cm이며, 장축방향은 동-서향이다. 유구의 내부에는 유기물이 포함된 흑적색의 점토가 충전되어 있었다. 내부에서는 다량의 씨앗(외?)이 출토되었으며, 무기형 목기(木鉾) 1점이 수습되었다. 이러한 무기 형태의 목기는 대개 제사와 관련된 성격으로 해석되는 것으로 보아 이 수혈의 성격도 동일한 맥락으로 이해할 수 있다.

무기형 목기 외에 다른 유물은 출토되지 않았다.

② 부엽퇴적층

조사지역의 중앙부에 위치하는데, 조사구역 북쪽에서 시작되어 남쪽으로 가면서 점점 폭이 넓어지고 깊어지는 모습을 보이고 있으며, 길이 6m, 너비 14m의 범위에 분포하고 있고, 최대 깊이는 50cm 가량이다.

부엽퇴적층의 조사는 사분법을 이용하여 十字트렌치를 설정한 후 층위를 파악하고, 층별로 제토해 나가며 사진촬영 후 유물 수습 등의 과정을 거쳐 생토층까지 조사하였다. 내부층위에 대한 조사과정에서 기생충과 AMS분석 등 자연과학분석을 위한 시료채취작업 층위별로 진행되었다.

조사결과 부엽층은 최소 3번 이상에 걸쳐 형성되어 있었는데, 내부에 퇴적된 토양의 상태를 보았을 때, 상부의 건물지 축조와 연관되어 사전에 이루어진 인위적인 대지조성과 관련될 가능성이 높은 것으로 보인다.

유물은 직구호, 유개호자(有蓋虎子), 목제 빗, 목제류, 석제품 등이 수습되었다.

(5) 제5문화층

최하층인 제5문화층은 생토를 기반으로 하여 유구가 조성되었는데 수혈유구 6기와 구상유구 1기 등 총 7기가 확인되었다. 수혈유구의 분포양상은 제4문화층과 마찬가지로 정연하지 않다.

표 5 | 백제시대 제5문화층 유구 속성표

유구명	평면형태	장축방향	잔존 규모(cm)			출토유물	비고
			길이	너비	깊이		
수혈 10호	부정형	동-서	136	104	7	·	수11중복
수혈 11호	부정형	동-서	160	104	30	토기편, 지석	수10중복
수혈 12호	방형	·	80	66	37	토기편	
수혈 16호	방형	동-서	152	128	58	·	수13중복
수혈 20호	원형	·	96	80	20	토기편	수19중복
수혈 21호	타원형	동-서				·	굴1중복
구상유구 9호	구상	동-서	716	154	21	·	수9중복

4) 조사결과

발굴조사 결과 백제 사비기의 5개 문화층에서 주구부 건물지 3동, 굴립주건물지 2동, 목주열 1기, 수혈유구 21기, 구상유구 9기 등 총 36기의 유구와 부엽퇴적층 1개소를 확인하였다. 유물은 백제시대 토기류(개 · 배 · 완 · 호 · 인화문병 · 기대 · 연가 · 유개호자), 기와류, 칠기류(이배 · 개 · 완 · 대부완), 목기류(너와 · 인신형목기 · 무기형목기 · 대부완 · 빗 · 건축부재), 철기류(볏 · 부), 동식물유체 등이 출토되었다.

이번에 확인된 유구를 문화층별로 살펴보면, 최상부의 제1문화층에서 수혈유구 3기 · 구상유구 5기 · 주구부건물지 1동, 목주열 1기 외에 시기미상의 구상유구 1기 · 수혈유구 1기가 조사되었다. 제2문화층에서는 주구부건물지 2동 · 수혈유구 2기 · 구상유구 1기가, 제3문화층에서는 수혈유구 1기 · 구상유구 1기가, 제4문화층에서는 고상식건물지 2동 · 수혈유구 8기가, 그리고 최하층인 제5문화층에서 수혈유구 6기 · 구상유구 1기가 각각 조사되었다. 이와는 별도로 조사지역 중앙부에 노출된 부엽퇴적층에 대한 조사도 진행하여 인위적인 대지조성의 흔적을 엿볼 수 있었다.

제1문화층의 주구부건물지 2호는 북변만 노출되었으나 대형의 주구를 가진 지상식건물지이다. 또한 건축시 성토공법에 의해 대지·기단을 조성한 다음 상부피복을 통해 생활면을 조성하였다. 주구는 평지건물지에서 보이는 연속적인 □자형으로 추정된다. 유물은 대부분 주구에서 집중되었는데 기단내부의 제기형 칠목기와 탄화목판, 주구내의 훼기토기·철볏·인신형목기 등이 있다. 건물지 2호는 전체구조와 평면형태 및 출토유물로 보아 제의 등의 특수목적 건물지로 추정된다. 특히 우경구인 철볏은 백제지역에서는 초현예로서 지금까지 알려진 통일신라시대의 본격사용에 선행하는 예이며, 통일신라시대 철볏의 규격화 및 통일화에 큰 역할을 담당한 것으로 생각된다.

주구부건물지 1호는 제2문화층에서 확인되었는데 아미형 주구가 돌려진 평면 방형의 굴립주건물지이다. 후행하는 2호와는 달리 정지공법에 의해 축조되었고 목주는 부분벽주수법을 이용하여 설치하였다. 또한 내부 북서쪽에는 노지일 가능성이 있는 방형 수혈도 확인되었다. 앞의 2호와 1호는 상호 중첩되었는데 양자의 차이가 시간적인 변화흐름을 반영하는 하나의 특징이라고 생각된다. 한편 제2문화층에서 확인된 수혈 6호에서는 칠기이배가 출토되었는데 능산리사지에서 사지축조연대(567년)보다 이른 전달린토기와 형태가 유사하여 주목된다. 또한 너와형태를 이룬 가공목판이 주구부건물지 3호 북서쪽에서 수습되었는데 이와 연관된 자료의 증가를 기대한다.

제3문화층의 구상유구 8호는 조사구역의 서단에서 중앙부 북단까지 북동-남서향으로 유적을 관통하고 있다. 내부 바닥에는 울퉁불퉁한 발자국 형태의 흔적이 밀집, 확인되었는데 형태상 말·소·사람 등의 흔적으로 추정되었다. 백제시대에 이러한 밀집된 동물발자국은 아직까지 사례가 없어 학술 및 교육적 자료가치가 높기 때문에 자문위원의 의견대로 국립부여박물관으로 이전하였다.

제4문화층에 해당하는 소형 수혈들 중 13호는 내부에서 무기형 목기(木鉾)가 식물유체(참외?) 잔존층 위에 놓여 출토된 것으로 보아 수혈의 성격이 의례와 밀접한 관련이 있음을 시사해준다. 또한 조사지역 중앙부의 부엽퇴적층에 대한 조사과정에서 인공성토흔적을 확인하였으며, 확보된 시료에 대한 자연과학분석이 완료되면 성격이 보다 명확해 질 것이

51 | 제1문화층 조사 전 전경

52 | 주구부건물지 2호 조사전경

53 | 주구부건물지 2호 내부 탄화목재 및 목기 출토상태

54 | 주구부건물지 2호 주구내 철벗 출토상태

55 | 제1~3문화층 유구중첩상태

56 | 제2문화층 주구부건물지 1호 조사 후 전경

57 | 제2문화층 수혈유구 6호 출토유물   58 | 제3문화층 구상유구 8호 동물발자국 세부전경

다. 또한 부엽층에서는 고구려계 유물인 유개호자(有蓋虎子)가 출토되었
는데 군수리사지 출토품과는 형태가 다르며, 유개형태는 경주 월성해자
에서만 출토예가 있는 희귀자료로써 사비기 백제의 이형토기 연구에 좋
은 자료가 될 것으로 기대한다.

8. 부여 쌍북리 328-2번지 유적

1) 조사개요

- 유적명 : 부여 쌍북리 328-2번지 단독주택 신축부지 내 유적
- 조사지역 : 충남 부여군 부여읍 쌍북리 328-2번지
- 조사면적 : 660㎡
- 조사기간 : 2011. 6. 13 ~ 2011. 10. 6[발굴(시굴) : 2011. 2. 7 ~ 2. 11]
- 유적성격 : 백제시대 목주열 1기, 수혈유구 3기, 구상유구 3기 등 총 7
                 기의 생활유구와 소수의 목주 확인[15]

---

15) 한국문화재보호재단, 2012, 「부여 쌍북리 328-2번지 단독주택 신축부지 내 유적 발

2) 유적의 입지 및 환경

본 유적 일원은 백마강에 연해서 부소산성-북나성-청산성-동나성이 병풍처럼 돌려져 있는 곡부성 저지대로서 바로 동편에 저습지인 월함지가 위치하고 있다. 조사지역은 조사 이전까지 논으로 경작되었으며, 건물신축을 위해 최근 복토한 곳이다.

주변유적으로는 쌍북리 346-5번지 유적과 쌍북리 252-1번지 유적, 쌍북리 280-5번지(신성전기신축부지) 유적, 뒷개유적(백제역사재현단지 연결도로 유적) 등이 각각 인접해 있다. 특히 이번 조사

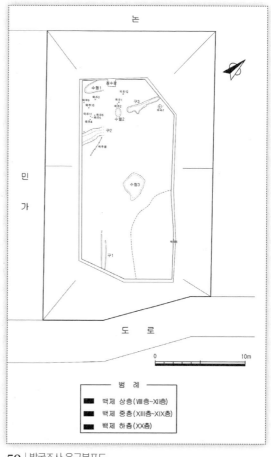

논

민
가

수혈1   용수정
     족충1b
복소2 복소10
       복소1
복소11 수혈2
 복소4

구2
복주혈

구3
복주7

수혈3

구1

0   10m

범 례
■ 백제 상층(VIII층~XI층)
■ 백제 중층(XIII층~XIX층)
■ 백제 하층(XX층)

도 로

59 | 발굴조사 유구분포도

지역의 서쪽에 접해 있는 쌍북리 328-3번지(녹색환경신축부지) 유적에서는 백제시대 남북수로 1기가 확인된 바 있다.

굴조사 약보고서」.

정훈진 · 김지혜 · 남선영 · 원대운 · 윤종철 · 한철민 · 김민수 · 최민석, 2012, 「부여 쌍북리 328-2번지 단독주택 신축부지 내 유적」, 『제26회 호서고고학회 학술대회 호서지역 문화유적 발굴성과』, 湖西考古學會.

3) 조사내용

발굴조사는 발굴(시굴)조사시 백제시대 문화층에서 수혈 · 목주 등이 확인되고 짚신 · 목간이 출토된 면을 중심으로 진행하였다. 발굴조사 이전에 국립(부여)문화재연구소의 협조를 받아 지하물리탐사를 실시하기도 하였다.

발굴조사결과 모두 3개의 백제시대 문화층에서 목주열 1기 · 수혈유구 3기 · 구상유구 1기 등 총 7기의 유구와 소수의 목주들이 확인되었다. 유물은 백제시대에 해당하는 토기(뚜껑 · 완 · 직구호 · 기대 · 시루 · 이형토기 등), 와제품(범심 · 원반형), 인장와 · 기와편, 철제품(고리 · 슬래그), 목제품(목간 · 목부재 · 가공목 등), 식물유체(밤 · 호두 · 왕겨) 등이 출토되었다.

(1) 수혈유구

수혈유구는 상층에서 1기(1호), 하층에서 2기(2 · 3호) 등 모두 3기가 조사되었는데 하층의 수혈들은 조사구역 북쪽에서 토압에 의해 벽면이 붕괴됨에 따라 토사가 내부로 밀려들어 최초 수혈확인범위보다 다소 축소 및 변형되었다.

① 수혈유구 1호

수혈유구 1호는 조사지역 서쪽 모서리 아래에서 확인되었는데, 북쪽 단부는 발굴(시굴)당시 트렌치 및 임시집수정으로 인해 파괴되었다. 유구의 상면에는 유기물이 집적되어 있었고 회색 점토층을 굴착하고 조성되었다. 수혈의 평면형태는 타원형(?) 혹은 구상이며, 장축방향은 북동-남서향이다. 규모는 길이 180cm, 너비 162cm, 깊이 16cm이다. 내부토는 흑색사질점토(유기물층)-회갈색사질점토-흑색점토의 순으로 위에서 아래로 퇴적되어 있었다. 유구 바닥에는 1기의 주혈이 확인되었다. 유물은 구연부편, 시루, 철환, 철재(슬래그), 씨앗 등이 출토되었다.

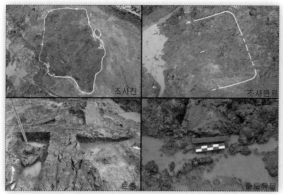

60 | 수혈유구 3호 조사모습　　　　　　　**61** | 수혈 3호 목간

② 수혈유구 3호

조사지역의 북동쪽 중앙부에서 확인되었으며, 생토인 황갈색점토층을 굴착하고 조성되었다. 이 3호는 내부에서 물이 상당량 용출되고 북동쪽 경계벽면이 밀려들어 유구의 토층과 벽면까지 와해되어 원형이 상당부분 변형되는 등 조사시에 어려움이 많았다. 수혈의 평면형태는 부정형이며, 장축방향은 북서-남동향이다. 규모는 당초 형태에서 변형되었지만 최종상태를 기준으로 할 때, 길이 460cm, 너비 400cm, 깊이 27cm이다. 내부토는 회청색사질점토-암회색사질점토-흑회색사질점토의 순으로 위에서 아래로 확인된다. 유물은 목간과 목척(자) 및 가공목이 출토되었다.

(2) 구상유구

구상유구는 조사지역의 남쪽(1호)과 중앙부 북서쪽(2·3호)에서 모두 3기가 확인되었는데, 구역 내에서 전체가 확인되지는 않았다. 장축방향은 백제 상층인 1호는 트렌치방향과 나란한 북서-남동향이고 중층의 2·3호는 남북에 가까운 북동-남서향이다. 평면형태는 모두 一자형의 구상을 이루고 있다.

① 구상유구 2호

구상유구 2호는 조사지역의 중앙부 서쪽 경계부에서 확인되었으며, 바닥레벨로 보아 물이 남쪽에서 북쪽으로 진행하는 것으로 판단된다. 이 2호는 모두 2번에 걸쳐 사용되었는데 상부 2차 사용면은 단면형태가 역제형에 가깝고 하부의 1차 사용면은 경사가 완만한 U자형이다. 잔존규모는 1차가 길이 132cm, 너비 116cm, 깊이 50cm, 2차는 길이 234cm, 너비 150cm, 깊이 28cm이다. 유구 노출당시 상면에서 가공목과 토기편이 출토되었는데 유물은 2차 사용면 바닥에서 토기류(뚜껑·완·호·기대 등)와 목간(하찰)·건축부재로 생각되는 가공목 및 식물유체(호두·밤·

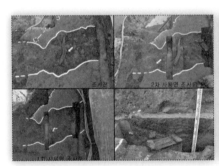

62 | 구상유구 2호 조사모습

63 | 구상유구 2호 건축부재

64 | 구상유구 2호 목간

65 | 목주열 목주입면 노출상태

왕겨 등)가 확인되었다. 1차 사용면에서는 2차면과는 달리 토기편 위주로 출토되었다.

(3) 목주열

조사지역의 남서쪽에서 확인되었으며, 구상유구 2호 남쪽에 인접해 있다. 목주열은 목주 7개가 일자형으로 열을 지어 노출되었다. 목주는 남쪽 주혈에서부터 5개는 등간격으로 배치되어 있으나 나머지 2개는 간격이 보다 넓다. 목주열의 총연장은 226cm로 직경은 대략 6~10cm 정도이며, 잔존길이는 30~56cm이다. 목주의 하단은 뾰족하게 손질되어 박혀 있었다. 이 목주열은 일부만 남아 있는 것으로 추정되며, 목책의 기능을 하였을 것으로 추정된다.

4) 조사성과

발굴조사 결과 본 유적에서는 백제시대의 3개 문화층에서 목주열 1기, 수혈유구 3기, 구상유구 3기 등 모두 7기의 생활유구와 소수의 목주들이 확인되었다. 유물은 발굴(시굴)당시 수습된 짚신과 목간을 비롯하여 백제시대의 토기(뚜껑 · 완 · 직구호 · 기대 · 시루 · 이형토기 등), 와제품(범심 · 원반형), 인장와 · 기와편, 철제품(고리 · 슬래그), 목제품(목간 · 목부재 · 가공목 등), 식물유체(밤 · 호두 · 왕겨) 등이 출토되었다.

목간은 모두 3점이 출토되었는데 수혈유구 3호에서는 가공목과 함께 목간이 노출되었는데 육안관측 및 적외선촬영 결과 '上ㅇ'銘의 묵서명이 남아 있었다. 목간은 발굴(시굴)조사시 수습된 목간('ㅇㅇㅇ子 三(?)ㅇ' 銘) 및 구상유구 2호 출토 목간(물품꼬리표인 付札 혹은 荷札)과 더불어 백제시대 생활상을 복원하는데 아주 유익한 기초자료라고 생각된다.

9. 정동리 506-2 · 3번지 유적

1) 조사개요

- 유적명 : 부여 정동리 506-2 · 3번지 농업용 창고시설 신축부지 내 유적
- 조사지역 : 충남 부여군 부여읍 정동리 506-2 · 3번지
- 조사면적 : 1,626㎡
- 조사기간 : 2012. 11. 20 ~ 2013. 4. 19[발굴(시굴) : 2012. 7. 9 ~ 8. 1]
- 유적성격 : 백제시대 3단계의 도로유구, 연결수로 3기, 적석유구 2기,
  경작유구 1기, 구상유구 10기, 수혈유구 4기, 저습지 1기 등
  총 24기 외 주혈군 확인[16]

2) 유적의 입지 및 환경

본 유적은 부여읍의 북동쪽 백마강변 충적대지에 위치하며, 청산성
동쪽, 부여읍에서 공주 쪽으로 가는 옛길 중 청산성 바로 동쪽에 해당한
다. 주변지형은 동쪽에 석목천이 흐르고 석목천 동쪽으로는 해발 20m 정
도의 낮은 구릉 주변에 용정마을이 있다. 서쪽으로는 청산이 있으며, 남
쪽에는 현내들이 펼쳐져 있으며, 북쪽으로는 가증천, 북서쪽으로는 백마
강이 남류하고 있다. 조사지역을 포함한 주변 일원은 1950년대까지 늪지
가 있었던 지역으로 알려져 있으며, 약 60년 전에 이곳을 메워 논으로 만
들었다고 한다. 조사지역도 논으로 경작되고 있다.

유적 주변에는 서쪽에 청산성과 나성유물산포지가 있는데 청산성 동

---

16) 한국문화재보호재단, 2013,「부여 정동리 506-2.3번지 농업용창고 신축부지 내 유적
발굴조사 약보고서」.
이경식 · 정훈진 · 이연호 · 조은이 · 김미현 · 가영경 · 최민석, 2013,「부여 정동리
506-2 · 3번지 농업용 창고시설 신축부지 유적」,『제28회 호서고고학회 학술대회 호
서지역 문화유적 발굴성과』, 湖西考古學會.

단부를 기점으로 북나성과
동나성이 분기한다. 남서
쪽에는 뒷개유적과 북서쪽
에는 청산성화장묘가 각각
위치하고 있다.

3) 조사내용

발굴조사에서는 총 24
기의 백제시대 유구가 확
인되었으며, 세부적으로는
3단계에 걸친 도로유구(3
기)를 비롯하여 연결수로
3기, 적석유구 2기, 경작유
구 1기, 구상유구 10기, 수
혈유구 4기, 저습지 1기 외
에 다수의 주혈들이 조사
되었다. 출토유물은 백제
토기(蓋, 鳥足文土器, 벼
루, 호, 연가형토기, 인화

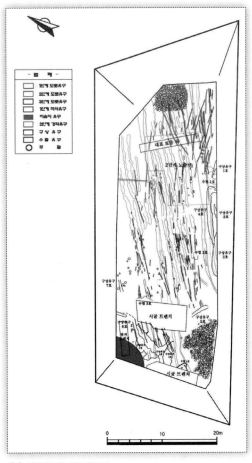

66 | 발굴조사 유구배치도

문토기 등)와 기와, 철기(주조철부) 등이다.

(1) 1단계

1단계는 최하부의 문화층으로 사비나성의 출입과 관련한 도로가 조
성된 층이며, 측구 출토유물로 보아 사비나성 축성이후 단계에 처음 설치
된 것으로 추정된다. 유구는 도로유구, 연결수로 3기, 적석유구 2기, 저습
지 1개소 등 7기가 확인되었다.

① 1차 도로유구

도로는 생토인 회황색점질토를 기반으로 조성되었고 유적을 길이방향(북동-남서)으로 약간 비스듬히 관통하고 있다. 도로의 남서쪽 50여m 연장부는 북나성(청산구간)과 동나성(월함지 통과구간)의 접속부 및 나성 문지로 추정되는 지역이다.

도로는 백제 사비시기에 일반적인, 양쪽에 측구를 가진 형태이다. 측구는 도로높이가 외부보다 낮아 유수의 유입을 방지하기 위한 기능적 장치이다. 도로의 평면형태는 일자형에 가까우며, 노출길이는 53m 정도, 폭은 625cm 정도이다. 도로의 장축방향은 북동-남서(N-60°-E)향이다. 도로의 노면은 자연지형과 같이 나성 가까운 서쪽이 동쪽보다 20cm 가량 높다. 노면에는 장축방향으로 바퀴흔적이 남아 있으며, 바퀴흔 내부에는 갈색 혹은 (명)황색 사질토가 채워져 있었다. 중앙부근의 조합된 수레폭은 150cm 정도이다.

측구는 단면 완만한 'U'자형으로 축조되었는데, 내벽은 2단계 측구에 의해 훼손된 부분이 많다. 측구내의 전체적인 유수방향은 '서→동'이나 북쪽의 경우 측구내 만수시 연결수로3을 통해 북서쪽 저습지 방면으로 자연 방류되게끔 하였다. 측구의 규모는 너비 220~240cm, 깊이 80cm이다.

유물은 측구 바닥에서 개, 조족문토기, 직구소호, 인화문토기(반원점문), 단경호, 기대, 연가형토기 등이 출토되었다. 한편 북쪽 측구의 연결수로1 접속부 아래에서 확인된 석축시설과 남쪽 측구에서 연가형토기와 단경호 등이 집중 출토되어 제의적 흔적을 엿볼 수 있다.

② 적석유구

적석유구는 도로의 노출면 양단부에서 2기가 확인되었는데, 노출된 형태로 보아 (장)방형으로 추정된다. 2기 모두 적석을 위해 별도로 굴착하지 않고, 1단계 도로의 상부에 최고 3~4단으로 할석을 쌓았는데, 동쪽 유구가 상대적으로 정연하다.

68 | 1단계 출토유물

67 | 1단계 조사전경

69 | 1단계 동쪽 적석유구

　서쪽 적석유구는 조사지역 남벽의 서단 부근에 위치하며, 유구의 일부는 경계사벽 안에 들어있다. 유구의 평면형태는 말각(장)방형으로 추정된다. 유구는 1차 도로 상부에 40~50cm, 20~30cm 크기의 할석을 이용하여 무질서하게 쌓았으나 특별히 치석한 석재는 없다. 잔존규모는 동서 840cm, 남북 650cm, 높이 40cm이다. 유물은 적석 내부와 주변에서 백제 호편과 기와가 소량 출토되었다.

　동쪽 적석유구는 조사지역의 동단 중앙부에 위치하며, 적석된 상태는 서쪽과 거의 동일하나 가장자리는 서쪽보다 정연하다. 유구의 평면형태는 방형에 가까운 말각형이며, 도로의 장축방향과 유사하다. 잔존규모는 동서 534cm, 남북 587~630cm, 높이 27cm 정도이다. 적석에 사용된 석재도 서쪽의 것과 유사하며, 최고 3단 정도 쌓았다. 유물은 적석 내부와 주변에서 백제시대 호편과 벼루편 및 기와편이 소량 출토되었다.

　이 적석유구는 구조물(건물이나 교각)의 기초 혹은 지반강화시설로 생각되지만 조사지역 양단 외부에 인접한 하천과 연관되어 교각 기초일 가능성이 있다는 지구물리탐사 결과가 도출되었다.

(2) 2단계

2단계의 유구는 1단계 폐기이후 퇴적된 암회갈색사질점토 위에 조성되었는데, 경

70 | 2단계 조사후 전경

작유구와 2차 도로유구가 조사되었다. 경작유구는 1단계인 적석유구의 상부가 매몰된 상태에서 조성되었으며, 다시 상부에 2차 도로가 개설될 때까지 한정적으로 경작이 행해진 것으로 보인다.

71 | 2단계 출토유물

① 경작유구

경작유구는 조사지역의 중앙부 동쪽에서 확인되었는데, 두둑과 고랑의 열이 반복적으로 배치된 이랑형 밭 유구로 판단된다. 동쪽 적석유구와의 중첩양상으로 보아 적석유구가 폐기되고 적석 상부가 (암)갈색 점토로 퇴적된 이후에 경작이 이루어졌던 것으로 보인다.

유구의 장축방향은 도로 축과 유사한 북동-남서(N-45~60°-E)향이다. 경작유구는 2차 도로 조성과정에서 상부가 삭평되어 고랑이 다소 협소하게 남은 상태이다. 경작유구의 노출규모는 동서 약 36m, 남북 15m 정도이다. 두둑과 고랑의 폭은 각각 35~150cm 및 20~84cm로 일정하지 않으며, 최대깊이는 12cm이다. 유구의 내부에는 흑갈색 사질점토가 채워져

있었다. 부여지역에서의 경작유구 유사사례는 드물지만 부여 구봉리유적,[17] 구아리 71-4 · 6번지 내 유적, 호암리 167 · 168번지내 유적[18]에서 확인된 바 있다.

유물은 고랑에서 백제토기, 기와편들이 소량 노출되었으나 수습할 유물은 없었다.

② 2차 도로유구

2차 도로는 암회갈색 사질점토 위에 조성된 경작유구 폐기 이후 1단계의 최초도로를 근간으로 하여 흡사한 형태로 그 상부에 중첩되게 개설되었다. 2차 도로는 측구 폭이 1차보다 좁아짐에 따라 노폭이 상대적으로 약간 넓어진 양상이나 중앙부 서쪽은 폭이 좁다. 노면의 높이 또한 는 1차와 유사하며, 도로의 폭은 650~770cm 정도이다. 바퀴흔적은 노면 위에 장축방향으로 관찰되며, 일부 조합된 수레폭은 150cm 정도로 1차와 같다. 바퀴흔 내부에는 명황갈색 혹은 명갈색 (세)사질토가 채워져 있었다.

측구의 단면형태는 경사가 급해 Ⅴ자에 가까운 Ｕ자형이다. 측구의 내부에는 암(회)갈색 사질점토와 회청색 사질토(바닥)가 채워져 있었으며, 측구바닥의 레벨은 북쪽의 경우 중앙부근이 가장 높고 동쪽이 가장 낮으나, 전체적인 유수방향(서→동)과 연결수로3으로의 만수시 배출현상 등은 1차와 동일하다. 내부토(암적갈색 점질토)에서 보인다. 측구의 규모는 너비 54~100cm, 깊이 40cm이다. 유물은 측구 바닥에서 개, 인화문토기(단일문류 수적형문[19]), 다족형 벼루편 등이 출토되었다.

---

17) 충남대학교 백제연구소, 2001, 『구룡-부여간 도로 확장 및 포장구간내 문화유적 발굴조사 보고서』.
18) 백제문화재연구원, 2009, 「부여 호암리 167 · 168번지 개인주택부지 문화유적 발굴조사」, 『2006年度 扶餘地域 小規模 試掘 및 發掘調査 報告書』.
19) 李東憲, 2011, 「統一新羅 開始期의 印花文土器 -曆年代 資料 確保를 위하여-」, 『한국고고학보』제81집, 한국고고학회.

(3) 3단계

① 3차 도로유구

3차 도로는 적갈색 사질점토 위에 조성되었으며, 바퀴흔적은 조사지역 전반에 분산되어 확인되지만, 통행 방향은 기존도로의 축에 준한 혼적을 보인다.

3단계 노면은 선대의 노면처럼 자연지형과 유사하다. 도로의 점유방법은 1·2차 도로의 중앙부 측구 상부에서 구상유구들이 한두 기 확인되는 것으로 보아 3단계 초기에는 기존도로를 중심으로 사용되다가 점차 범위가 넓어져 조사지역 전반으로 분산되어 통행한 것으로 추정된다.

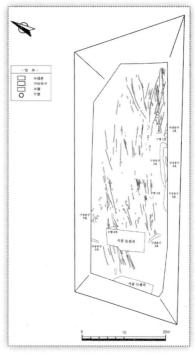

72 | 3단계 유구배치도

실제로 조사지역 남동쪽에서 X자상으로 교차된 바퀴흔이 발견된다. 도로의 통행혼적은 단면 제형에 가까운 바퀴흔으로 남아 있는데 움푹한 내부에는 암갈색 사질토 혹은 사질점토가 채워져 있었다. 노면 위에 조합된 수레 폭은 170cm 정도가 정형적이고 넓게는 200cm 가량도 확인된다.

유물은 노면에서 백제 토기편과 기와편이 소량 수습되었다.

(4) 저습지

저습지는 조사지역의 북서쪽 모서리에서 확인되었다. 탐색트렌치 조사결과 하부의 유기물층은 백제도로사용 및 이전시기의 층으로 생각되며, 상부의 점토층은 도로의 사용과 폐기 등과 연관된 층으로 추정된다.

상부의 점토층은 회황색 점질토(생토)의 사면 위에 동쪽부터 퇴적되

73 | 저습지 탐색트렌치 토층단면

기 시작하여 서쪽으로 성토되었고, 서쪽에는 구의 흔적도 확인된다. 하부의 유기물층은 현 노출면 1m 아래의 깊이에서 생토인 회황색 점질토 위에 퇴적되었으며, 흑갈색 유기물층이 최대 10여cm 정도로 퇴적된 상하에 회청색 유기물층이 형성되어 있었다. 하부의 유기물층에서는 자연목을 이용한 횡목 및 고정목 등이 부분적으로 확인되었다. 저습지가 북서쪽 모서리에 위치하여 실제 노출가능면적이 극히 협소한 탓에 정확한 성격 규명은 불가능하였다. 하지만 저습지층은 조사지역과 사비나성의 추정 문지 사이의 해자시설 혹은 나성 내외 월함지-백마강(금강)의 수로시설 및 월함지 호안 등과 연관된 시설일 가능성이 있다.

4) 조사성과

발굴조사에서 확인된 유구는 모두 24기로 백제유구이며, 조사지역을 종방향으로 가로지르는 3단계의 도로유구를 비롯하여 연결수로 3기, 적석유구 2기, 경작유구 1기, 구상유구 10기, 수혈유구 4기, 저습지 1기 등 모두 24기 외에 다수의 주혈들이다. 출토유물은 백제토기(蓋, 鳥足文土器, 벼루, 호, 연가형토기, 인화문토기 등)와 기와, 철기(주조철부) 등이다. 본 유구의 형성과정은 '저습지→1단계 유구(도로 및 연결수로→적석유구)→2단계 유구(경작유구→도로)→3단계 도로'의 순으로 확인되었다.

백제 도로유구의 경우 총 3단계에 걸쳐 조성되었는데 1·2차 도로는 양쪽에 측구를 가진 백제도로의 일반적인 형태이며, 3차 도로는 조사지역 전체에 무질서한 통행흔적을 보인다. 도로는 북동-남서향이며, 서쪽 연장선이 사비나성의 북-동나성이 분기하는 추정 성문지로 연결될 가능성이 많아 이 도로가 공주방면에서 사비나성으로 통하는 주요 간선도로인 외곽도로로 추정된다. 이는 백제뿐만 아니라 고대 도성의 나성 외곽도로로서는 최초의 사례이며, 조사지역 내 도로 양단에 조성된 적석유구가 자기물리탐사 결과 교각의 기초시설일 가능성이 많으므로 고대 교통과 관련된 제반연구에 매우 중요한 학술적인 자료로 판단된다.

2단계인 경작유구는 두둑과 고랑의 열이 반복적으로 배치된 이랑형 밭유구로 추정되는데 현재까지 백제 사비시대 밭 유구는 구봉리유적과 구아리 71-4·6번지 유적 등과 같이 아직까지는 사례가 극히 드물지만 이번에 또 하나의 사비시대 경작유구 사례가 추가됨으로써 백제 사비기 밭 경작과 관련된 경제·문화상을 복원하는데 매우 중요한 학술자료가 될 것으로 예상된다.

본 유적 백제도로의 경우 최초의 조성시기는 불명확하나 사비기로 추정된다. 도로의 사용 및 폐기시기는 도로측구 바닥 등에서 출토된 초기 인화문토기(반원점문), 조족문토기, 벼루편 등으로 보아 1단계는 6세기 말~7세기초로 추정되며, 1-2단계 사이는 7세기 초로, 2단계는 7세기 전반으로, 마지막 3단계는 7세기 중엽경으로 생각된다. 하지만 유적의 정확한 편년은 여러 가지 인문·자연과학적인 비교 및 검토과정을 거쳐 철저한 분석 이후에야 구체화될 것으로 예상된다.

10. 맺음말

이상에서 부여지역 소규모 국비지원 발굴조사 유적 중 백제유구가 확인된 5개 중요유적에 대해 선별적으로 살펴보았다.

조사된 중요유적들은 유적별로 중요성을 지니고 있다. 우선 백제도로 유구가 3단계로 나뉘어 조사된 정동리유적의 경우에는 사비나성의 외곽 도로가 최초로 확인되었으며, 노출된 도로의 양단에 접한 하천을 넘어가는 교각 기초시설일 가능성이 많은 적석유구가 각각 확인되었다. 부소산성 서편에 위치한 구교리 367번지에서는 3단계에 걸쳐 동일한 장축의 건물지들이 중첩되어 축조되었다. 중심건물은 1동2실의 특수한 구조를 가진 건물지와 유관한 특수건물지이며, 이를 중심으로 양쪽에 부속시설이 배치된 형태를 보이는데 남쪽의 추정 답도시설 등과 결부되어 제의적 성격을 가진 백제 귀족가문의 가묘(家廟)일 가능성도 배제할 수 없다. 특히 이 구교리 367번지에서는 남서쪽에서 노출된 와적배수로의 굴절되는 각도가 8각의 그것과 흡사하여 일종의 팔각전지(八角殿址)의 부속 배수로일 가능성이 제기되면서 신라의 나정, 고구려의 평양 청암리사지(추정 금강사지) 등에서 확인된 팔각건축물과 대비되는 백제지역의 초현예일 가능성도 있다고 생각된다.

쌍북리 328-2번지에서는 모두 3점의 목간이 출토되었는데 육안관측 및 적외선촬영 결과 수혈유구 출토 '上○'銘을 비롯하여 발굴(시굴)조사 수습품('○○○子 三(?)○'銘)과 구상유구 출토품(물품꼬리표인 付札 혹은 荷札)은 백제시대 생활상을 복원하는데 아주 유익한 기초자료라고 생각된다. 또한 동남리 321-3번지의 백제 하부문화층에서는 동지주건물지인 굴립주건물지 3호가 조사되어 기존에 부여지역에서 부분적으로만 보였던 동지주건물지의 사례를 추가하게 되었다. 쌍북리 201-4번지에서는 인공성토를 통한 토축에서 석축으로 변화하는 굴립주건물지 기단의 시간에 따른 변화양상을 파악할 수 있었고 동서남북에 가깝게 일정한 방향성을 띠는 구상유구를 통해 백제 사비도성 내의 도시구획과 관련된 자료를 확보할 수 있었다. 쌍북리 207-5번지 유적은 비록 소규모의 한정된 조사여건 속에서도 건물지 2호의 경우 대지조성부터 입주 및 주구설치에 이르기까지 사비도성 내에서 주구부 굴립주건물지의 축조수법에 대한 전반적인 양상을 파악할 수 있었으며, 주구 내 다양한 출토유물 등을 통해 제의행위의 흔적까지 엿볼 수 있었다.

마지막으로 쌍북리 314-5번지 유적의 주구부 굴립주건물지 2동은 계획된 성토대지 위에 단층의 굴립주 건물을 만들고 건물 주위에 도랑을 돌린 형태인데 입지(경사면→평지)와 건축수법(다주식→부분 벽구식) 및 주구형태(경사면 위쪽에 눈썹모양→사방에 돌림)에 있어서 '1호→2호'로의 건물지별 시기적 변천상을 파악할 수 있었다. 건물지 2호는 출토된 각종 상징유물들(제기형 칠기, 훼기토기, 철볏, 주조철부, 사람대용 목기)로 보아 제의와 관련된 특수목적의 건물지로 추정된다. 특히 주구부 건물지 2호의 철볏은 백제 우경구로서는 최초의 실물자료인데 통일신라시대 철제우경구의 규격화·통일화에 크게 기여함으로써 고도로 발전했던 백제 농경사 연구에 귀중한 학술자료임과 동시에 북방-고구려-백제-신라 등으로 이어지는 고대 교역네트워크의 타임캡슐로 판단된다. 또한 능산리사지 축조연대(567년)보다 이른 전달린토기와 형태가 유사한 칠기이배, 백제지역에서도 희귀자료인 가축발자국, (참)외씨앗 위에 놓여 제사흔적을 보여주는 무기형 목기, 백제 이형토기연구에 귀중한 실물자료인 유개호자 등과 같은 사회경제사적, 문화사적 학술자료들을 확보할 수 있었다.

이상과 같이 최근 들어 부여지역에서의 발굴조사에서는 여러 가지 중요하고 다양한 내용을 포함한 성과가 나오고 있으며, 그 중 일부는 학술적인 중요성으로 말미암아 현지에 보존됨으로써 개발과 보존이라는 양면성의 적절한 효과를 나타내고 있다. 이에 우리 재단에서는 소규모 국비지원 발굴조사를 통해 여러 가지 시급한 민원해소와 아울러 학술적인 성과도 축적하고 있으며, 앞으로 백제도성의 종합적인 복원연구에 유익한 조사와 성과를 지속하도록 노력할 것이다.